TONY RINAUDO

UNSERE **BÄUME** DER HOFFNUNG

Wie ein Mann die Wunder der Schöpfung nutzbar macht, um den Hunger zu besiegen

Aus dem australischen Englisch
von Corinna von Ludwiger

SCM
Hänssler

SCM

Stiftung Christliche Medien

SCM Hänssler ist ein Imprint der SCM Verlagsgruppe, die zur Stiftung Christliche Medien gehört, einer gemeinnützigen Stiftung, die sich für die Förderung und Verbreitung christlicher Bücher, Zeitschriften, Filme und Musik einsetzt.

2. Auflage 2022

Tony Rinaudo: Unsere Bäume der Hoffnung

Max-Eyth-Straße 41 · 71088 Holzgerlingen
Internet: www.scm-haenssler.de · E-Mail: info@scm-haenssler.de

Übersetzung: Corinna von Ludwiger
Umschlaggestaltung: Sybille Koschera, Stuttgart
Titelbild: Silas Koch, © World Vision
Satz: typoscript GmbH, Walddorfhäslach
Druck und Bindung: Finidr s.r.o.
Gedruckt in Tschechien
ISBN 978-3-7751-6162-6
Bestell-Nr. 396.162

Für meine liebste Liz, die in ihrer Liebe
und Unterstützung nie wankte und meine Vision
von Anfang an teilte

Für meine Kinder Ben, Melissa, Daniel und Sarah,
die immer wieder Geduld mit ihrem allzu oft
abwesenden Vater hatten

INHALT

März 2017 in Humbo, Südäthiopien – In der Region sind mehr als 2 500 Hektar Wald auf zuvor verdorrtem Land neu gewachsen. 13 Wasserquellen, die versiegt waren, sprießen nun wieder. Christoph Waffenschmidt hockt an einer der Quellen, die nun wieder die Bevölkerung mit sauberem Trinkwasser versorgen.

VORWORT
von Christoph Waffenschmidt

»Es geht in erster Linie darum, die Köpfe der Menschen wieder zu begrünen«, betont Tony Rinaudo, der Waldmacher, immer wieder.

Ich begegnete Tony Rinaudo erstmals auf einer gemeinsamen Reise in Äthiopien, noch bevor er 2018 den *Alternativen Nobelpreis* gewann. Selten ist mir ein Mensch wie Tony begegnet. In seiner bescheidenen Art hat er die ihm ganz eigene Fähigkeit, Hoffnung zurückzugeben und seine Zuhörerinnen und Zuhörer in den Bann zu ziehen.

Als Vater macht mir der Klimawandel große Sorgen. Als Vorstandsvorsitzender der Kinderhilfsorganisation *World Vision Deutschland* beobachte ich seit Jahren, wie die Naturkatastrophen in unseren weltweiten Projektgebieten zunehmen. Durch heftige Stürme und ständig wiederkehrende Dürren ist die Zahl der hungernden Menschen in den letzten Jahren wieder angestiegen. Auch die Hoffnungslosigkeit nimmt in vielen Gegenden weiter zu. Wenn es keine Hoffnung mehr gibt, kommt es vermehrt zu Krisen und Kriegen. Immer mehr Menschen verlassen ihre Heimatregionen und machen sich auf den Weg in die reicheren Länder, weil sie keine Zukunft für sich und ihre Kinder sehen.

In seinem Buch beschreibt Tony seine erstaunliche Geschichte: wie er als kleiner Junge über die Umweltzerstörung in seiner Heimat Australien schockiert war und dann zum Entdecker einer einzigartigen Methode der regenerativen Wiederaufforstung wurde. Die Methode wird FMNR (*Farmer Managed Natural Regeneration*) genannt, basiert auf der Existenz von gesundem Wurzelwerk im

Boden und könnte einen massiven positiven Einfluss auf das Klima haben. Tonys Entdeckung ist fundamental wichtig für die Zukunft unserer Kinder und Enkelkinder. Wir brauchen eine weltweite Wiederaufforstungsbewegung, damit auf unserer wunderschönen Erde Menschen und Tiere weiterleben und alle Generationen ihre Möglichkeiten voll ausschöpfen können.

Tony Rinaudo verbrachte viele Jahre mit Frau und Kindern in dem afrikanischen Land Niger und versuchte dort verzweifelt mit der Anpflanzung von Bäumen eine Wiederaufforstungsbewegung in Gang zu setzen. Dies misslang zunächst, da fast alle Bäume vertrockneten. Eines Tages entdeckte er im Wüstensand kleine, grüne Büschel und erkannte, dass es sich um Triebe von Bäumen handelte, die immer wieder versuchten, aus den alten Wurzeln neu auszutreiben. Dies war die Geburtsstunde der FMNR-Methode. In seinem Buch erzählt er davon, wie es zu dieser Entdeckung kam, die zum Wendepunkt seiner Arbeit wurde. Und er gibt relevante Erfahrungswerte, warum sie die Grundlage für eine schnelle, einfache und kostengünstige weltweite Wiederaufforstungsbewegung sein könnte. FMNR funktioniert inzwischen auch in manchen Wüsten, in denen es früher Wälder gab, zum Beispiel in Somaliland.

TONYS ENTDECKUNG IST FUNDAMENTAL WICHTIG FÜR DIE ZUKUNFT UNSERER KINDER UND ENKELKINDER.

In Niger haben die Menschen ein Sprichwort: »Wenn Sie die Ohren des Esels am Horizont sehen, können Sie sicher sein, dass der Schwanz folgen wird.« So wie bei diesem Sprichwort ist es auch mit FMNR. Wenn man einen Trieb aus einem trockenen Boden kommen sieht, ist es sehr wahrscheinlich, dass ein ganzer Baum im Boden schlummert. Das Wundervolle an der Technik ist auch, dass Tausende Bäume wieder wachsen, die ehemals in einer Region beheimatet und somit an das Klima der jeweiligen Gegend angepasst sind. Viele dieser Bäume liefern gesunde Früchte, Gemüse und wertvolle Medizin oder schützen vor Ungeziefer.

Auf der Reise mit Tony in die Region Humbo in Süd-Äthiopien standen wir auf einem grünen, bewaldeten Hügel, der noch vor etwa 15 Jahren völlig vertrocknet war. Hier hatte es viele Jahre lang immer wieder Hungersnöte gegeben. Tausende Menschen und Kinder verhungerten. Doch heute geht es den Menschen, die hier leben, gut. Die Wälder versorgen sie mit Nahrung und neutralisieren das heiße, trockene Klima. Viele ausgetrocknete Wasserquellen spenden wieder Wasser und versorgen die Menschen mit sauberem Trinkwasser. Neue Träume entstehen. So gibt es Pläne für nachhaltigen Tourismus – Äthiopien verfügt über eine artenreiche Vogelwelt, wäre das nicht ein Schatz, den es der Welt zu zeigen gilt?

Jedes Jahr verliert die Welt immer noch 26 Millionen Hektar Wald. Wälder sind nicht nur für die Sauerstoffproduktion wichtig, sondern sie funktionieren in vielen Regionen der Erde auch wie Super- und Baumärkte, produzieren Viehfutter und essbare Früchte und Wurzeln, halten die Feuchtigkeit im Boden und sind gut für die Seele. FMNR ist mehr als bloß eine Methode zur Wiederaufforstung. Sie gibt der jungen Generation auch ihre Hoffnung auf eine lebenswerte Zukunft zurück.

Jeder kann etwas tun. Schützen Sie Bäume und sorgen Sie dafür, dass Bäume wieder wachsen können. *World Vision* fördert FMNR inzwischen in mehr als 25 Ländern weltweit.

Zusammen mit Regisseur Volker Schlöndorff und seinem Team bei den Dreharbeiten zum Dokumentarfilm »Die Waldmacher« in Ghana.

VORWORT
von Volker Schlöndorff

Hoffnung – ausgerechnet in Afrika!

> »Ich war so beeindruckt von seiner charismatischen Persönlichkeit, dass ich auf der Stelle beschloss, einen Film über ihn zu drehen.«
> *Volker Schlöndorff*

Tony Rinaudo begegnete ich zum ersten Mal im Dezember 2018, kurz nachdem er den *Right Livelihood Award*, auch bekannt als *Alternativer Nobelpreis*, erhalten hatte. Ich war so beeindruckt von seiner charismatischen Persönlichkeit, dass ich auf der Stelle beschloss, einen Film über ihn zu drehen. Nur einige Monate später nahm ich mit ihm an der *Beating-Famine*-Konferenz in Malis Hauptstadt Bamako teil und verbrachte zusammen mit meinem Kamerateam mehrere Wochen in Mali, Ghana und Niger. Wir begleiteten Rinaudo an die Orte, an denen er jahrzehntelang tätig war. Und ich konnte es mit eigenen Augen sehen: Seine Methode funktioniert. Hunderttausende glückliche Bauern und deren Familien wenden sie an. Allein in Niger hat sich auf sechs Millionen Hektar verödetem Farmland die Baumdichte seit 1980 von durchschnittlich 4 Bäumen pro Hektar auf heute 40 Bäume erhöht.

Bald wurden wir zu Verbündeten und sogar Freunden. Ich war beeindruckt von der Energie und Leidenschaft, die er bei der Konferenz an den Tag legte, von der hingebungsvollen Art, mit der auch seine Frau Liz die Gäste und Teilnehmer begrüßte. Agrarwissenschaftler und Unterstützer seiner Methode der *Farmer Managed Natural Regeneration* (FMNR) aus der ganzen Welt applaudierten, als er den Wert der Bäume nicht nur für die Wiederbelebung verkarsteter Böden, sondern vor allem für die Wiederbelebung der Hoffnung pries. Tatsächlich: Hoffnung liegt in der Luft. Wie ich bei jener Konferenz sehen konnte, schließen sich zahlreiche Projekte und Initiativen von Einzelpersonen, NGOs und sogar Regierungen zu einer echten sozialen Bewegung zusammen.

TONYS METHODEN UND DIE BAUERN, DIE DIE WÜSTE WIEDER BEGRÜNEN, SIND FÜR UNS ALLE VON BEDEUTUNG.

Tonys Methoden und die Bauern, die die Wüste wieder begrünen, sind für uns alle von Bedeutung. Wenn wir die Klimaziele erreichen wollen, ist es an der Zeit, unsere westliche Arroganz abzulegen und von jenen zu lernen, die Tag für Tag kleine Wunder vollbringen. Es ist an der Zeit, die Perspektive zu wechseln. Unsere Bauern, Agrargenossenschaften und Vertreter der industriellen Landwirtschaft müssen von diesen Bauern lernen.

Tony Rinaudo lebte während der Hungersnot der 1980er-Jahre bei den Ärmsten aller Bauern. Er erlebte die Not am eigenen Leib und kocht seitdem das Wasser, das er für den nächsten Tag benötigt, abends in seinem Hotelzimmer ab. Er kauft keine Plastikflaschen und industrialisiertes Wasser. Er verwendet auch keine Klimaanlage, sondern bindet sich einfach ein kühlendes Tuch um den Hals. Und um für den Tag fit zu sein, läuft er täglich eine Stunde vor Sonnenaufgang, ob auf den Straßen von Kalkutta, den ländlichen Pfaden in Bolgatanga in Ghana, ob entlang der schlammigen Hänge des Ganges oder des staubigen Nigers. Als Läufer, der ich selbst bin, begleitete ich ihn auf diesen morgendlichen Ausflügen – zur Belustigung der Einheimischen.

Am auffallendsten ist Tony Rinaudos Charisma. Es ist ein Grund des Erfolgs seiner Kampagnen für die Wiederaufforstung und die Agroforstwirtschaft in den Dörfern. Und so ist es überwältigend, bei Tonys Begegnungen mit wirklich dankbaren und glücklichen Bauern, Frauen und Kindern dabei zu sein. Ihre Hingabe, ihr Glaube und ihre Leidenschaft sind förmlich greifbar. Das Leben dieser Menschen veränderte sich komplett durch eine neue Art der Ackerbewirtschaftung, die eigentlich auf uralten Traditionen beruht. Die Methode vereint die Pflege der Felder mit dem Erhalt der Wälder; alle vier bis fünf Jahre wird zwischen der Nutzung der Felder für den Anbau von Getreide mit dem als Weideland gewechselt. Dies war auch in der europäischen Landwirtschaft vor Einführung der sogenannten Grünen Revolution Ende der 1950er-Jahre gang und gäbe. Ich wuchs in den 1940er-Jahren in Deutschland auf dem Land auf und begleitete meinen Vater, einen Arzt, oft bei seinen Patientenbesuchen in den sehr armen, ländlichen Regionen Hessens. Das Leben in den Dörfern war noch abgeschottet von der Außenwelt, mit Hochzeiten im Obstgarten, aber auch Frauen, die der einzigen Kuh halfen, den Pflug durch Erde zu ziehen, die mehr Steine als Brot hervorbrachte. Ich bedauere den Verlust des Dorfes, dieses ältesten Topos der menschlichen Gesellschaft.

Ähnliche Not und Entschlossenheit zur Veränderung wie die, von der mir Tony Rinaudo erzählte, erlebte ich, als unser Bundespräsident Horst Köhler mich 2009 einlud, ihn auf einer seiner Reisen nach Afrika zu begleiten. Seitdem engagiere ich mich an einer kleinen Filmschule in Ruanda und in einem landwirtschaftlichen Projekt in Burkina Faso. Ich habe einen Kontinent gesehen, der im Aufstieg begriffen ist, weit entfernt von dem »dunklen Kontinent«, als den man ihn in den Medien darstellt. Als Tony und ich eines Abends über den Niger blickten und er mir sagte, dass Afrika leicht seine gesamte Bevölkerung und sogar die Welt ernähren könnte, zweifelte ich zunächst wie der ungläubige Thomas. Aber auf unseren weiteren gemeinsamen Reisen begann ich die schier unbegrenzten Möglichkeiten für Landwirtschaft auf diesem riesigen, noch nicht überbevölkerten Kontinent zu begreifen.

Wer Afrika kennt, weiß, dass Frauen dort die treibende Kraft hinter Veränderungen sind. Dies trifft insbesondere auf die Landwirtschaft zu. Momentan ist weltweit die Situation für rund eine Milliarde Menschen, die noch als Kleinbauern ihren Unterhalt bestreiten, desolat. Ihre Erträge reduzieren sich dramatisch. Bis zu 700 Millionen Menschen könnten sich gezwungen sehen, in den nächsten Jahrzehnten aufgrund der rapide fortschreitenden Wüstenbildung ihr angestammtes Land zu verlassen. Das ist kein vager Kassandraruf, sondern die Vorhersage von über 100 Wissenschaftlern, wie der in Bonn ansässige Weltbiodiversitätsrat (Intergovernmental Science-Policy Platform on Biodiversity and Ecosystem Services – IPBES) berichtet.

Im November 2019 begleitete ich Tony mit meinem Team nach Indien. Zweck seiner Reise war die Verbreitung der FMNR-Methode durch Workshops und Schulungen vor Ort in Dörfern in der Provinz Jharkhand ganz im Osten des Landes sowie im Anschluss im riesigen Bundesstaat Maharashtra. Am Ende der Reise verbrachten Tony und ich drei Tage in Neu-Delhi. Dort trafen wir indische Landwirtschaftsexperten und Beamte, um die Anwendbarkeit seiner Methode für eine Bevölkerung von mindestens 200 Millionen Kleinbauern zu prüfen. Ich merkte, dass diese Art der Lobby-Arbeit überhaupt nicht seine Sache war, und dennoch war sie nötig in einem Land, in dem allein in den letzten zehn Jahren über 100 000 Bauern keinen Ausweg aus ihrer Misere mehr sahen und sich erhängten.

Mir wurde bewusst, dass wir alle zwar durch die Prognosen zum Klimawandel verängstigt, sprachlos und gelähmt sind, ein Agrarwissenschaftler, Missionar und einfacher Mann aus Australien jedoch eigenhändig die Lösung gefunden haben könnte. Seit er vor 30 Jahren seine bescheidene Arbeit aufnahm, sind allein in Niger 240 Millionen Bäume gewachsen. Sein Traum ist es, mithilfe seiner Methode und den Bauern vor Ort zwei Milliarden Hektar unseres Planeten wieder aufzuforsten. Es ist dies das ambitionierteste und zugleich kostengünstigste Projekt zur Eindämmung der steigenden Temperaturen. Es kommt genau zur rechten Zeit: Der Planet benötigt es dringend – und dank FMNR ist die Wiederaufforstung von so gut wie jedem verödeten Land zu sehr geringen Kosten möglich.

So ist es nicht übertrieben zu sagen, dass Tony Rinaudo den Planeten retten könnte. Zu Recht trägt er den Spitznamen der Waldmacher. Meiner Meinung nach benötigt und verdient Tony Rinaudo »Jünger« auf der ganzen Welt. Da er ein junges Publikum in vielen Ländern anspricht, scheint seine Botschaft der Hoffnung zur richtigen Zeit zu kommen: Da draußen ist eine Generation, die nur darauf wartet, sich aktiv einzubringen.

DIE WALDMACHER (DOKUMENTARFILM)
Produzent Thomas Kufus und Regisseur Volker Schlöndorff begleiten Tony Rinaudo durch Afrika: ein außergewöhnlicher Mensch und seine Arbeit. Die Dokumentation geht der Frage nach, ob dreißig Jahre, nachdem Tony sein Prinzip der von Bauern gesteuerten regenerativen Wiederaufforstung zum ersten Mal in die Tat umsetzte, diese Methode in großem Umfang Anwendung finden kann und wird.
Koproduziert wird der Film von den deutschen Fernsehsendern ARD/BR und dem deutsch-französischen Fernsehsender ARTE.
Ab 7. April 2022 im Kino

Als Teenager half ich gerne auf der Farm meines Bruders Joe, der Esskastanien und Beeren anbaute – hier beim Holzhacken.

1

VON KAHLEN HÜGELN UND ASTHÖHLEN

»Die heutigen Kinder sind die Anführer von morgen.«
Sprichwort der Hausa

Unser Haus in Myrtleford, einer kleinen australischen Provinzstadt im Nordosten Victorias, befand sich am Fuße des *Reform Hill*. Von dort oben konnte ich fast die gesamte Ortschaft überblicken – Autos, die aussahen wie Spielzeug, Menschen, die ihren Geschäften nachgingen, das Ovens Valley aus der Vogelperspektive, die Mündung des Buffalo in den Ovens River und die zerfurchte Felswand des Mount Buffalo. Die stille Schönheit der blau-grünen Hügel und engen grünen Täler erfüllt mich bis heute mit einem starken Gefühl der Verbundenheit mit diesem Ort, obwohl ich schon so lange nicht mehr hier zu Hause bin.

Diese Hügel waren der perfekte Spielplatz für einen aktiven Jungen wie mich. Die Bäume erschienen mir wie stumme Zeugen vergangener Ereignisse. Seit wie vielen Jahrhunderten hatten sie wohl dem Eingeborenenstamm der *Ya-itma-thang* Schutz und Nahrung geboten? Wie lange schon hatten die Bäume im Frühling oder Sommer über deren jährliche Pilgerfahrt ins Hochland zur Ernte von Bogong-Motten gewacht?

Millionen von Motten wandern bis zu 1000 Kilometer, um sich in den kühleren Felsspalten von Australiens südlichen Alpen zu sammeln. Auf heißer Asche geröstet, gelten sie wegen ihres süßen, nussigen Geschmacks und ihres hohen Fett- und Proteingehalts als Delikatesse. Der *Yaitma-thang*-Stamm besiedelte die Unterläufe der Flusstäler früher das ganze Jahr über. Ihre Lagerstätten errichteten sie auf den Ebenen des offenen Flachlands, wo es weicheren Boden, Wasser und Nahrungsquellen im Überfluss gab. Später, im 19. Jahrhundert, sollte ihnen das beim Aufeinanderprallen der Kulturen zum Verhängnis werden.

In dem Buch *Fire Country. How Indigenous Fire Management Could Help Save Australia* beschreibt der indigene Schriftsteller, Filmemacher und Berater Victor Steffensen die Landschaft vor der Kolonisierung als »wunderschön und reich an Nahrung, Medizin und Leben. Die Bäume, mit ihren Hunderten oder über tausend Jahren, waren riesig.«[1] Der australische Bestsellerautor Don Watson entzaubert in seinem Buch *The Bush* den Mythos vom Niemandsland. Er war offensichtlich dazu entworfen, um die Landnahme der frühen Siedler in kontinentalem Maßstab zu rechtfertigen. Watson zitiert zahlreiche Entdecker und Siedler, die auf eine Landschaft hinweisen, die in ihrer offenen Regelmäßigkeit und Schönheit wie der »Park eines Landadligen« aussah, eine »unermessliche Parkanlage, ein überwältigender Park«.[2]

Victor Steffensen schreibt über die Landbewirtschaftung der indigenen Völker Australiens:

> Die Bäume wurden [von den indigenen Völkern] gepflegt, um sie dem Land zu erhalten, sodass sie alt und die Ältesten der Landschaft werden konnten, damit die

> Bäume weiterhin Leben schenken und alles, was in ihrer Umgebung lebte, gedeihen lassen konnten. Durch die Landbewirtschaftung der indigenen Völker wurde sichergestellt, dass die meisten der Bäume Hunderte, wenn nicht gar Tausende Jahre lebten. Sie besiedelten das Land in Hülle und Fülle, zogen Nährstoffe aus dem Boden und gaben ihm Nährstoffe zurück, sodass alles Notwendige für eine gesunde Landschaft gegeben war.[3]

Beim Versuch, sich den kranken Zustand eines Großteils der heutigen australischen Landschaft zu erklären, weist Steffensen darauf hin, dass den meisten Menschen die Verbundenheit mit ihrem Land fehle.

Unsere kleine Stadt Myrtleford hat eine interessante Geschichte zu erzählen.

Ein Steinmonument erinnert an die Entdecker Hamilton Hume und William Hovell, die auf ihrer 700 Kilometer langen Entdeckungsreise auch durch Myrtleford gezogen waren. Die Expedition führte in den Jahren 1824/25 durch Ost-Australien, von Sydney in New South Wales bis nach Port Phillip in Victoria. Dann nahmen erste Besetzer das Land an sich, um darauf Schafe und Rinder zu weiden. Verlassene Goldminen und Schächte, alte Berghalden und ein enormer, inzwischen verstummter Gesteinsbrecher erzählen bis heute von der Zeit des Goldrauschs, der in den 1850er-Jahren begann. Reform Mine war mit einer Förderung bis 1880 von 21 000 Unzen Gold (600 kg) die produktivste unterirdische Mine in ganz North East Victoria. Vielleicht ist es sogar möglich, dass die Kelly-Bande, die berüchtigten australischen Bushranger, wie man ursprünglich entlaufene Sträflinge in Australien bezeichnete, hier auf der Flucht vorbeikamen. Wer weiß.

Im Land um Myrtleford gewannen über die Jahre die verschiedensten Wirtschaftszweige an Bedeutung, die immer wieder von einer neuen, moderneren Idee abgelöst wurden. Dazu gehörte zum Beispiel die Beweidung mit Rindern, Milchkühen und Schafen. Während und nach dem Zweiten Weltkrieg wurden hier Flachs und Kiefernplantagen, Hopfen, Weintrauben, Heidelbeeren, Oliven, Walnüsse, Kastanien und Tabak angebaut.

Tabak war seinerzeit die große Sensation. Er zog viele italienische Einwanderer ins Ovens Valley, um ein neues Leben für sich und seine Familie aufzubauen. Darunter war auch mein Großvater, Giuseppe Joe Rinaudo.

Ich gehörte einer kleinen Gruppe Kinder aus unserer Straße an, die am Ende der Sackgasse in der Elgin Street wohnten. Wir spielten oft zusammen und hielten unsere Schutzengel ordentlich auf Trab. Gelegentlich erfuhren unsere Mütter von einer Begegnung mit einer Schlange, Erkundungstouren in einem Minenschacht oder von der waghalsigen Besteigung eines Baums. Dann gab es erst einmal ein Abenteuerverbot, bis wir sie schließlich überzeugen konnten und wieder frei waren für das nächste. Am liebsten spielten wir Cowboy und Indianer. Wenn ich alleine unterwegs war, rannte ich, so schnell ich konnte, den Hügel hinunter und zerriss dabei die starken Seidenfäden, die zwischen den Bäumen von – so dachte ich damals – riesigen Spinnen gewebt worden waren. In meinen Träumen flog ich dabei die Hügel hinunter.

Wir sind eine große Familie: Ich bin das dritte Kind und habe drei Brüder und zwei Schwestern. Peter, mein kleiner Bruder, und ich waren in unserer Kindheit unzertrennlich. Wir durchkämmten den Busch, gingen angeln oder fuhren Fahrrad – allerdings glaube ich heute, dass er oft eher mitkam, um mir zu gefallen, als aus großer Begeisterung für meine Abenteuerlust. Nach vier Jungs wünschte sich Mum unbedingt ein Mädchen. Dads einzige Schwester war früh an Leukämie gestorben und sie hinterließ auch zwei Jungs. So wurden meine Schwestern Cathy und Josie mit besonderer Freude in der Familie willkommen geheißen. Sie bedeuteten mir viel, und ich liebte es, auf sie aufzupassen.

1966 – Unsere Mutter, mein Bruder Peter im mattgrünen T-Shirt, Sam im braunen Rollkragenpullover, ich im blau gestreiften Hemd, Josie in roter Strumpfhose und Cathy in roter Strickjacke, Joe fehlt auf dem Foto

So gut wie jeden Sonntagmorgen nach der Kirche holte Dad seine Boxkamera, eine Kodak Brownie, hervor. Während Mum zum Mittagessen Spaghetti kochte, arrangierte Dad eine schnelle Aufnahme von uns Kindern noch in der schicken Sonntagskleidung vor dem Kamelienbusch. Die ersten paar Jahre waren wir Kinder noch größer als der Busch, doch irgendwann überragte er uns. Nach dem Essen schichteten unsere Eltern alle sechs Kinder in unseren Ford-Kombi. Es folgte eine 40-minütige Fahrt von Myrtleford nach Wangaratta, wo wir Nanna und Nanu besuchten. Nonna und Nanu, so nannten wir unsere italienischen Großeltern.

Damals gab es in den Autos noch keine Gurte. Wenn wir Jungs auf dem Rücksitz Ärger machten, drehte sich Dad kurz zu uns um und verpasste uns einen Hieb, wenn wir uns nicht schnell genug wegduckten. Alles sehr zum Ärger meiner Mutter, die eine ausgesprochen nervöse Beifahrerin war und ständig Angst davor hatte, dass Vaters Aktionen einen Unfall verursachen könnten.

Die kahlen Murmungee Hills, von der Abzweigung nach Beechworth aus gesehen

Nach der Abzweigung nach Beechworth öffnet sich das Land, und man blickt auf eine weite Ebene. Sie wird von den sanft geschwungenen, fast baumlosen Murmungee Hills eingerahmt. Kann ein Land sprechen? Vielleicht nicht mit Worten, doch es sprach zu mir. Bereits als kleiner Junge empfand ich beim Anblick dieser abgeholzten Hügel eine Traurigkeit über die verloren gegangene Schönheit. In ihrer ungeschützten Kahlheit schienen die Hügel selbst zu trauern und dabei um Hilfe und Wiederherstellung der alten prächtigen Bäume zu rufen. Jeden Sonntag bei der Fahrt nach Wangaratta sah ich mich im Geist dort oben in Gummistiefeln stehen, mit der Schaufel in der Hand. Ich sah mich Bäume pflanzen und die tiefen Erosionsrinnen eindämmen, von denen diese Hügel verwundet waren.

KANN EIN LAND SPRECHEN? VIELLEICHT NICHT MIT WORTEN, DOCH ES SPRACH ZU MIR.

Manchmal kehrten wir erst in der Dunkelheit von Wangaratta zurück. An einigen Stellen der *Great Alpine Road* berührten sich die Äste der riesigen, Gummibäume über uns, die die Straße säumten. Während wir unter ihnen hindurchfuhren, leuchteten die Scheinwerfer die Stämme und Äste an. Vor dem schwarzen Hintergrund erschien der Anblick so, als wäre vor uns eine verzauberte Höhle. Sie tauchte vor uns auf und verschwand dann wieder hinter uns in der Dunkelheit. Mir waren diese kurzen Abschnitte von Asthöhlen nicht genug, und so pflanzte ich in meiner Vorstellung jedes Mal Bäume in die Lücken.

Natürlich wusste ich, dass Landwirtschaft notwendig ist, aber innerlich zweifelte ich schon in meinen Kindertagen daran, ob es wirklich so klug war, dafür alle Bäume auf dem Land zu roden. Warum verlangte eine landwirtschaftliche Bearbeitung des Bodens so viel Zerstörung? Ein paar Jahre später, als ich an der Universität Agrarwissenschaft studierte, schien sich diese Einsicht aus meinen Tagträumen zu bestätigen. Aber nicht in den Vorlesungen, sondern als ich mich in das Buch *Forest Farming. Towards a Solution to Problems of World Hunger and Conservation* von James Sholto Douglas vertiefte. Der Ökologe und Agronom beschreibt darin, wie die Verbindung von Bäumen, Getreide und Vieh zu einem gesünderen ökologischen Gleichgewicht führt und wie so auch größere Erträge der angebauten Feldfrüchte erzielt werden können. Auf diese Art und Weise können gleichzeitig auch noch zusätzliche Materialien gewonnen werden, nämlich für Kleidung, Brennstoff und Wohnungen.

Mir leuchtete das sofort ein. Es war vollkommen logisch. Doch dieser Ansatz widersprach der Vorgehensweise, die hier seit den ersten Siedlern Ende des 18., Anfang des 19. Jahrhunderts etabliert war. Die Kolonialisten brachten ihre landwirtschaftlichen Methoden aus Europa mit. Methoden, die Ökosysteme zerstörten, nicht ganzheitlich in den Blick nahmen. Sie betrachteten es als ihre

Pflicht, den wilden Busch zu zähmen und zu zivilisieren, um ihn nutzbar zu machen. Häufig vertrieben sie die Ureinwohner, rodeten die Bäume und töteten die wilden Tiere. Siedler, denen ein Stück Land zugesprochen wurde, wurden von der Regierung sogar dazu verpflichtet, es von den Bäumen zu befreien.

Es gibt ein altes Sprichwort aus dem australischen Busch, das die Haltung der frühen Siedler gut zusammenfasst: »Was sich bewegt, das erschieße, was stillsteht, das fälle.« Diesen Spruch hörte man in den heiligen Hallen der Universitäten zu meiner Studienzeit zwar nur noch selten. Doch der einzige Unterschied zwischen den kolonialen Methoden und der modernen Landwirtschaft bestand in der wissenschaftlichen und wirtschaftlichen Logik, die sie mit dem Nimbus der Seriosität umgab.

Die moderne Landwirtschaft beruhte auf diesem fehlerhaften, von den europäischen Siedlern gelegten Fundament. Sie ist gekennzeichnet durch die Einförmigkeit von Getreideanbau und Viehhaltung zum Zweck der Erwirtschaftung immer höherer Erträge, und wird ausschließlich von der Gier nach höheren Profiten gesteuert. Sie agiert ohne Rücksicht auf den hohen ökologischen Preis dieser Verfahrensweise – dem Verlust intakter Ökosysteme, dem Verlust der Artenvielfalt und der Bodenqualität. Natürlich müssen Landwirte auch Gewinn machen, um ihren Lebensunterhalt zu bestreiten und überlebensfähig zu bleiben. Aber wenn dies auf Kosten des eigenen Landes geschieht, das durch Raubbau entwertet wird, dann schadet das nicht nur ihnen, sondern auch zukünftigen Generationen.

Das Gebet eines Kindes

Seit den späten 1920er-Jahren verdrängten exotische Kiefernplantagen auf vielen Hügeln der Gegend langsam die einheimische Vegetation. Das Buschland wurde mit Bulldozern bearbeitet, Tausende Bäume zu Stapeln aufeinandergehäuft und verbrannt. Das Holz wurde noch nicht einmal verwendet! Die steilen Hügel wurden jeglicher Vegetation beraubt. Zurück blieb nichts als kahler Boden. Später wurden die Hügel mit einer Monokultur von Monterey-Kiefern bepflanzt, eine Baumart, die an der zentralkalifornischen Küste beheimatet ist. Selbst einem Kind wie mir erschien diese Idee sehr kurzsichtig und schlecht durchdacht.

Myrtleford, 2021 – In Vorbereitung auf die Anpflanzung exotischer Kiefern wird die gesamte einheimische Vegetation gerodet und verbrannt. Das Land liegt oft mehrere Jahre lang gerodet da.

Durch diese dunklen, stillen Wälder ohne Unterholz zu wandern, war wie ein Spaziergang durch eine Wüste. Die einzigen Vögel, die ich dort sah, wollten so schnell wie möglich wieder heraus. Ich glaube, meine Abneigung galt weniger den exotischen Bäumen, sondern vielmehr der enormen Verschwendung. Es schmerzte mich, dass die Achtung für das, was vorher da gewesen war, fehlte. Nicht einmal die Täler oder die Bergkuppen hatte man für die Bewahrung der ursprünglichen Artenvielfalt verschont. Ohne Weitblick wurde kein Rückzugsort für wilde Tiere und die heimische Pflanzenwelt übrig gelassen.

In den fruchtbaren Tälern, in denen jetzt großflächig Tabak angebaut wurde, fiel nun regelmäßig ein Sprühnebel von Pestiziden über die Pflanzen und die kalten, kristallklaren Gebirgsbäche. Bäche, in denen ich mit meinen Geschwistern und Freunden gerne angelte und schwamm. Bäche, aus denen weiter unten ganze Ortschaften ihr Trinkwasser bezogen.

Kurz darauf setzte ein gewaltiges Fischsterben ein. Beim Baden bot sich uns immer öfter der widerwärtige Anblick und Gestank von großen Forellen, die mit dem Bauch nach oben tot vorbeitrieben. Diese Wasserläufe hatten bereits während der Ära des Goldrauschs 1899 beträchtlichen Schaden genommen. 1955 setzte sich das fort. Das Goldwaschen und -schleusen wich dem Einsatz von gigantischen Baggern, die die einst lebendigen Wasserläufe systematisch zerstörten und die fruchtbaren Täler mit Kiesablagerungen erstickten. Als ich im Teenageralter war, wurde das bereits beschädigte Flusssystem erneut bearbeitet. Man begann damit, das Flussbett mit Bulldozern abzutragen, um die Fließgeschwindigkeit zu erhöhen. Das sollte die Lösung für das Problem der zerstörerischen Überschwemmungen sein, die durch die Rodung erst vermehrt auftraten. Dieser gravierende Eingriff zerstörte den Lebensraum der Fische und verwandelte meine geliebten, wilden Flussläufe in breite, seichte Kanäle.

1969, als ich zwölf Jahre alt war, las ich darüber, dass der Cuyahoga River[4] in Ohio, USA, von Chemikalien so verschmutzt war, dass er Feuer fing. Diese Katastrophe hätte das gedankenlose Streben der Entscheider, bei allen wirtschaftlichen Interessen vor allem

Reichtum und Gewinnsteigerung zu erlangen, sofort beenden müssen. Aber nichts geschah. Ich erinnere mich noch gut daran, wie mich das erschütterte. Mein ohnehin geringes Vertrauen in die Fähigkeit von Regierung oder Industrie bekam einen erneuten Knacks. Würden sie jemals moralisch vertretbare Entscheidungen in Umweltangelegenheiten treffen? Weltweit waren damals Tropenabholzung, Ölkatastrophen in den Ozeanen und industrielle Umweltverschmutzung fast wöchentlich in den Nachrichten.

Die regelmäßigen Reportagen, in denen von Umweltschäden, Zerstörung und negativen Entwicklungen berichtet wurden, hinterließen bei mir tiefe Spuren. Es schien mir, als würde ein globaler Krieg gegen die Natur herrschen. Vor unserer Haustüre hatte ich den sinnlosen Kahlschlag von Hügeln und vergifteten Flüssen direkt vor Augen – ich malte mir eine apokalyptische Zukunft ohne Natur aus. Ich fragte mich, wie vernünftige Erwachsene dem Planeten so etwas antun konnten. Abgesehen von seiner einzigartigen Schönheit: War dies nicht auch der Planet, auf dem wir lebten und von dem wir alle anhängig waren? Fragen, die mir auch später in Afrika keine Ruhe lassen würden: Wie konnten kluge, fleißige Bauern die Bäume zerstören, die die Landwirtschaft erst ermöglichten, und damit das Wohl ihrer Familie aufs Spiel setzten?

Im Nachhinein betrachtet, machte mich nicht nur die Zerstörung an sich wütend. Was mich so heftig reagieren ließ, war die Tatsache, dass diese Gewalt gegen die Natur von den meisten Menschen als normal empfunden wurde. Man akzeptierte sie als nötiges Übel, weil der sogenannte »Fortschritt« Vorrang vor natürlichen Prozessen hatte. Für mich eine komplette Fehleinschätzung der Situation.

In meiner Jugend berichteten die Abendnachrichten noch von einem anderen Thema ähnlich oft wie von Naturkatastrophen: Hungersnöte. Dauernd herrschte in irgendeinem weit entfernten Land Krieg oder Dürre, und die Menschen litten Hunger. Ich fand es ungerecht, dass Kinder, die einfach das Pech hatten, in einem anderen Land geboren worden zu sein, hungrig einschlafen mussten. Ich weiß noch, wie dieses Wissen wie eine Last schwer auf mir lag, und dass ich mir sehnlichst wünschte, irgendetwas tun zu können, was zur Lösung dieses Problems beitrug.

Bis es so weit war, musste ich allerdings noch viel über das Verhalten der Menschen lernen. So erzählte mir ein alter italienischer Tabakfarmer aus Myrtleford, dass man während des Zweiten Weltkrieges in Italien Zigaretten verteilte, um die Nerven zu beruhigen. Tabak entwickelte sich im Nordosten Victorias vor allem ab den 1960er-Jahren zu einem blühenden Industriezweig, und der Tabak galt damals nicht als schädlich. Viele Migranten, darunter auch meine Großeltern, verließen Italien auf der Suche nach einem besseren Leben – auf der Flucht vor Faschismus, Armut und der Ohnmacht von Chancenlosigkeit. Und sie fanden Arbeit in der Tabakindustrie. Die Dinge sind wohl nie nur Schwarz und Weiß, und die Bauern verdienten damit einfach ihren Lebensunterhalt. Gleichzeitig fragte ich mich: Welche Werte dienen als Grundlage, dass man fruchtbares Land und wertvolles Wasser zum Anbau eines Krauts benutzt, das, wie sich dann herausstellte, Menschen krank macht, während andernorts Menschen wegen Nahrungsmangel sterben?

»LIEBER GOTT, BITTE MACH MICH ZU DEINEM WERKZEUG, DAMIT ICH IRGENDWIE IRGENDWO ETWAS VERÄNDERN KANN.«

Ich war wütend über die Umweltzerstörung und die Ungerechtigkeit, die von bitterer Armut verursacht wurde. Ich fühlte mich angesichts der Gleichgültigkeit vieler Erwachsener machtlos, aber mir fehlten noch die Reife und die sozialen Kompetenzen, um darüber zu sprechen. Deswegen wandte ich mich an Gott. Immerhin, er war der Schöpfer dieser Erde. Als ich zwölf Jahre alt war und noch nicht wusste, was ich tun sollte, schickte ich ein aufrichtiges Kindergebet gen Himmel: »Lieber Gott, bitte mach mich zu deinem Werkzeug, damit ich irgendwie irgendwo etwas verändern kann.« Bis zum heutigen Tag motiviert mich dieses Gebet. Es hat eine Kraft freigesetzt, die mich bis heute aktiviert.

Als Teenager fasste ich dann einen Entschluss: Ich würde mir das Leben von Albert Schweitzer und den vielen Missionaren, die einem bequemen Leben den Rücken gekehrt hatten, um anderen zu helfen, zum Vorbild nehmen. Ich würde losziehen.

Wurzeln

Mein Vater, Gaetano (Tom) Rinaudo, wurde in Ramacca, im Landesinnern von Sizilien geboren. Meine Mutter, Carolina Rando, kam aus Scari im Nordosten der aktiven Vulkaninsel Stromboli. Papa erzählte uns später scherzhaft, dass Stromboli so klein war, dass die Bewohner bei Flut nach Sizilien schwimmen mussten, um ins Trockene zu gelangen. Mein Urgroßvater mütterlicherseits, Gaetano Russo, kommt in mehreren Szenen in Roberto Rossellinis Film *Stromboli* vor. Er wurde 1950 gedreht und die preisgekrönte Ingrid Bergman spielt die Hauptrolle. Im Film wird gezeigt, wie die Monotonie und Beschaulichkeit des Dorflebens nur durch die jährliche Thunfischjagd unterbrochen wird. Das verschlafene Dorf entpuppt sich dann auf einen Schlag als trubeliger Haufen, und die gegenseitige Abhängigkeit der Menschen voneinander wird klar ersichtlich.

Als die Ruderboote auf dem Meer dann den Fang einkreisen und die Fischer Schulter an Schulter im Boot stehen, die Netze fest um die Thunfische gezogen, bringt ihr rhythmisches Zerren und ihr gemeinsamer Gesang die See zum Schäumen. Die Männer ziehen einen riesigen Thunfisch nach dem anderen in ihre Boote.

Das tatsächliche Leben auf Stromboli und in Sizilien war hart. Die meisten Jungen wurden nach Amerika, Kanada, Australien oder Neuseeland geschickt, wenn sie zwischen zwölf und vierzehn Jahren alt waren. Sie sollten dort für Verwandte oder ehemalige Nachbarn arbeiten, die ihnen vorausgegangen waren. Mein Großvater mütterlicherseits, Salvatore (Sam) Rando, bildete da keine Ausnahme. Als er zehn Jahre alt war, 1904, wurde er nach Wellington im Süden Neuseelands geschickt, um dort seinen Vater, den Fischhändler Giacomo Rando, zu unterstützen. Sechs Jahre später machte er sich auf den Weg nach New York, um im Obstladen eines Onkels zu arbeiten. Da der ihm aber keinen Lohn zahlte, kündigte er, fand eine Anstellung als Milchmann und arbeitete sich hoch bis zum Manager der *Reid Ice Cream Company* in Brooklyn. Er erzählte mir später, dass es auf den Milchfahrten oft so kalt war, dass er seine Jacke mit Zeitungen auskleidete.

Mein Großvater liebte das Meer und die Marine. So heuerte er von 1917 bis 1919 als Matrose in der Küstenschutzreserve der US-Marine auf der *USS Arizona* an. Jahre später weinte er bitter, als er vom Untergang der *USS Arizona* in der Zeitung las. Am 7. Dezember 1941 wurde das Schiff versenkt und die 1177 Männer an Bord starben durch den japanischen Angriff auf *Pearl Harbour*.

Eines Tages hatte mein Großvater eine zufällige Begegnung mit Cornelius Vanderbilt, der später als Stammhalter der Vanderbilt-Dynastie in die Geschichte eingehen sollte. Vanderbilt machte ein Milliardengeschäft in der Eisenbahnindustrie und zählt als einer der reichsten Unternehmer der US-Geschichte. Mit diesem »Eisenbahnkönig« entwickelte mein Großvater eine Freundschaft – und die Realisierung seines Traums: ein Gemischtwarenladen auf Coney Island, von meiner Mutter immer »Coney-Island-Mischgeschäft« betitelt.

Der Laden lief gut. Vor allem während der Hauptsaison des Vergnügungsparks im Sommer. Mit dem, was er verdiente, verbrachte er jedes Jahr sechs Monate in den USA und sechs Monate in Stromboli. Während einer dieser Aufenthalte in Stromboli heiratete er und bekam drei Kinder, darunter meine Mutter, Carolina Rando. Mein Großvater war fest entschlossen, seine Frau und die drei Kinder, die schnell der Reihe nach kamen, auch mit nach New York zu nehmen. Aber sein Vater, der sich inzwischen mit dem Rest der Familie in Melbourne, Australien, niedergelassen hatte, bat ihn eindringlich, sich ihnen doch anzuschließen. Meine Mutter war sieben Jahre alt, als sie mit ihren Eltern 1932 in Melbourne ankam.

Mum war eine ruhige, denkende Person. Von frühester Kindheit an war sie streng katholisch erzogen worden. Die *Chiesa di San Vincenzo*, die Kirche St. Vinzent in Scari, spielte nicht nur in ihrem Leben – sie wurde dort getauft und gefirmt –, sondern auch im Leben aller Inselbewohner eine stark prägende Rolle. Der Glaube brachte die Menschen in Verbindung miteinander und mit Gott. Die Kirche bot ihnen aber nicht nur geistige Nahrung. Wenn der Vulkan von Zeit zu Zeit seine Trümmer auf die Insel regnen ließ, suchten die Bewohner Schutz in St. Vinzent. Der Vulkan Stromboli befand sich in den letzten 5000 Jahren in fast ständiger Eruption. Meine Mutter hat oft erzählt, wie sie beispielsweise in die Kirche flüchtete, als der Vulkan am 11. September 1930 ausbrach. Dieser Ausbruch gilt als das heftigste und zerstörerischste Ereignis in den historischen Aufzeichnungen des Strombolis. Er verursachte erhebliche Schäden und kostete drei Einwohnern das Leben.

Mein anderer Großvater, Giuseppe Rinaudo, wanderte 1926 mit einem One-Way-Ticket nach Australien aus. Seine Frau Catarina, sein Sohn Gaetano (Tom) und seine Tochter Domenica sollten innerhalb eines Jahres nachkommen. Soweit der Plan. Aber die Weltwirtschaftskrise führte zu einem Mangel an Arbeitsplätzen, und es würde sieben Jahre dauern, bis er seine Familie wiedersehen konnte. Er musste genug Geld aufbringen, um seine Überfahrt nach Australien zurückzuzahlen, und dann genug sparen, um seine Familie nachzuholen. Nanu, wie meine Geschwister und ich ihn nannten, nahm Jobs an, wo immer er Arbeit finden konnte – unter anderem beim Bau des Hume-Wehrs (heute *Hume Dam*) im Murray River und als Farmarbeiter.

Wenn ich als Junge bei meinen Großeltern zu Besuch war, zündete sich Nanu nach dem Abendessen eine Zigarette an und erzählte. Ich mochte es nicht, wenn er rauchte, aber ich liebte seine Geschichten. Er erzählte mir, dass er in meinem Alter Weinfässer für die Taverne der Familie in Ramacca auf einem Eselskarren transportiert hatte. Bei einem dieser Transporte schlief er einmal ein und wurde plötzlich von einem Räuber geweckt. Zu seinem Glück brach er in Tränen aus, der Räuber hatte Mitleid mit ihm und ließ ihn unbehelligt weiterziehen. Von diesem Tag an begann er zu rauchen, um nachts wach zu bleiben.

Einmal, ich machte wohl einen unglücklichen Eindruck, meinte Nanu zu mir, dass er die jungen Leute von heute nicht verstehen würde: »Ihr müsst nicht arbeiten, um eure Familie durchzukriegen, ihr habt alles bekommen, was man sich vorstellen kann, und trotzdem seid ihr unglücklich. So viele nehmen Drogen und einige nehmen sich das Leben. Warum?« Er erzählte mir von seiner Erfahrung als *Swagman* – die australische Version eines Wanderarbeiters, der von Stadt zu Stadt auf der Suche nach Arbeit unterwegs ist. »Nachdem ich den ganzen Tag gelaufen war, machte ich ein Feuer unter einer Brücke und schlief dort. Andere *Swagmen*, die mir völlig fremd waren, schlossen sich mir an, und wir teilten, was wir hatten, und genossen die Gesellschaft der anderen. Bis spät in die Nacht hinein gaben wir uns gegenseitig Tipps, welche Orte wir meiden sollten und wo wir Arbeit oder Essen finden konnten. Wir erzählten uns Lügengeschichten und machten Witze, um uns die Zeit zu vertreiben. Wir hatten nichts, das Leben war hart, aber wir waren glücklich.« In den Jahren, in denen er auf der Straße lebte, so erzählte er mir, habe er nur einen einzigen Fall von Selbstmord gesehen. Ein Mann hatte sich unter der Brücke erhängt, unter der er schlief.

Als Nanna 1933 in Australien ankam, waren Nanu und sein Bruder Antonio Pächter auf einer Tabakfarm in Whorouly East im Ovens Valley und verarbeiteten die Ernte. Sie hatten mit dem Farmbesitzer einen Vertrag geschlossen, der ihnen das Land, die Geräte für den Anbau und die Unterkunft zur Verfügung stellte. Dafür erhielten die Brüder die Hälfte des Gewinns. Tabakanbau ist anstrengend und sehr aufwendig, aber sie schienen erfolgreich zu sein. Ich bekam eine Ahnung von dem Leben, das meine Großeltern in Italien zurückgelassen hatten, als Nanna beschrieb, wie es ihr ging, als sie die Menge an Essen sah, die Nanu für die Empfangsparty für sie und die Kinder vorbereitet hatte. Sie war geschockt ob der Fülle! Vor allem vom Fleisch. Es gab große Platten mit verschiedenen Fleischsorten – Schwein, Rind und Huhn. Sie war es gewohnt, sparsam zu leben. In Sizilien gab es nur zweimal im Jahr Fleisch zu essen, zu Weihnachten und Ostern. Im Affekt schimpfte sie über die Extravaganz ihres Mannes.

Nanna konnte stricken und häkeln. Sie war äußerst geschickt dabei, komplizierte Spitzenarbeiten herzustellen, und fertigte wunderschöne Strickjacken, Tischsets, Schals und Deckchen. Aber ihre Fähigkeiten kamen mit einem Preis. Ihre Stiefmutter war eine strenge Lehrmeisterin gewesen. Als Mädchen zwickte sie ihr bei jedem Fehler in die Finger. Während der einsamen Jahre, als Nanna darauf wartete, ihrem Mann nach Australien zu folgen, häkelte meine Großmutter vier Spitzendecken in Doppelbettgröße und musste dabei den Spott ihres Vaters ertragen, dass Giuseppe sie verlassen hatte.

Vermutlich hatte Nanna nur die Grundschule besucht, denn sie konnte nur schlecht lesen. Sie war sich ihres niedrigen Bildungsniveaus bewusst. Trotzdem verletzte es sie tief, nach ihrer Ankunft in Australien Diskriminierung zu erfahren. Sie wurde wegen ihres Akzents ausgelacht und bekam immer wieder mit, wie ihrem Mann die Arbeit verweigert wurde, weil er ein *wog*, ein Kanake, sei. Das mag aus heutiger Sicht harmlos erscheinen im Vergleich zu der körperlichen Gewalt, die andere damals erlebt hatten, aber es brannte sich trotzdem tief in ihr Herz. Nanna sagte mir so oft: »An-do-ny (Anthony), getta-joba-widda-suit-na-tie-a.« Ich konnte verstehen, warum sie das für mich wollte, aber ein Bürojob war das Letzte, was ich im Sinn hatte.

Ich habe oft über die Weisheit und die Werte meiner Großeltern nachgedacht und über die Lebenslektionen, die sie mir durch ihre Erzählungen mitgegeben haben. Ein Schatz ist diese Erkenntnis: Arm zu sein, hält die Menschen nicht davon ab, einen Stolz zu haben oder nach einem besseren Leben zu streben.

Wenn wir Enkelkinder schon Nannas Druck auf uns spürten, wie viel mehr wohl unser Vater? Wie es bei Migranten der ersten Generation oft üblich ist, drängte Nanna ihren einzigen Sohn dazu, »ein Mann zu sein und etwas aus seinem Leben zu machen«. Natürlich wollten sie etwas Besseres für ihren Sohn. Mein Vater wiederum war seinen Eltern treu ergeben, er liebte und umsorg-

1975 – Meine Eltern liebten es, sich mit Freunden zu treffen, und meine Mutter tanzte besonders gern.

te seine Familie. Als Inhaber von *Buffalo Farm Equipment* handelte er erfolgreich mit landwirtschaftlichen Maschinen, bot einen Reparaturservice an und widmete sich mit Hingabe seinen Kunden.

Dad war acht Jahre alt, als er in Australien ankam. Begierig darauf, seinen Vater kennenzulernen, folgte er ihm direkt in die Tabakfelder und musste am Ende des Tages mit einem Sonnenstich ins Krankenhaus eingeliefert werden. Tag für Tag lief er acht Kilometer zur örtlichen Schule, nachdem er acht Kühe gemolken, den Rahm abgeschöpft und die Kälber gefüttert hatte. Die Mithilfe auf der Tabakfarm und die langen Stunden harter körperlicher Arbeit machten ihm klar, dass er kein Tabakbauer werden wollte. Seine Eltern waren zudem erpicht darauf, dass er eine Ausbildung absolvierte. Dad erzählte mir, wie Nanu ihm ein Weideland voller Bäume zeigte und sagte: »Ich werde alle kleineren Bäume auf dieser Koppel fällen, aber dieser sehr große Rote Eukalyptus in der Mitte ist für dich reserviert, wenn du deine Ausbildung nicht fortsetzt.« Nanu wollte seinem Sohn damit zu verstehen geben, dass Bildung ein Weg aus der Armut war und ihm Respekt verschaffen konnte. Der Rote Eukalyptus hat ein sehr hartes Holz, und der Baum kann einen Umfang von 4 Meter und mehr erreichen.

Mein Vater verstand etwas von Mechanik. Er war erfinderisch, wissbegierig und ausgesprochen fleißig. Nach einer Ausbildung zum Kfz-Mechaniker machte er sich mit einem Partner in Wangaratta selbstständig – in der Stadt, in der der King River in den

Ovens River mündet. Sie warteten Autos und verkauften Traktoren der Marken Vanguard und Massey-Ferguson. 1952 gründete er das Unternehmen *Buffalo Farm Equipment* in Myrtleford, 50 Kilometer südöstlich von Wangaretta. Dort verkaufte er die gängigen Erntemaschinen der Zeit (*International Harvester Trucks*), Traktoren, Maschinen und Zubehör, die hauptsächlich auf die boomende Tabakindustrie ausgerichtet waren. Mein Dad bediente viele Landwirte in den umliegenden Tälern und im weiteren Umkreis. Er war häufig auf Abruf unterwegs und reparierte kaputte Maschinen. Viele seiner Kunden waren gute Freunde, er half ihnen, wo und wann er konnte, und er wurde überall für seine Fairness und Ehrlichkeit geschätzt.

Meine Mutter umgeben von ihren Kindern an ihrem 90. Geburtstag: Joe, ich, Cathy, Mum, Sam, Josie und Peter (v. l. n. r.)

Zwei meiner Brüder, Sam und Peter, übernahmen später den Betrieb, als Dad 1990 in den Ruhestand ging. Peter verließ die Firma 2003 und gründete ein Ingenieurbüro. Sam führt das Unternehmen heute noch, aber es gibt keine Familienmitglieder, die übernehmen wollen. Seit der Tabakanbau in der Region eingestellt wurde, ist das Geschäft stark zurückgegangen.

Im Gegensatz zu meinen drei Brüdern bin ich technisch nicht sonderlich begabt. Aber Dad nahm mich oft auf seine Fahrten mit, und ich liebte diese Ausflüge zu den Farmen. Während er damit beschäftigt war, Maschinen zu reparieren, ging ich angeln, plünderte Obstbäume oder genoss es einfach, draußen in der Natur zu sein. Obwohl mein Vater es gerne gesehen hätte, wenn ich irgendwann in den Familienbetrieb eingestiegen wäre, lag meine Leidenschaft woanders.

Bei diesen Kundenbesuchen war Dad ein anderer Mensch – einfach frei von der Führung der rund 20 Mitarbeiter, den vielen administrativen Aufgaben, komplizierten Kundengesprächen und den Sorgen, sein Geschäft am Laufen zu halten. Immer, wenn er über Land fuhr, pfiff er beliebte italienische *Canzoni*: *O sole mio*, *Arrivederci Roma*, *That's Amore*. Er war gern mit Menschen zusammen. Das habe ich von ihm. Im Laufe der Jahre half er vielen bei ihren Problemen. Obwohl er immer versuchte, zeitlich viel unterzubringen, kann ich mich nicht daran erinnern, dass er nach getaner Arbeit auch nur einmal einen Espresso und ein Schwätzchen ausgeschlagen hätte. Ich konnte der Unterhaltung zwar nicht mehr folgen, sobald sie auf Italienisch stattfand. Aber ich konnte sehen, dass mein Vater ganz in seinem Element war und dass die Leute ihn respektierten.

Für gewöhnlich kamen wir beladen mit Obst und Gemüse nach Hause, das uns dankbare Farmer aus ihrem Anbau geschenkt hatten. Jahre später sagte ein Handelsvertreter im Ruhestand, der meinen Vater gekannt hatte, zu mir: »Sie kommen ganz nach Ihrem Vater.« Das war ein Kompliment. Denn ich liebe es ebenfalls, die Bauern kennenzulernen und mich mit ihnen zu unterhalten. Diese Touren mit meinem Vater, die Art zu erleben, wie er Beziehungen lebte und mit seiner Arbeit kombinierte, kamen mir zugute, als ich in der westafrikanischen Republik Niger lebte und mit vielen Tausend Bauernfamilien zusammenarbeitete. Die Fähigkeit zu Freundschaft und Empathie, dazu, das Vertrauen von Menschen zu gewinnen, zuzuhören und zu versuchen, die Bedürfnisse anderer und den Grund für ihre Entscheidungen zu verstehen, sind mehr wert als alle Entwicklungstheorien der Welt zusammen.

Mein Vater war auch ein sehr guter Hobbygärtner. Allerdings litt sein Hobby oft, weil er immer anderweitig zu beschäftigt war. Viele Stunden verbrachte ich mit ihm in unserem großen Gemüsebeet, half, sah zu und lernte. Genau wie er empfand ich eine tiefe Zufriedenheit beim Setzen von Pflanzen. Samstagabends sammelte sich die Familie dann vor dem Fernseher: Die Show *Sow What* mit Kevin Heinze stand an. Als mein sehr praktisch veranlagter Vater die Sendung über Gewächshäuser sah, baute er sofort sein eigenes. Dafür verwendete er das Holz von Kisten, in denen Maschinen verpackt gewesen waren.

Ich besaß damals noch nicht die Reife, um die Stärke von Mums sanftem Wesen zu schätzen, und meine Sturheit machte ihr bisweilen sehr zu schaffen. Sie war der ausgleichende Pol zu Dad, den sein katholischer Glaube, Prinzipientreue und ein pragmatischer Ansatz zum Leben leitete. Mums Gelassenheit – obwohl sie mit vier schwer zu bändigenden Jungs und zwei Mädchen ordentlich zu tun hatte – sprach Bände über ihr Verständnis von Gottes Wesen. Im Rückblick weiß ich: Mir gab ihre Haltung eine innere Struktur, die es mir ermöglichte, den Sinn des Lebens zu erfassen. Dass es einen Gott gibt, der uns liebt und für uns sorgt, und dass wir aus einem

WIE MEIN VATER EMPFAND ICH SCHON IMMER EINE TIEFE ZUFRIEDENHEIT BEIM SETZEN VON PFLANZEN.

bestimmten Grund auf dieser Erde sind, stand für mich immer außer Frage.

Ich wuchs mit dem Gefühl auf, dass wir für das Wohlergehen derer, denen es nicht so gut geht wie uns, Verantwortung tragen, und dass wir dazu verpflichtet sind, uns um die Schöpfung – die Erde und alles, was auf ihr lebt – zu kümmern. Die ersten zwei Bücher, die Mum mir schenkte, waren eine Bilderbibel, mit der ich die Geschichten aus der Bibel für mich noch mal vertiefen konnte, und ein Buch, das ich mir besonders gewünscht hatte, als ich es in einer Buchhandlung entdeckt hatte: ein Bilderbuch über Afrika.

Mehr als jeder andere Kontinent zog mich die Wildheit, die Vielfalt und das Geheimnis von Afrika schon früh an.

Meine Leidenschaft für Erdkunde war geweckt. Ich vertiefte sie dann in der St.-Mary's-Grundschule in Myrtleford. Dort entdeckte ich jede Menge Bücher über fremde Länder. Mrs Weston, meine Klassenlehrerin, schien das zu bemerken und ermutigte mich zu lesen. Auch Dad sah meine Begeisterung, und da er die Interessen seiner Kinder immer nach bestem Vermögen förderte, brachte er an der Wand meines Zimmers Sperrholzplatten an, an die ich Landkarten pinnen konnte. Schob man eine der Platten zur Seite, kam darunter die nächste zum Vorschein und zeigte einen anderen Kontinent – Afrika, Europa und so weiter. Von meinem Bett aus konnte ich die Welt betrachten und mich in die Ferne träumen.

Nach der sechsten Klasse wurde ich auf das *Champagnat College* in Wangaratta geschickt, ein Internat der Maristen-Brüder, einer Ordensgemeinschaft der katholischen Kirche. Das war keine einfache Zeit für mich. Mir fehlte meine Familie und ich vermisste das freie Herumstreifen in der Natur. Ich war sehr still, gewann aber gute Freunde. Zwar besaß ich kein Talent für Ballsportarten, aber ich war ein ganz guter Läufer. Jedes Jahr schaffte ich es in die Leichtathletik-Schulmannschaft, mit der wir dann gegen andere Schulen auf der Olympia-Laufbahn in Melbourne in den Wettkampf zogen.

In dieser Zeit lernte ich Bruder Gordon kennen, ein sanfter Riese, der auf dem Schulgelände eine Herde Murray-Grey-Rinder hielt. Zusammen mit ein paar anderen Jungs half ich gerne auf seiner Farm. Dabei lernte ich, wie man Traktor fährt, Zäune errichtet, sich um kalbende Kühe kümmert – und wie man Bäume pflanzt. Es gelang mir sogar, meinen Vater dazu zu überreden, mir eine Kuh zu kaufen. Ich durfte meine erste eigene Kuh dann auf der Weide von einem seiner Freunde gegen keine kleine Gebühr weiden lassen. Diese Kuh sollte der Anfang meiner zukünftigen Herde sein. Das Tier erwies sich allerdings als wild und stur und mein Talent als zukünftiger Rinderfarmer als äußerst gering!

Wenn nicht gerade Fußballsaison war, schienen die langweiligen Wochenenden kein Ende zu nehmen, und so bat ich beim College um Erlaubnis, einen Angel-Klub zu gründen. Bruder Gordon unterstützte mich bei diesem Projekt. Der perfekte Abschluss so eines Angelnachmittags mit einem halben Dutzend anderer Internatsschüler war dann immer eine Tasse von Bruder Gordons spezieller Billy-Tea-Mischung. Dazu nehme man eine Petroleumdose (den Billy), fülle sie mit Wasser und hänge sie über lodern-des offenes Feuer, bis das Wasser wild sprudelt. Man werfe zwei Handvoll Tee hinein (Teebeutel waren bei uns noch nicht üblich) und fünf Handvoll Zucker – Bruder Gordons tief zerfurchte Hände hatten die Größe von Esstellern! Dann gebe man Milch dazu. Man breche einen kleinen Ast vom nächstgelegenen Eukalyptusbaum, schlage ihn gegen den nächstgelegenen Pfosten, um ihn von Staub und Insekten zu befreien, dann rühre man damit den Tee kräftig um. Ich weiß nicht, ob es das Kameradschaftsgefühl oder Bruder Gordons Rezept war – aber das war eindeutig der beste Tee, den ich jemals getrunken habe.

An heißen Tagen, wenn wir Jungs für uns waren und die Fische nicht anbeißen wollten, ergriffen wir Jungs die Gelegenheit, uns von unseren Klamotten zu befreien und nackt zu baden – glücklicherweise fanden die Brüder das niemals heraus!

Ein paar der Ordensbrüder hätte man sicherlich als soziale Außenseiter beschreiben können. Aber der Großteil der Brüder liebte uns Jungs, die sie unterrichteten, und sie liebten Gott. Ihr beispielhaftes, von Selbstaufopferung geprägtes Leben beeindruckte mich. Und zumindest für eine kurze Zeit trug ich mich ernsthaft mit dem Gedanken, ihrem Orden beizutreten. Doch das war nicht der Weg, den Gott für mich vorgesehen hatte.

Einmal fuhr meine Klasse auf eine Freizeit auf die Mornington-Halbinsel. Dort erlebte ich etwas, das im Rückblick gesehen mein Bekehrungserlebnis war. Der Campleiter sprach davon, dass wir alle Masken aufsetzten, um von anderen akzeptiert zu werden, und dabei vorgaben, jemand zu sein, der wir gar nicht sind. Gott aber akzeptiere uns genau so, wie wir seien. Für mich als Teenager, der große Schwierigkeiten hatte, seinen Platz in der Welt zu finden und von anderen akzeptiert zu werden, war das eine gewaltige Erkenntnis: Ich brauchte die Anerkennung von anderen nicht, weil mich Gott so liebte und akzeptierte, wie ich war! Es ist eine Sache, den Glauben seiner Eltern anzunehmen. Es ist allerdings etwas vollkommen anderes, durch eigene Erfahrungen mit dem lebendigen Gott überzeugt zu sein und an ihn zu glauben. An diesem Wochenende setzte ich mein ganzes Vertrauen in Gott, den Schöpfer.

ICH MOCHTE NICHT NUR VON DER NOT LESEN. ICH WILL LIEBER HANDELN.

Ich bin von Natur aus ungeduldig und habe einen großen Bewegungsdrang. Zum Lernen still zu sitzen, fiel mir nicht leicht. Meine gesamte Schulzeit hatte ich den brennenden Wunsch, die Schule so schnell wie möglich abzuschließen, dann ein Studium und ein *Bible College* zu absolvieren und endlich rauszugehen, um etwas zu bewirken! Ich musste mich oft zwingen, mich auf die Aufgabe zu konzentrieren, die in diesem Moment gerade wichtig war. Die ganze Zeit unterdrückte ich diese Sehnsucht in mir, endlich aufzubrechen. Bis heute weckt nur schon das Lesen über Bodenverschlechterung und das unnötige Leid, das sie mit sich bringt, eine starke Aufbruchsstimmung in mir. Ich mochte nicht nur davon lesen. Ich will lieber handeln.

Richard St. Barbe Baker – ein Mann der Bäume

Wie oft prägen scheinbar alltägliche Ereignisse unsere Persönlichkeit und beeinflussen somit die Richtung unseres Lebens. Ein Beispiel dafür in meinem Leben ist der Autor und Umweltaktivist Richard St. Barbe Baker.

Ich war noch ein Teenager und begleitete meinen Vater, um Greg und Carmen Saric, Freunde der Familie, zu besuchen. Als junger Mann war Greg vor dem Kommunismus aus Jugoslawien geflohen. Er brach allein auf, schlief tagsüber in Verstecken und ging nachts zu Fuß lange Strecken, um nicht entdeckt zu werden. Dabei stolperte er oft und fiel in Dornenbüsche. Schließlich gelangte er nach Australien, wo er seine heutige Frau Carmen kennenlernte und heiratete, die Philippinerin ist. Mit einigen Mitgliedern des *Myrtleford Rotary Clubs* hatten meine Eltern der Familie dabei geholfen, sich in unserer Gegend einzugewöhnen. Als mein Vater und ich dann mit Greg durch seinen nahezu leeren Schuppen gingen, der für das Sortieren von Tabak genutzt wurde, kamen wir an einer Anhängerladung alter Bücher vorbei. Sie waren aus der Bibliothek aussortiert worden und hier einfach auf den Boden gekippt worden. Zu meiner Überraschung fielen mir in diesem großen Bücherhaufen zwei dunkelgrüne, unscheinbare Bände ins Auge: *I Planted Trees* (1944) und *Sahara Conquest* (1966) von Richard St. Barbe Baker.

1976 – Mein Vorbild Richard St. Barbe Baker in Nairobi, Kenia

Baker (1889–1982) war ein international tätiger Umweltaktivist aus Hampshire in England, der für die Erhaltung unberührter Wälder und für eine nachhaltige Verwendung von Bäumen gekämpft hat. Sein Antrieb waren eine Liebe zu Bäumen und sein starker Glaube. Baker war in der Lage, aus der Geschichte zu lernen und in die Zukunft zu denken. Er war ein eloquenter Referent und Autor, der mit seinen Worten deutlich machte, was allem Leben auf Erden widerfahren würde, wenn wir den törichten Weg uneingeschränkter Waldzerstörung weiter beschreiten würden. Was Baker aber aus der Masse anderer Menschen mit demselben Anliegen heraushob, war, dass er bis zu seinem Tod mit 93 Jahren ein Mann der Tat blieb. Er war mit der seltenen Fähigkeit gesegnet, andere auch in hohem Alter noch zu inspirieren. Mit seiner Kühnheit, seiner extrovertierten Art, seiner Souveränität und auch einfach durch Glück hinterließ er bei Präsidenten, Königen, Technokraten und Stammesleuten gleichermaßen das dringliche Gefühl, dass es Zeit ist zu handeln. Was mich vor allem beeindruckte: Er tat das alles nur aus seinem Glauben heraus, mit minimalem, oft magerem Budget.

Ich verschlang seine Bücher und empfand ein Gefühl des Trosts darüber, dass es zumindest ein paar Erwachsene gab, denen die Natur tatsächlich am Herzen lag. Gleichzeitig fühlte ich mich herausgefordert, seinem Beispiel zu folgen und selbst auch etwas zu bewirken. Abholzung war keine unvermeidliche Folge des Fortschritts. Baker inspirierte und mobilisierte weltweit ganze Armeen von freiwilligen Baumpflanzern und zeigte damit, dass es möglich war, gegen die Zerstörung anzugehen. Er lieferte aber auch ein ausgewogenes Konzept für die Erhaltung und Produktion von Holz. In *I Planted Trees* schreibt Baker:

> Der Mensch kann ohne Gold leben, aber nicht ohne Holz. Holz ist notwendig für ein zivilisiertes Leben. Deshalb ist Holz eine wesentliche Grundlage jeder Zivilisation. Der höchste Wert, den Bäume haben, ist wahrscheinlich deren wohltuende Wirkung auf die Lebewesen, die Gesundheit, das Klima, den Boden und den Wasserhaushalt eines Landes (Niederschläge und Wasserläufe). Zudem sind Bäume eine Zierde der Landschaft,

> sie spenden Schatten für Mensch und Tier, schützen die Feldfrüchte vor Wind und Sturm und halten das Wasser im Boden, sodass er von Menschen genutzt werden kann. Die heutigen Wüsten haben wir dem Raubbau an den Wäldern in der Vergangenheit zu verdanken. Denn wenn die schützende Waldbedeckung von der Erdoberfläche verschwindet, sinkt der Grundwasserspiegel ab … Und wenn der Wald verschwindet, dann versiegen die Gewässer, die Fische und Wildbestände schwinden, die Ernten fallen aus, Huf- und Federvieh siechen dahin und die landwirtschaftlichen Nutzflächen veröden. Und dann schleichen sich die alten Geißeln der Menschheit wieder ein – eine nach der anderen: Sintfluten, Dürren, Feuersbrünste, Hunger, Pestilenz.

Beim Eintritt in die zwölfte Klasse und mit der Aussicht auf mein Studium an einer Universität hielt ich den Gedanken an Bakers Beispiel lebendig. Ich dachte, ich könnte mich am besten nützlich machen, indem ich Agrarwirtschaft studierte. Immerhin war das Pflanzen eine meiner Leidenschaften, und ich hätte dadurch einen leichten Einstieg zur direkten Arbeit mit Bauern in Armutsregionen. Könnte ich anderen vielleicht dabei helfen, Landwirtschaft mit naturfreundlichen *und* ertragreichen Methoden zu betreiben? Schließlich entschied ich mich für ein Bachelor-Studium in Agrarwissenschaften an der *University of New England* in Armidale im Bundesstaat New South Wales.

Professor Bill McClymont und seine Kollegen leisteten Pionierarbeit in der Lehre und Forschung über landwirtschaftliche Systeme. Anstatt die einzelnen Komponenten komplexer Systeme zur Produktion von Nahrungsmitteln und Fasern einzeln zu behandeln, war es Ziel dieses Studiengangs, die Verflechtung von technischen, wirtschaftlichen, sozialen und ökologischen Rahmenbedingungen aufzuzeigen. Dieser Ansatz gefiel mir. Ich hatte zudem eine Abneigung gegen große Städte, was mich davon abhielt, eine Uni beispielsweise in Melbourne ernsthaft in Betracht zu ziehen. Die Universität in Armidale hatte einen relativ kleinen Campus und lag in der ländlichen Umgebung der schönen Hochebene New Englands. All das entsprach mir.

Dann musste ich mich an den Universitätsalltag gewöhnen. Das fiel mir nicht so leicht. Ich war 700 Kilometer von zu Hause entfernt, das Studium war nicht immer einfach, ich war, was soziale Kontakte anging, nach wie vor etwas unbeholfen, und mich plagten Einsamkeit und Heimweh. Am Anfang meiner Studentenzeit schenkte mir ein Kommilitone, der in einer christlichen Studentengruppe am Campus war, eine Bibel. Ich gewöhnte es mir an, jeden Morgen darin zu lesen, und ertappte mich dabei, wie ich immer wieder diesen Vers aufschlug: »Bittet, und ihr werdet erhalten. Sucht, und ihr werdet finden. Klopft an, und die Tür wird euch geöffnet werden« (Matthäus 7,7).

Ich dachte mir: Wenn dieser Vers wahr ist, warum habe ich dann solche Probleme? Ich sollte eigentlich nicht so unglücklich sein. In meinem Frust wandte ich mich schließlich an Gott: »Wenn dein Wort wahr ist, wenn du allmächtig bist und Gebete erhörst, wie es geschrieben steht, dann hilf mir, und ich werde gehen, wohin du mich rufst. Aber wenn du anders bist, als dein Wort sagt, und du Gebete nicht erhörst, dann ist es einfach heuchlerisch von mir, mich Christ zu nennen. Dann werde ich aufhören, so zu tun, als wäre ich einer.« Ich hörte nach meinem Gebet keine akustisch vernehmbare Stimme aus dem Himmel. Es kam auch kein Blitz, kein Zeichen oder ein sonstiges Wunder. Was aber passierte, war nicht weniger eindrücklich: Mich überkam ein Gefühl von tiefem Frieden und eine neue Gewissheit. Ich fühlte, dass ich nicht allein war, dass Gott Gebete sehr wohl erhörte und bereits dabei war, mir zu helfen. Ganz sicher würde ich kein Einserstudent werden, aber der Stress und die Sorgen des akademischen Lebens nahmen merklich ab. Ich fand gute Freunde und ich begegnete Liz, die meine beste Freundin und die Liebe meines Lebens werden sollte.

Gelegentliche Studentenstreiche waren eine willkommene Abwechslung im Uni-Alltag. Eines Abends, als ich mich gerade bettfertig machen wollte, klopfte es an meine Schlafsaaltür. Ich fragte, wer da sei, erhielt aber keine Antwort. Als ich die Tür langsam öffnete, konnte ich in dem schwach beleuchteten Korridor nichts erkennen. Plötzlich packten haarige Hände meinen linken Arm, und ich schrie erschrocken auf. Obwohl ich sofort das laute Lachen von meinem Freund Fred Ghiradello erkannte, konnte ich vor lauter Schreck nicht aufhören, mit meiner freien Hand mit aller Kraft auf ihn einzuschlagen. Fred war irgendwie in den Besitz eines lebensgroßen Gorillakostüms gekommen und dachte, es wäre lustig, mich damit zu begrüßen.

Regelmäßig in der Bibel zu lesen, Textauslegungen zu hören und die Gemeinschaft mit Glaubensgeschwistern wurden für mich sehr wichtig. Die Universitätskapelle, die von der anglikanischen Kirche getragen wurde, bot mir einen Rückzugsort von meinem anspruchsvollen Studium und ein solides Gegengewicht zu dem unguten Lebensstil, dem viele Studenten verfielen. Ich schätze die Lehre dort und auch die älteren Gemeindemitglieder, von denen die meisten Mitarbeiter der Uni waren und außerhalb des Campus wohnten. Sie waren großzügig mit ihrer Zeit und hießen die Studenten in ihren Häusern willkommen, boten Freundschaft, Hausmannskost und eine herzliche Alternative zu dem künstlich zusammengewürfelten Zusammenleben des Studentenwohnheims an. Und es gab auch etliche gemeinsame Aktionen, die sehr unterhaltsam waren. Wir tanzten zum Beispiel Square Dance und besuchten gemeinsam eine Rollschuhbahn.

Das war auch die Zeit, in der ich mich von meiner katholischen Erziehung löste. Konfessionen waren für mich nie wirklich wichtig gewesen. Ich war erstaunt und auch etwas fasziniert davon, dass Menschen meinten, die Trennung der Konfessionen würde auch nach dem Tod fortbestehen – auf Friedhöfen, wo es getrennte katholische und protestantische Abteilungen gibt! Ich habe weder die eine Kirchentradition gegen die andere ausgespielt noch stellte sich für mich die Frage nach der richtigen Kirchenzugehörigkeit. In den Worten, die Jesus sagt, heißt es:

> Nicht alle Menschen, die sich fromm gebärden, glauben an Gott. Auch wenn sie »Herr« zu mir sagen, heißt das noch lange nicht, dass sie ins Himmelreich kommen. Entscheidend ist, ob sie meinem Vater im Himmel gehorchen. Am Tag des Gerichts werden viele zu mir kommen und sagen: »Herr, Herr, wir haben in deinem Namen prophezeit und in deinem Namen Dämonen ausgetrieben und viele Wunder vollbracht.« Doch ich werde ihnen antworten: »Ich habe euch nie gekannt. Fort mit euch. Ihr lebt nicht nach Gottes Gebot.«
> *Matthäus 7,21-23*

Für mich war deshalb die größere Frage: Kenne ich ihn?

2014 – Zusammen mit Liz zu Besuch in Äthiopien, um Spender zu treffen und die FMNR-Projekte vorzustellen

2

DIE AUSWAHL IST GROSS

> »Gehe, so weit du sehen kannst; wenn du angekommen bist, wird es dir möglich sein, weiter zu sehen.«
> *J. P. Morgan zugeschrieben*

Ich hatte nie erwartet, ein australisches Mädchen zu treffen, das verrückt genug sein würde, mit mir mitten in Afrika in einer Lehmhütte leben zu wollen. Eigentlich hatte ich mich darauf eingestellt, allein loszuziehen, auch wenn mir der Gedanke nicht ganz behagte. Aber ich konnte einfach nichts gegen die Gefühle tun, die ich für ein Mädchen in meinem Jahrgang, Liz Fearon, hegte. Sie sang wie ein Engel im Kirchenchor und war ebenfalls Teil der christlichen Studentengruppe.

Für mich war es unerlässlich, dass meine zukünftige Partnerin ihrer eigenen Berufung folgte. Ich hatte Geschichten von Paaren gehört, die gemeinsam ins Ausland gegangen waren und wieder zurückkommen mussten, weil der eine das Gefühl der Berufung mit dem anderen nicht teilte – der eine war nur dem anderen Ehepartner gefolgt. Ohne das starke Gefühl einer persönlichen Berufung lässt man sich bei den ersten Problemen im Ausland sehr leicht entmutigen und der Wunsch, nach Hause zurückzukehren, wird überwältigend.

Liz wuchs in Melbourne auf und besuchte die *Strathcona Baptist Girls Grammar School*. Sie liebte die Naturwissenschaften und schlussfolgerte demnach kurzerhand, dass es keinen Gott geben konnte. Eines Morgens wurde bei der Schülerversammlung die Bibelstelle aus dem 1. Buch Könige vorgelesen:

> Da sprach der Herr zu ihm: »Geh hinaus und stell dich auf den Berg vor den Herrn, denn der Herr wird vorübergehen.« Zuerst kam ein heftiger Sturm, der die Berge teilte und die Felsen zerschlug, vor dem Herrn her. Doch der Herr war nicht im Sturm. Nach dem Sturm bebte die Erde, doch der Herr war nicht im Erdbeben. Und nach dem Erdbeben kam ein Feuer, doch der Herr war nicht im Feuer. Und nach dem Feuer ertönte ein leises Säuseln.
> *1. Könige 19,11-13*

Von diesem Moment an wusste sie, dass sie Gott trotz allem noch immer als leises Säuseln wahrnahm, und hatte das Gefühl, sie sollte ihr Leben irgendwie in den Dienst am Menschen stellen. Als sich ihr letztes Schuljahr dem Ende näherte, überlegte sie, dem Beispiel ihres Vaters und Großvaters zu folgen und Medizin zu studieren. Dann schlug sie eine Broschüre über den Studiengang Agrarwissenschaften an der *University of New England* auf, und sie merkte sofort, dass die göttliche Stimme ihr dazu riet, das Studium dort zu beginnen, mit dem Ziel, damit im Ausland die Nächsten – wer auch immer sie sein würden – zu unterstützen.

Wir waren im selben Jahrgang und im selben Kurs. Ich war sehr scheu, und es dauerte bis zum dritten Jahr, bis ich den Mut aufbrachte, Liz anzusprechen. Um von den Studenten-Wohnanlagen zum Campus zu gelangen, nahmen die meisten Studenten einen Weg, den man liebevoll den Ziegenpfad nannte. Nach langer

Dieses Foto wurde während einer Universitätsexkursion in Australien aufgenommen. Wir waren zusammen unterwegs, aber noch nicht verheiratet.

innerlicher Vorbereitung fädelte ich es eines Tages so ein, dass ich zufällig allein mit Liz auf diesem Pfad nach Hause gehen konnte. Ich fragte sie so harmlos wie möglich, warum sie denn Landwirtschaft studierte – zu jener Zeit besuchten den Kurs überwiegend Männer. Ohne Zögern antwortete Liz, dass sie glaubte, Gott hatte sie dazu berufen, in Afrika tätig zu werden. Mehr brauchte ich nicht zu hören. Ich hätte nicht glücklicher sein können und wusste in meinem Herzen, dass sie meine Frau werden würde.

Meine Hausaufgaben hatte ich bereits gemacht, denn meine sizilianische Nanna hatte mir in ihrer praktischen Art beigebracht: »Andonie (Anthony) – die Auswahl ist groß. Schnapp dir eine Gute, achte darauf, dass sie eine Kuh melken kann.« Im Gespräch hatte sich herausgestellt, dass Liz bereits eine Kuh gemolken hatte – zwar nur einmal, aber es erschien mir ausreichend. Mein gesunder Menschenverstand sagte mir zudem, dass meine zukünftige Ehefrau zäh sein musste, wenn sie in Afrika leben würde. Einmal trugen wir in der Nähe von Lake Zot in der Nähe des Unigeländes Proben für unsere botanische Pflanzensammlung zusammen. Zu meinem Erstaunen hob sie einen großen Stein hoch und griff einen sich windenden, zischelnden Blauzungenskink, eine australische Echsenart, am Nacken. Den Nicht-zimperlich-Test hatte sie damit grandios bestanden.

Zur selben Zeit beschäftige sich auch Liz damit, dass sie eigentlich nicht allein nach Afrika gehen wollte. Zwar kämpfte sie mit diesem Gedanken, doch schließlich ließ sie den Wunsch nach einem Partner fallen. Sie sagte Gott, sie wäre nun bereit, auch allein zu gehen. Von ihrem inneren Ringen wusste ich damals natürlich noch nichts, aber es war genau zu der Zeit, als ich endlich den Mut fand, sie anzusprechen, um sie besser kennenzulernen. Sie zeigte zunächst aber noch nicht dieselbe Begeisterung für mich wie ich für sie. *Meine* Fähigkeiten in Liebesangelegenheiten waren ganz eindeutig noch verbesserungsfähig!

Mit einem für mich seltenen Geniestreich eroberte ich sie schließlich doch. Jahre zuvor hatte ich für ein Mädchen ein Gedicht geschrieben, leider ohne Erfolg. Ich holte das Gedicht aus seinem Versteck hervor und gab es Liz. Etwas in diesen Zeilen zeigte ihr eine Tiefe, die sie vorher nicht in mir gesehen hatte. Der große Literaturkanon, wie Menschen sich verlieben, kann also von mir um einen kleinen bescheidenen Beitrag ergänzt werden. Es genügt wohl zu sagen, dass ich mich vollständig fühlte, als ich meiner Seelenverwandten begegnete. Zu lieben und geliebt zu werden, gab meinem Leben inneren Frieden und stärkeres Selbstvertrauen.

ES GÄBE KEINE GESCHICHTE ZU ERZÄHLEN, HÄTTE ICH LIZ NICHT FÜR MICH GEWINNEN KÖNNEN.

Die 1970er-Jahre waren für uns eine besondere Zeit, da auch enge Freunde ihre Lebenspartner fanden. Wir heirateten am 31. März 1979, kurz nach unserem Abschluss. Rückblickend wird mir bewusst, wie gesegnet ich bin. Nanna hatte recht gehabt, dass die Auswahl groß ist und dass es wichtig ist, eine Gute zu finden. Liz ist meine beste Freundin, wir haben eine gemeinsame Vision und arbeiten als Team, um sie zu erfüllen. Wenn große Herausforderungen anstehen, schenkt sie mir Kraft, Ermutigung und Beharrlichkeit, und sie steht zu mir, wenn andere mich kritisieren oder meine Arbeit behindern wollen. Das, was ich erreicht habe, ist ebenso ihr Verdienst. Es gäbe keine Geschichte zu erzählen, hätte ich sie nicht für mich gewinnen können.

Vorbereitungen auf das neue Leben

Als wir aus den Flitterwochen zurückkamen, arbeiteten Liz und ich für meinen Vater in seinem Unternehmen. Wir lebten im Pächterhaus auf einer Tabakfarm, zwei Kilometer entfernt von Myrtleford. Dort verbrachten wir ein glückliches Jahr. Aber die Zeit verstrich, und ich verlor mehr und mehr meinen Tatendrang. Denn wir schienen weiter als je zuvor davon entfernt, tatsächlich nach Afrika zu gehen. Wir hatten gehofft, erste Arbeitserfahrungen in Australien sammeln zu können, bevor wir nach Übersee gingen, aber es gab fast keine Arbeit für neue Agrarabsolventen, außer in der Agrarchemie- und Geflügelfutterindustrie, was uns nicht entsprach.

Eines Tages, als die Stimmung besonders schlecht war, sagte Liz: »Lass uns dafür beten.« Das taten wir, und noch in derselben Woche stießen wir in einer christlichen Zeitschrift auf eine Anzeige für die erste *Agriculture-and-Missions*-Konferenz in Gilbulla bei Sydney. Veranstaltet wurde sie von der *Agricultural Christian Fellowship* gemeinsam mit *World Vision*. Die Zeitschrift enthielt auch eine Liste mit offenen Stellen in verschiedenen Missionsgesellschaften. Einige sahen interessant aus, aber wir wussten nicht, wie wir eine Entscheidung treffen sollten.

In Gilbulla trafen wir viele Leute, die sich entweder darauf vorbereiteten, nach Übersee zu gehen, oder die schon jahrzehntelange Erfahrung damit hatten. Einer von diesen Leuten war John Steward. Er und einige andere Entwicklungsfachleute, allesamt kluge Köpfe, halfen uns dabei, unseren Glaubensweg, unsere Berufung und die Arbeit der internationalen Entwicklungsarbeit besser zu verstehen. Man stellte uns die Texte von Peter Batchelor (*People in Rural Development*, 1981) und Juan Flavier (*Doctor to the Barrios*, 1970) vor, die Zeitschriften von *World Neighbours* und die Zeitschrift *Appropriate Technology*. Diese Begegnungen hatten entscheidenden Einfluss darauf, wie wir Entwicklungsarbeit bis heute verstehen.

Später gelangten wir durch das Buch *Two Ears of Corn. A Guide to People-Centred Agricultural Improvement* von Roland Bunch[5] zu einem noch vertiefteren Verständnis der Angelegenheit. Roland Bunch untersuchte 20 Jahre lang Erfolge und Fehlschläge von Entwicklungsprojekten. Sein Ergebnis: Zu den wichtigen Lektionen für die praktische und erfolgreiche Umsetzung solcher Projekte gehörte es, dass die Bauern Verantwortung für ihre eigenen Probleme übernehmen und die Motivation entwickeln, sie zu lösen.

Bunchs Fokus lag darauf, die destruktive Abhängigkeit von ausländischer Hilfe möglichst klein zu halten und die Bauern zum Experimentieren zu ermutigen. Es ist illusorisch zu glauben, dass Leute, die in Entwicklungsländern helfen, alle Lösungen kennen und es allein unser Job ist, den Menschen, denen wir helfen wollen, einfach unser Wissen zu vermitteln. Zudem kann Hilfe von außen immer nur eine kurzfristige Hilfe sein, denn landwirtschaftliche Systeme sind nicht statisch – das Klima, die Anbaubedingungen, das Auftreten neuer Schädlinge und Krankheiten und auch die Märkte ändern sich mit der Zeit. Daher können Lösungen, die während der Dauer des Projekts effektiv sind, wirkungslos werden, sobald sich die Bedingungen ändern. Das betrifft folglich auch die Bauern und kann dazu führen, dass ihre Lebensbedingungen nach einem Projektabschluss gleich oder sogar schlechter sind als zu Beginn. Bunch drückte es so aus: »Wenn das, was du tust, nicht von Dauer ist, dann hast du gar nichts getan.«

Liz und ich machten natürlich Fehler, aber ich frage mich oft, wie viel schlimmer es ohne dieses solide Fundament an wertvollen Erfahrungsschätzen geworden wäre.

Nach der Konferenz in Gilbulla nutzten Liz und ich die Gelegenheit für einen Besuch der *Sudan Interior Mission* (SIM) in Sydney, später umbenannt in *Serving in Mission*. SIM ist ein evangelikales, überkonfessionelles Missionswerk, das seit 1893 besteht und in über 70 Ländern aktiv ist. Sie gründen Gemeinden, bieten eine theologische Ausbildung an, investieren in den Ausbau von Medizin, Landwirtschaft, Nothilfe und Bildung. Mir gefiel ihr ganzheitlicher Ansatz des christlichen Seelsorgeauftrags, der bei der SIM Grundlage ist. Dabei geht man davon aus, dass der Mensch weder ein seelenloser Körper ist, der nur Nahrung braucht, noch eine körperlose Seele, die nur Erlösung benötigt. Er ist eben beides.

Wir suchten das Gespräch mit Rob und Pat Brennan, die sich die Leitung von SIM teilten, und entschlossen uns dann zu einem einjährigen Intensivkurs am *Bible College* von Neuseeland (BCNZ) in Henderson, einer großen Vorstadt von Auckland. Unser Ziel war, uns auf Afrika vorzubereiten. Mein Tatendrang, rauszugehen und anzupacken, trat wieder zutage.

Das einzige Mal, dass ich meinen Vater weinen sah, war an dem Tag, als wir nach Neuseeland aufbrachen.

Bis zu diesem Zeitpunkt hatte er die Hoffnung gehabt, dass ich zur Vernunft kommen und meine Meinung über die Reise nach Afrika ändern würde. Als er als Junge nach Australien kam, musste er Englisch lernen, seinen Vater wieder kennenlernen und sich an eine aufregende, aber vollkommen neue Umgebung gewöhnen. Nanna, die Armut aus erster Hand erlebt hatte, hatte ihm eingetrichtert, dass er stark sein müsse und dass er jemand werden müsse. Während Papa sehr hart und erfolgreich arbeitete und in der Gemeinschaft respektiert wurde, schien es ihm, dass ich auf Almosen angewiesen sein würde. Seine unerfüllte Hoffnung, mich ins Familienunternehmen zu holen, gemischt mit seiner Angst vor dem, was uns in Afrika erwarten könnte, überwältigte ihn zunächst. Trotzdem akzeptierte er unsere Entscheidung und unterstützte uns nachdrücklich.

In ihrer ruhigen Art nahm meine Mutter die Nachricht gut auf. Vielleicht kam die Berufung zum Missionar bei ihr gleich nach dem sehnlichen Wunsch, dass ich Priester werden würde. Genau weiß ich es nicht. Nannas sizilianisches Temperament verschaffte mir eine verärgerte Reaktion. Sie hatte das Gefühl, dass ich meine Ausbildung wegwerfen würde und mein Leben vergeude. Ich glaube, sie hat sich nie damit abgefunden, dass ich so lange in Afrika lebte. Ich kann sie verstehen – hatte sie doch ganz entschieden die Armut hinter sich gelassen, um ein besseres Leben führen zu können. Und nun suchte ihr Enkel explizit einen Wohnort in Armut auf?

Liz' Mutter Jill dachte immer, dass ihre älteste Tochter etwas Ungewöhnliches mit ihrem Leben anfangen würde. Ich bin allerdings nicht sicher, ob sie erwartet hatte, dass es ein Leben in Afrika sein würde. Nach dem ersten Schock unterstützten sie und Liz' Vater David uns von ganzem Herzen. Glücklicherweise waren wir in der Lage, an unseren Überzeugungen festzuhalten; unser Leben, und hoffentlich das vieler anderer, ist dadurch erheblich reicher geworden.

Obwohl es für unsere Familien schwer war, uns gehen zu lassen, führte unser Weggang nicht zu einem Bruch in den Beziehungen. Die enorm teuren Telefonanrufe in der Vor-Internet-Ära waren für Geburtstage und Weihnachten reserviert. Wir beschlossen, regelmäßig zu schreiben, und so wurde das Versenden von Luftpostleichtbriefen zu einer wöchentlichen Routine. Die Briefe wurden auf beiden Seiten eifrig empfangen, und viele davon sind im Familienarchiv erhalten geblieben. Es war immer eine große Freude, wenn Liz und ich dann Besuch in Niger bekamen. Neben unzähligen Freunden und Bekannten, die das Projekt besichtigten, fanden Liz' Eltern David und Jill, mein Bruder Peter und einige Freunde den Weg zu uns.

Jahre später war ich sehr gerührt, als ich sah, dass mein Vater einen Stapel unserer SIM-Support-Broschüren auf dem Kundendiensttisch in der Werkstatt liegen hatte. Stolz stellte er mich den Kunden vor und erzählte von meiner Arbeit in Afrika. Papa liebte es, meine Fotos zu betrachten und die Geschichten über unsere Afrikaerfahrungen zu hören. Traurigerweise schaffte er es nie, uns zu besuchen, obwohl er es geplant hatte. Mein Vater verstarb 1995 nach einer kurzen Krankheitszeit.

Das Bible College in Neuseeland

Noch waren wir aber nicht in Afrika. Als wir 1980 am *Bible College* in Henderson ankamen, gab es nur wenige Unterkünfte auf dem Campus für Ehepaare ohne Kinder. Wir mussten deshalb ein Eckzimmer beziehen, das zuvor als Lagerraum benutzt worden war. Jeden Tag fegten und saugten wir und hängten unsere Decken auf die Leine, um den angesammelten Staub loszuwerden, der mir rote Augen und eine laufende Nase bescherte und mich andauernd zum Niesen brachte. Ich war schockiert über meine Wut darüber und meine mürrische Haltung als Reaktion auf das Zimmer. Wo war der unerschrockene Missionar geblieben? War ich wirklich für das Leben in Afrika geeignet, wo ich weitaus schlimmere Unannehmlichkeiten und Ungerechtigkeiten erleben würde? Ich beschloss, meine Haltung zu ändern.

Immer wieder überfielen mich Zweifel in dieser Zeit: Wer glaubte ich schon zu sein? Was konnte ich schon bewirken? Aber ich schöpfte Mut aus der Bibel: »Denn wir sind Gottes Schöpfung. Er hat uns in Christus Jesus neu geschaffen, damit wir die guten Taten ausführen, die er für unser Leben vorbereitet hat« (Epheser 2,10). Mir fehlte es an Selbstbewusstsein, und ich wusste nicht, ob ich jemals etwas bewirken würde. Dieser Vers gab mir die Sicherheit, obwohl ich die Zukunft nicht kannte: Gott kannte sie. Mehr noch: Sein Wort sagte, dass er mich sogar schon vor meiner Geburt (und der jedes Menschen) geplant hatte – eigentlich schon vor der Erschaffung der Welt. Er hatte gute Werke geplant, die ich ausführen durfte. Mehr musste ich erst mal nicht wissen.

Wenn wir nicht am Lernen waren, verbrachten Liz und ich gerne Zeit mit anderen jungen Erwachsenen in der *Te Atatu Bible Chapel*.

Meiner Erfahrung nach wird uns immer gerade genug offenbart, um den nächsten Schritt zu tun. Das bestätigt auch ein Ausspruch, der dem amerikanischen Bänker J. P. Morgan (1837–1913) zugeschrieben wird: »Gehe, so weit du sehen kannst; wenn du angekommen bist, wird es dir möglich sein, weiter zu sehen.« Dieser erste Schritt ist ein Vertrauensvorschuss, ein Glaubenssprung. Wenn man ihn wagt, sieht man von der neuen Warte aus weiter, und dann ist man in der Lage, den nächsten Schritt zu tun.

In unseren wöchentlichen Treffen auf dem Campus teilten Missionare im Heimateinsatz und Gastpastoren regelmäßig ihre Erlebnisse. Ihre Erzählungen von persönlichen Kämpfen, die Zeugnisse von Glauben und Veränderung hielten die Vision lebendig und ermutigten Liz und mich, durchzuhalten. Sonntags besuchten wir die *Te Atatu Bible Chapel*, eine Maori-Gemeinde, die uns herzlich willkommen hieß. Diese reiche interkulturelle Erfahrung vermittelte uns wertvolle Lektionen und Einsichten, die uns halfen, uns auf den Einsatz vorzubereiten.

Am *Bible College* hatten wir unter anderem Fächer wie Altes und Neues Testament, Anthropologie, Soziologie und Missionsgeschichte. Letzteres fand Liz besonders interessant. Im Unterricht diskutierten wir oft über die Fehler vergangener (und gegenwärtiger) Missionen. Wir suchten nach neuen Schlüsseln für eine Arbeitsweise, die die Kulturen vor Ort respektiert, und die nachhaltig ist. Das war horizonterweiternd, herausfordernd in gutem Sinne und sehr anregend. Am meisten profitierten Liz und ich bei dieser Zeit am *Bible College* allerdings von den Begegnungen außerhalb des Klassenzimmers.

Es war eine Zeit von Wachstum. Wir erkannten, dass wir Gott in allem, was wir benötigten, vertrauen können, auch in finanzieller Hinsicht. Als wir in Neuseeland ankamen, hatten wir genug Geld für unsere Unterkunft, Essen, das Studium und ein Rückflugticket beisammen. Was auch versorgte: Immer wieder suchte das College Gelegenheitsarbeiter, was wir gern übernahmen, gerade wenn wir bis auf den letzten Dollar abgebrannt waren. Einmal kündigte sich meine Schwiegermutter zu Besuch an, und wir hatten unser Geld bereits vollständig ausgegeben. Zwei Tage vor ihrer Ankunft fanden wir einen Brief von unserer Gemeinde von zu Hause in der Post. Er enthielt einen Scheck und einen Zettel, auf dem stand: »Bitte entschuldigt, dass ich ihn erst jetzt schicke. Er hätte schon vor sechs Monaten rausgehen sollen.«

UNSER VERTRAUEN AUF GOTTES VERSORGUNG WUCHS IM KLEINEN – EINE GUTE VORBEREITUNG FÜR DAS, WAS VOR UNS LAG.

Das war wirklich ein perfektes Timing! Hätten wir den Brief früher erhalten, hätten wir das Geld bereits ausgegeben, und zur Bewirtung meiner Schwiegermutter wäre wohl nichts mehr da gewesen. Solche scheinbar kleinen Dinge hatten einen erstaunlichen Effekt für unseren Glauben. Es war aufregend, wie unser Glaube in Alltagsfragen und Kleinigkeiten geprüft wurde! Das war eine wunderbare Vorbereitung für das, was vor uns lag. Es warteten Zeiten auf uns, in denen wir unser Vertrauen auch in sehr großen Angelegenheiten immer wieder in Gott legen mussten.

Während unserer Zeit in Neuseeland wurden wir von Bruce und Norene Bond »adoptiert«. Sie waren alte Hasen. 20 Jahre lang waren sie für die SIM in Äthiopien im Einsatz gewesen. Als ich über Bruce' landwirtschaftliche Arbeiten las, war mein Interesse an der SIM das erste Mal geweckt worden. Dieser sanft sprechende, bescheidene Mann hatte einen enormen Einfluss in der Kirche und auch beim Aufbau der Nahrungsmittelhilfe für arme Bauern in Äthiopien. Das Leben der beiden und ihr Vorbild inspirierten Liz und mich sehr. Der folgende Vorfall in Äthiopien, den sie in ihrem Buch *When Spider Webs Unite They Can Tie Up a Lyon*[6] über einen

Austausch mit den örtlichen Behörden beschreiben, war typisch für das Repertoire an Lebenserfahrung, die sie mit uns teilten:

> Eines Nachmittags bekamen die Ältesten und ich eine offizielle Vorladung vom Regierungsverwalter in Dilla. Wir sollten am nächsten Morgen in seinem Büro erscheinen, um auf die Vorwürfe zu antworten, die gegen uns erhobenen worden waren. Die gesamte Bevölkerung der Gedeo betrug zu dieser Zeit etwa 500 000 Menschen. Die Zahl der Gläubigen lag zwischen sechs- und siebentausend und wuchs schnell. Wir fragten uns, welche neuen Anschuldigungen gegen uns erhoben worden waren. Der Verwalter rief uns also in sein Büro und begann nach der üblichen Begrüßung von den Unruhen zu erzählen, die durch diese neue Religion verursacht würden, die die Ausländer nach Dilla gebracht hatten. »Es gibt viele Kämpfe unter den Menschen«, sagte er. »Diese Religion spaltet Familien, Dörfer und Städte.« Wegen einer ganzen Reihe von falschen Anschuldigungen befahl er uns allen, mit dem Predigen und Lehren aufzuhören und zu den früheren Wegen zurückzukehren. Ich fragte mich, wie wir diesem Mann antworten sollten, der aufrichtig versuchte, den Frieden in der Region zu erhalten. Der älteste Mann in unserer Gruppe, Analphabet und fast blind, stand auf.
>
> Er fragte: »Mister, sind Sie sich nicht der Veränderungen bewusst, die das Evangelium bereits in unserem Dorf bewirkt hat?«
>
> Dann holte er aus: »Diejenigen von uns, die an Jesus glauben, haben die alte Gewohnheit aufgegeben, uns zu betrinken. Bevor wir gläubig wurden, gingen wir nach

dem Verkauf unserer Kaffee-Ernte in die Bars rund um die Märkte und tranken, bis wir betrunken waren. Wir haben uns dann oft gestritten und sind zu den Prostituierten gegangen. Zu Hause verprügelten wir unsere Frauen und Kinder. Weil wir unser Geld im Suff und in den Bordellen ausgaben, lebten wir für den Rest des Jahres in Armut und Elend. Unsere Kinder gingen nie zur Schule, hatten nie anständige Kleidung, bekamen nie medizinische Hilfe. Und unsere Häuser waren undicht und verrotteten. Jetzt, seit wir diese sogenannte ›neue Religion‹ angenommen haben, hat sich unsere Lebensweise völlig verändert. Anstatt wie früher unser Geld zu verschwenden, sind wir jetzt in der Lage, gute Häuser mit Blechdächern zu bauen. Unsere Kinder können lesen und schreiben. Wir können uns medizinische Hilfe in der Klinik holen. Wir sind in der Lage, uns anständig zu kleiden, wie Sie heute sehen können. Außerdem wissen wir zum ersten Mal, dass Gott uns liebt und seinen Sohn Jesus geschickt hat, um unser Retter zu sein. Unsere Sünden sind uns vergeben worden, und wir sind Kinder des himmlischen Königs. Auf keinen Fall werden wir jemals aufgeben, diese neue Religion zu predigen und zu lehren. Ganz gleich, was Sie tun oder zu uns sagen.«

Schweigen. Gott hatte tatsächlich »das Schwache dieser Welt erwählt, um das Starke zu beschämen« (1. Korinther 1,27; ZB). Der Gouverneur wusste, dass das, was der alte Mann sagte, wahr war. Etwas eingeschüchtert ließ er uns gehen und gab uns nur noch die Bitte mit, doch vorsichtig zu sein. Wir fragten uns, was er nach diesem Treffen wohl seinen Vorgesetzten berichtet hat.

Durch Bruce und Norene lernte ich mehr und mehr zu schätzen, dass es bei der Entwicklungsarbeit nicht nur darum geht, Geld auf Probleme zu werfen oder clevere technische Lösungen anzubieten. Es gab spirituelle Dimensionen der Armut, die man mit Geld und Technik nicht beheben kann.

Dann kam der Tag, dass Liz und ich in die Missionsgesellschaft aufgenommen wurden. Die Entscheidung stand an, wo wir eingesetzt werden würden. Ich hatte in das SIM-Bewerbungsformular geschrieben, dass ich mich für den Trockenfeldbau interessiere. Bruce Bond, der Nationaldirektor von SIM Neuseeland, favorisierte für uns Äthiopien. Der SIM-Vertreter aus Victoria, Australien, war in Ghana gewesen und wollte unbedingt, dass wir dort eingesetzt werden. Und das australische Nationalbüro ermutigte uns nachdrücklich, eine Stelle an der *Maradi Farm School* in Niger in Betracht zu ziehen.

> **Regenfeldbau** ist eine Form des Ackerbaus, bei der im Gegensatz zum Bewässerungsfeldbau nur der zur Verfügung stehende Niederschlag zur Bewässerung der angebauten Feldfrüchte und deren Wachstum verantwortlich ist. Dabei ist deren jahreszeitliche Verteilung entscheidend. Im winterkalten Mitteleuropa kommt er nur als Sommerfeldbau infrage, im Savannenklima als Regenzeitfeldbau, das äquatoriale Klima ermöglicht Dauerfeldbau. Die Grenze des Regenfeldbaus ist die Trockengrenze des Anbaus (agronomische Trockengrenze). Diese kann durch extensivere Anbaumethoden, z. B. durch Trockenfeldbau, in Richtung der Trockengebiete verschoben werden.
> Beim **Trockenfeldbau** wird in den Grenzgebieten des Regenfeldbaus der mittleren Breiten durch Einschub von

Schwarzbrache in die Fruchtfolge Wasser gespart (z. B. Brache – Weizen – Weizen). Vor einem Regenfall wird der Boden grobschollig gepflügt, um durch die vergrößerte Bodenoberfläche die Niederschlagsaufnahme zu erleichtern und den Abfluss zu verhindern. Nach dem Regen verringern Eggen und Walzen die Verdunstungsoberfläche, hemmen die Kapillarverdunstung und konservieren die Bodenfeuchtigkeit. Gleichzeitig wird durch diesen Bearbeitungsschritt die Verunkrautung bekämpft. Das Trockenfeldbau-System ist besonders im niederschlagsarmen Mittleren Westen der USA verbreitet und ermöglicht dort den Ackerbau noch bei 200–300 mm/a.
Definitionen: www. www.spektrum.de/lexikon/geographie

Wir einigten uns schließlich auf Niger. Aber als ich mehr darüber nachdachte und erkannte, dass wir nicht nur Hausa, die lokale Sprache, sondern auch Französisch, die Landessprache, lernen müssten, plädierte ich für Nigeria, Nigers englischsprachigen und weiter südlich gelegenen Nachbarn. Schließlich erhielten wir einen Anruf vom Leiter der Personalabteilung, der uns persönlich bat, doch nach Niger zu gehen. Pat und Evelyn Franje, das Missionarsehepaar, das dort zu dieser Zeit das Schul- und Landentwicklungsprojekt leitete, würde im nächsten Jahr ausscheiden, und es gab noch keinen Nachfolger für die beiden. Er erinnerte mich an mein Interesse am Trockenlandbau.

Nun, viel trockener als in Niger konnte es eigentlich nicht werden! Liz und ich wollten dorthin gehen, wo wir am meisten gebraucht wurden. Die Entscheidung war gefallen.

Bekehrung – eine Herzensangelegenheit

Als Missionar in fremden Kulturen zu arbeiten, stößt in unserer hauptsächlich säkular ausgerichteten Welt auf Skepsis. Viele würden sagen, dass Völkergruppen ihre eigene Religion haben und man es dabei bewenden lassen sollte – als ob Erwachsene in Entwicklungsländern nicht in der Lage wären, freie und informierte Entscheidungen für sich selbst zu treffen

»Wie viele Löcher hast du im Gürtel?« – Die Frage danach, wie viele Menschen sich bei mir schon bekehrt hatten, wurde mir einmal gestellt. Ich erklärte, Jesus hätte sich mir nie aufgedrängt, und ich würde ihn deshalb auch niemandem aufdrängen. Die Hilfe, die ich geleistet habe, nutze ich nie als Köder, und ich nötige niemals Leute dazu, zu meinem Glauben zu konvertieren. Das wäre unethisch, unchristlich und kontraproduktiv. Meine Erfahrung ist die: Wenn Gott derjenige ist, der er behauptet zu sein, kann er die Menschen selbst zu sich führen. Meine Aufgabe ist es, vertrauensvoll und gehorsam zu sein, und ihm den Rest zu überlassen. Wenn überhaupt, dann war *ich* die Person, die sich in Afrika am meisten verändert hat.

Von Zeit zu Zeit bekehrten sich in Niger Leute, die ich kannte, zum Christentum. Ich habe einige von ihnen gefragt, wie es dazu gekommen ist. Es fällt mir schwer zu sagen, wer für die Bekehrung meiner Freunde Abou und Bature[7] verantwortlich war. War es ein Missionar, ein nigerianischer Christ, die Männer selbst, Gott – oder die Verbindung aus allem?

Abou war gläubig. Sein Vater hatte auf dem Gelände seines Hauses das Zentrum für den Dorfgottesdienst gebaut. Ich wollte Abou in dem Projekt als Berater anstellen, aber seine Freunde warnten ihn: Arbeite nicht für die Christen, sie werden dir heimlich etwas ins Essen mischen, das dich gefügig macht. Und so reagierte er anfangs zwar sehr zögerlich, stimmte aber schließlich zu.

Wir begannen unsere Teambesprechungen immer mit einer kurzen Andacht und einer Gebetszeit. Da ich Abou keinesfalls in Verlegenheit bringen wollte, versicherte ich ihm, dass es ihm freistehe, an den Andachten teilzunehmen oder nur zum geschäftlichen Teil der Besprechung zu erscheinen. Einer meiner Mitarbeiter, Rabiou, freundete sich mit Abou an und unterstützte ihn in vielen Bereichen des alltäglichen Lebens – für gute landwirtschaftliche Praktiken, beim Umgang mit Geld, im Familienleben. Abou stellte in ihren Gesprächen auch Fragen zur Religion, ein Thema, das in Niger kein Tabu ist. Einmal, während eines Besuchs bei Rabiou, ertönte der Ruf zum Gebet. Rabiou, der Christ war, wies seine Frau an, einen Platz im Schatten zu fegen und dem Muslim Abou eine Matte zu geben, auf der er beten konnte. Diese feinfühlige Freundlichkeit berührte Abou tief.

Als Abous Vater am grauen Star erkrankte, arrangierte ich eine Operation. Vater und Sohn mussten bei uns übernachten, also tat ich, was jeder Hausa-Gastgeber für mich tun würde, und stellte Essen, Wasser und eine Matte zum Schlafen bereit. Dass sein Chef, ein Auswanderer aus einem anderen Land, dies für seinen Vater tat, machte großen Eindruck auf Abou. Aus eigenem Antrieb hörte er danach christliche Botschaften auf Kassetten und im Radio und las christliche Traktate.

Der junge Hausa wollte die Wahrheit erfahren. Er betete, dass Gott ihm den wahren Weg zeigen möge, und in dieser Nacht bei uns hatte er einen Traum: Ein Mann stand auf einem Dach und rief ihm zu: »Ich bin der Weg, die Wahrheit und das Leben. Folge mir nach.« Er ging zum Haus, um zu sehen, wer es war, aber als er die Mauer erreichte, wachte er auf, ohne zu wissen, wer gesprochen hatte. Verärgert betete er am nächsten Tag erneut, dass Gott sich ihm offenbaren möge. In dieser Nacht hatte er den gleichen Traum – und wachte wieder an der gleichen Stelle auf. Bitter enttäuscht, aber verzweifelter denn je, betete er am dritten Tag noch intensiver und fastete sogar. In dieser Nacht hatte er wieder denselben Traum, aber dieses Mal offenbarte sich Jesus. Von diesem Zeitpunkt an wurde Abou ein Nachfolger Jesu, trotz der Ablehnung und des Spottes, die er unweigerlich erfahren musste.

Durch sein verändertes Leben und das aufrichtige Teilen seiner Erlebnisse beeinflusste Abou auch andere. Bature zum Beispiel.

Bature war nach eigener Aussage ein Trunkenbold, untreu und ein hoffnungsloser Spieler. Er zog von Party zu Party – und war eigentlich tief unglücklich. Er beobachtete die Veränderung in Abous Leben und fragte ihn, ob seine Bekehrung echt sei, oder ob er nur konvertiert sei, um seinen Job zu behalten. Abou antwortete: »Es ist echt, und du kannst den gleichen Frieden finden und dein Leben verändern, aber du musst Gott selbst suchen. Es ist nicht etwas, das jemand anderes für dich tun kann.« Verzweifelt und unglücklich betete Bature, und auch er hatte einen Traum. In seinem Traum sah er einen Mann in einer Grube, der von Schlangen gejagt wurde. Als der Mann an den Seiten der Grube hochkletterte, um zu entkommen, schaute er zurück und in diesem Moment erkannte Bature, dass er der Mann in der Grube war. Er bereute seine Sünden und wurde zum Gläubigen. Wenn Sie Bature heute treffen würden, könnten Sie sich nicht vorstellen, welches Leben er einmal geführt hat.

WAHRER GLAUBE MUSS AUS DEM HERZEN KOMMEN.

Wahrer Glaube muss aus dem Herzen kommen. Ich verberge mein Christsein nicht. Die Leute – vor allem die, denen ich helfe – fragen mich oft, warum ich das mache, was ich tue. Meine Liebe zu Jesus und die Dankbarkeit für das, was er für mich getan hat, dass er am Kreuz für meine Sünden gestorben ist, ist die vorrangige Motivation für mein Handeln.

Elternglück und letzte Vorbereitungen für Niger

Nachdem wir in Neuseeland offiziell in die SIM-Familie aufgenommen worden waren, mussten in Australien noch einige Dinge erledigt werden.

Von Auckland flogen wir nach Sydney, um an einem 12-wöchigen Sprach-Intensivkurs teilzunehmen. Dort wurden wir in Grammatik, Phonetik, Sprachlerntechniken und Anthropologie der Hausa unterrichtet. Besonders die Fächer Anthropologie und »Wie lerne ich eine Sprache« legten in uns ein starkes Fundament in Bezug auf unsere Einstellungen, Techniken und die Herangehensweise an das Erlernen von Sprache und Kultur. Der Zeitplan war sehr eng. Während es Liz, die die Herausforderung und die Analyse einer neuen Sprache liebte, berauschend fand, war ich oft überfordert und fragte mich, ob ich jemals in der Lage sein würde, überhaupt zwei Sätze aneinanderzureihen.

Fünf Wochen vor der Geburt unseres ersten Kindes kehrten wir nach Melbourne zurück und wohnten bei Liz' Familie. Wir mussten immer noch selbst unseren Lebensunterhalt verdienen. Ein Freund der Familie und stellvertretender Pflegedirektor in einem großen Krankenhaus in Melbourne machte mich darauf aufmerksam, dass sie einen Pfleger für die Wirbelsäulenstation suchten. Die Aufgabe war nicht sehr kompliziert. Ich gehörte zu einem Team von drei Pflegern, die die Patienten alle zwei Stunden umdrehen mussten, um ein Wundliegen zu verhindern. Mir wurde schlagartig klar, dass sich das Leben in einem einzigen Moment für immer verändern konnte, ob durch eine Dummheit, schieres Pech oder durch einen Unfall. Der betrunkene Autofahrer, der in einen Unfall verwickelt war, oder die unschuldige Hausfrau, die von einem Dachziegel des eigenen Hauses getroffen wurde – beide waren gleichermaßen zu einem Leben mit eingeschränkter Mobilität verurteilt.

Alle Altersgruppen waren in der Klinik vertreten: von Kindern und jungen Erwachsenen, die ihr ganzes Leben noch vor sich hatten, bis hin zu älteren Menschen, die sich auf ihren Ruhestand gefreut hatten. Erstaunlich war, dass viele von ihnen nach einer ersten Phase des Verleugnens, des Kummers, der Wut und der Depression wieder Erfüllung und Sinn in ihrem Leben finden konnten. Andere wiederum konnten ihre Situation nie akzeptieren. Diese Gruppe von Menschen schien das Erlebte niemals hinter sich lassen zu können und wurde immer depressiver, manche führten sogar ein Leben voller Verbitterung. Soweit es mir möglich war, interessierte ich mich für jeden der Patienten, mit denen ich zu tun hatte, und versuchte, eine Verbindung zu ihnen aufzubauen.

Während wir in Melbourne waren, kauften wir auch Vorräte, die in Niger nicht ohne Weiteres erhältlich waren: Kleidung, Küchenutensilien, Ausrüstung, getrocknete Lebensmittelzutaten und Spielzeug für unser Baby, das wir erwarteten. Wir füllten vier Teekisten mit Gegenständen, die wir unbegleitet verschicken wollten. Liz und ich mussten zudem die Finanzierung für unseren Aufenthalt in Afrika aufbringen. Da die SIM keine unabhängige Geldquelle hat, sind die Missionare auf die Zusagen von Einzelpersonen und Gemeinden angewiesen.

Die treuen Spenden, die teilweise sehr aufopferungsvoll zusammenkamen, ermutigten uns über die Jahre enorm. Und sie haben es uns überhaupt erst ermöglicht, 17 Jahre lang in Niger zu leben, zu arbeiten und etwas zu bewirken. Während der neun Monate, in denen wir in Sydney Französisch lernten, arbeitete ich in Melbourne in einem Krankenhaus. Liz und ich nutzen diese Zeit auch, uns einen Spenderkreis aufzubauen. Deswegen zogen wir an den Sonntagen, und auch unter der Woche ab und zu, regelmäßig von Gemeinde zu Gemeinde.

Um Unterstützer für unser Vorhaben zu gewinnen, hielten wir in Kirchen, Gemeinden und vor kleinen Gruppen auf dem Land in Victoria und New South Wales, in Melbourne und Sydney kurze Vorträge darüber, was wir vorhatten. So erreichten wir Menschen, die uns durch ihr Gebet und ihre Spenden unterstützen wollten. Am Anfang fand ich diesen Aspekt der Mission ziemlich schwierig, vor allem, weil mir das Selbstvertrauen und die Erfahrung fehlten. Ich fürchtete mich regelrecht vor öffentlichen Auftritten. Meine größte Sorge war, nicht die passenden Antworten auf die Fragen zu haben. Eines Morgens wachte ich dann mit der Zusage Gottes in meinem Kopf auf: »Hab keine Angst, sei vorbereitet.« Diese Worte wiederholten sich in meinem Kopf andauernd, das war sehr ermutigend. Später wies mich dann ein Freund einmal darauf hin, dass wenn ich wirklich meine eigene Geschichte erzähle, sie nicht richtig oder falsch sein könne. Es sei einfach *meine* Geschichte, und wenn mir eine Frage gestellt würde, auf die ich die Antwort nicht wüsste, konnte ich einfach ehrlich antworten: »Ich weiß es nicht.« Es gebe keinen Grund, Angst zu haben.

BEVOR MAN RENNEN KANN, MUSS MAN LAUFEN LERNEN.

Die Worte meines Freundes ergaben Sinn. Ich nahm die Herausforderung, in der Öffentlichkeit zu sprechen, an. Und so früh damit anzufangen, es zu üben, half mir für später. Mit der Zeit wurde ich geschickter und gelassener. Zuletzt konnten wir die notwendigen Mittel aufbringen. Dieses Geld floss in den gemeinsamen Finanzierungspool der SIM. Wenn ein Missionar in einem Monat nicht zu 100 Prozent unterstützt wurde, erhielt er trotzdem die durchgehende Unterstützung.

Heute trete ich regelmäßig vor großem und kleinem Publikum auf der ganzen Welt auf, und häufig sind auch Journalisten vor Ort, die mich interviewen möchten. Bevor man rennen kann, muss man laufen lernen. War das Sprechen vor Publikum für mich zuerst eine große Herausforderung gewesen, so wurde es durch Übung, mein stets wachsendes Selbstvertrauen und dadurch, dass ich mir einige Techniken guter Redner aneignete, bald zur Routine.

14. März 1981. Ich hatte eine Doppelschicht im Krankenhaus hinter mir und kam kurz vor Mitternacht nach Hause. Ich aß eine Kleinigkeit und schlief geschafft vom Tag ein. Doch nur eine halbe Stunde später weckte mich Liz. »Wach auf – es ist so weit!«, sagte sie. Ihre Wehen hatten eingesetzt.

Am nächsten Morgen um 8 Uhr wurde unser erster Sohn Benjamin John Rinaudo geboren. Vater sein – das Wunder von neuem Leben, die unerwartete Liebe zu deinem Baby – ist einfach wunderbare und unglaublich. Tag für Tag erfüllte mich das neu mit Erstaunen und Ehrfurcht. In den nächsten neun Jahren bekamen wir noch dreimal Nachwuchs. Heute sind wir gesegnet mit unseren vier Kindern Ben, Melissa, Daniel und Sarah, ihren Ehepartnern und acht Enkeln.

Ben war ein halbes Jahr alt, als wir zum ersten Mal nach Niger kamen, seine drei Geschwister wurden alle dort geboren. Abgesehen von einem kurzen Heimaturlaub in Australien alle vier Jahre blieben wir 17 Jahre lang in Afrika. Dann kehrten wir dauerhaft nach Melbourne zurück, damit unsere Kinder die Schule oder die Universität besuchen konnten. Ein Sprichwort sagt, man könne einen Menschen aus Afrika herausnehmen, aber nicht Afrika aus dem Menschen. Jedes unserer Kinder zeigt noch heute eine große Wertschätzung und Respekt für andere Kulturen und Menschen, die weniger gute Startbedingungen ins Leben gehabt haben als sie selbst, und sie alle haben ein Herz für den Dienst am Nächsten.

Als ich in Niger in der Hungerhilfe arbeitete, habe ich in den Dörfern und in der Nähe des Grundstücks in Maradi, wo wir lebten, eine Reihe von temporären Ernährungszentren für unterernährte Kinder eingerichtet. Unsere Tochter Melissa verbrachte, als sie 15 war, einen Teil ihrer Schulferien in einem solchen Zentrum. Alle unsere Kinder wurden von solchen Erfahrungen in Afrika geprägt. Es gehört zu unserem Leben als Eltern und unsere Kinder wuchsen automatisch mit hinein. Melissa schrieb später dazu:

> Während meiner Zeit im Zentrum begegnete ich vielen Müttern und Babys. Ein bestimmtes Baby hinterließ einen tiefen Eindruck bei mir. Als ich erfuhr, wie alt sie war, war ich erstaunt, denn sie war so unglaublich klein, viel zu klein, aber so unglaublich schön. Dieses Baby war schwer unterernährt. Ich kann mich noch an die großen Ohrringe erinnern, die sie trug. Sie schienen riesig und viel zu klobig im Vergleich zu ihrem winzigen, zerbrechlichen Körper. »Was für ein schönes Mädchen«, dachte ich. Gleichzeitig war ich sicher, dass sie es wahrscheinlich nicht schaffen wird. Ich wollte, dass sie lebt. Ich wollte, dass die Hilfe, die sie erhielt, von Nutzen sein würde. Ein paar Tage später kam ich zurück und erkundigte mich nach ihr. Sie war gestorben. Das Bild dieses kleinen Mädchens habe ich immer vor Augen. Auch Ben erinnert sich an sie.

> Ich glaube, dass mich meine Kindheit und Jugend in Niger mit euch in tausendfach verschiedener Hinsicht geprägt hat. Besonders bei der Sorge um die Armen empfinde ich das sehr stark – so wie es die meisten Menschen vielleicht nie kennenlernen oder verstehen können. Ich habe den Wunsch, mit meiner Arbeit Menschen in Not zu helfen. Liebe und Verständnis für Menschen unterschiedlicher Kulturen und Herkunft zu zeigen. Die Erkenntnis, dass die meisten Menschen auf der Welt nicht über die materiellen Dinge verfügen, die wir für selbstverständlich halten.
> Obwohl es mich etwas traurig macht, dass ich bisher nie wieder in ein Entwicklungsland gekommen bin, hat meine Erfahrung in Afrika sicherlich beeinflusst, wie ich heute in Australien lebe. Manche meiner wichtigsten Lebensentscheidungen sind von dieser Zeit beeinflusst worden: einfach zu leben und zu essen, Krankenschwester zu werden, um anderen zu helfen, wenn sie am verletzlichsten sind, jemanden zu heiraten, der ebenfalls die schwierige Realität des Lebens in Afrika erfahren hatte, und den Weg der Adoption zu wählen.

Heute hat Melissa einen Bachelor in Krankenpflege und einen Master in Praktischer Theologie. Sie arbeitet in Teilzeit als Krankenschwester. Ben, der einen Abschluss in *Globaler Entwicklung* hat, arbeitet auch im Gesundheitswesen, in dem Bereich der psychischen Gesundheit. Daniel hat ein Theologiestudium abgeschlossen und arbeitet an der Universität, Sarah hat einen Abschluss in *Outdoor Education* und unterrichtet an einer christlichen Schule.

In den Ernährungszentren erhalten unterernährte Kinder etwas zu essen. Auch unsere Tochter Melissa half gelegentlich während ihrer Schulferien aus.

Doch ich greife weit vor. Nachdem Ben geboren war, kehrten wir noch einmal nach Sydney zurück und machten einen Französisch-Grundkurs bei der *Alliance Française*, denn Französisch ist die offizielle Sprache Nigers.

Am 26. September 1981 verabschiedeten wir uns am Flughafen von unseren Familien, einigen engen Freunden und unseren Partnern bei der Mission. Ich war erleichtert, dass wir nach der intensiven Zeit der Vorbereitung nun endlich abreisten, aber auch traurig darüber, Abschied zu nehmen. Es war merkwürdig, und doch auch wieder nicht, beängstigend und aufregend zugleich. Hatten uns die Erfahrungen unseres Lebens bis zu jenem Zeitpunkt nicht genau auf diesen Weg geführt? Wir waren einfach immer nur so weit gegangen, wie wir sehen konnten – und als wir den neuen Abschnitt erkennen konnten, taten wir den nächsten Schritt, der vor uns lag, die Ausreise.

Eine typische Szene aus einem Dorf in Niger: Eine Frau kehrt mit einem Tonkrug Wasser vom Brunnen zurück.

3

NACH HAUSE KOMMEN

> Einmal lud Zakara, der Hahn, Tankarki, den Trappenvogel, ein, den Tag mit ihm zu verbringen. Sie verbrachten eine so wundervolle Zeit miteinander, dass Zakara Tankarki bei Sonnenuntergang einlud, bei ihm zu übernachten. Tankarki zögerte. Er blickte in den Hühnerstall und sah, dass es nur einen Eingang und keine anderen Ausgänge gab. Tankarki fragte Zakara: »Wie entkommst du, wenn mutum (der Mensch) seine Hand hineinsteckt?« Zakara blickte zu Boden und sagte achselzuckend: »Es gibt keinen Ausweg.« Unbeeindruckt flog Tankarki hoch in die Bäume und rief: »Was für eine Torheit!«[8]
>
> *Lebensweisheit der Hausa*

Liz und ich waren noch nie weiter als bis Neuseeland gereist. Gab es zwei weniger passende Globetrotter als uns? Mit Alitalia flogen wir von Melbourne über Rom nach Kano, Nigeria, wo wir Ende September 1981 ankamen. In dem Moment, in dem ich im Flugzeug meinen Gurt schloss, wurde mir das Ausmaß und vielleicht die Dummheit dessen, was ich getan hatte, bewusst. War ich verrückt geworden, die Geborgenheit und Sicherheit von Familie und Heimatland aufzugeben, um meine junge Frau und unseren sechs Monate alten Sohn nach Afrika mitzunehmen? War mein Vater zu Recht so besorgt? Ich hatte mitbekommen, wie jemand nach dem Gottesdienst über uns sprach: »Es ist schon in Ordnung, dass Tony und Liz losziehen und ihr eigenes Ding machen, aber sie sollten an ihren Sohn denken!« Das tat weh. Aber nun gab es kein Zurück mehr.

Das Flugzeug von Rom nach Kano war brechend voll mit Menschen und ihren prall gefüllten Einkaufstüten. Da wir Ben dabeihatten, schleppten auch wir jede Menge Gepäck mit, und so beschlossen wir zu warten, bis alle ausgestiegen waren. Als wir das Rollfeld vom Flughafen in Kano betraten, schlug uns eine erdrückende Hitze entgegen. Ich fragte mich, wie wir damit zukünftig leben sollten.

Wir waren die Letzten in der sich langsam fortbewegenden Schlange. Bis wir den Einreiseschalter erreichten, war das Flugzeug bereits neu betankt worden und hatte wieder abgehoben – und wie sich herausstellen sollte, war das unser Glück. Als der Beamte durch unsere Pässe blätterte, veränderte sich sein Auftreten. »Kein nigerianisches Visum!«, rief er. Ich erklärte ihm, man hätte uns gesagt, dass wir keines benötigten, da wir nur auf der Durchreise waren und am nächsten Tag nach Niger weiterreisen würden – auch wenn wir für Niger ebenfalls kein Visum hatten. Mir war heiß, ich war erschöpft, und was er als Nächstes sagte, traf mich völlig unvorbereitet: »Sie haben gegen das Gesetz der Republik Nigeria verstoßen, also können Sie gleich wieder in Ihr Flugzeug steigen und dahin zurückfliegen, wo Sie hergekommen sind.«

Normalerweise wäre ich in Panik geraten, aber mich überkam überraschenderweise ein tiefes Gefühl des Friedens und der Zuversicht. Außerdem war das Flugzeug ja bereits abgeflogen. Genau in diesem Moment kam der Missionsvertreter an, der dem Beamten ruhig versicherte, dass dieses lästige Pärchen am nächsten Tag weiterfliegen und dann nicht mehr sein Problem sein würde.

In dieser heiklen Situation entdeckten wir, dass eine der vielen guten Eigenschaften der Nigerianer ihre Kinderliebe ist. Der Beamte hörte dem Vertreter respektvoll zu und sah mich wütend an. Doch dann fiel sein Blick auf Ben, und man konnte sehen, wie sich seine Wut legte. Schließlich ließ er uns durch. Als ich an jenem Abend im Gästehaus der Kirche über diesen holprigen Start nachdachte, ahnte ich, dass das Gottes Art war, sich zu erkennen zu geben: Wenn Gott uns aus so einem Schlamassel herausführen konnte, dann konnten wir uns auf ihn bei allem verlassen, was uns in Niger bevorstehen würde! Ich lächelte beruhigt.

Am nächsten Tag begleitete uns der Pilot der Sim-Air zum Konsulat von Niger. Normalerweise musste man drei Tage auf ein Visum warten, und die folgenden zwei Tage waren wegen des nigrischen Unabhängigkeitstags auch noch offizielle Feiertage. Doch der Pilot setzte dem Konsul unsere missliche Lage auseinander, und der hatte ein Einsehen. Das Visum wurde uns innerhalb von drei Stunden gewährt, und wie versprochen, waren wir noch am selben Tag auf dem Weg nach Niger. Den Konsul traf ich erst 17 Jahre später wieder, kurz bevor ich das Land endgültig verließ.

Die Republik Niger

Die Republik Niger[9] ist ein Binnenstaat in Westafrika, benannt nach dem Fluss Niger. Das Land erstreckt sich über eine Fläche von fast 1 270 000 km², wovon über 80 Prozent in der Sahara liegen. Die überwiegend muslimische Bevölkerung des Landes lebt vor allem in Ballungsgebieten im äußersten Süden und Westen des Landes. Die Hauptstadt und größte Stadt heißt Niamey. Sie liegt in der südwestlichen Ecke des Landes.

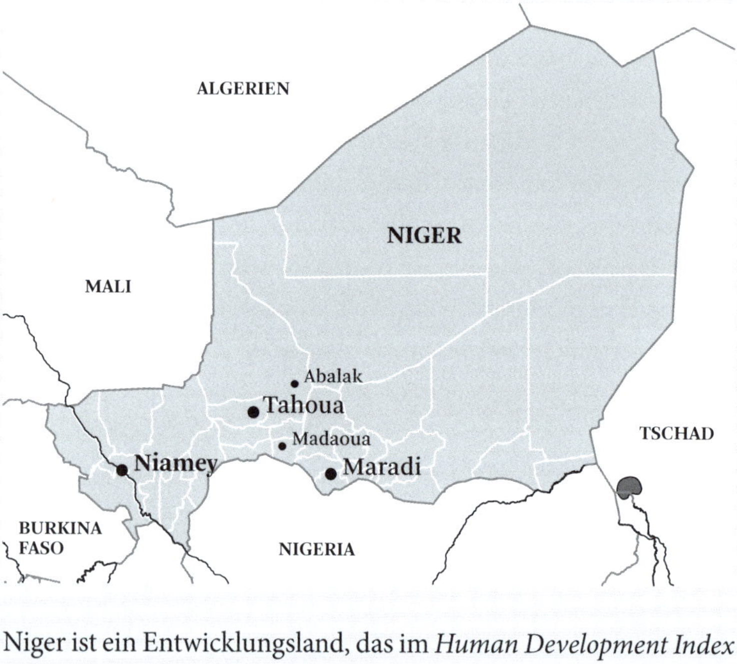

Niger ist ein Entwicklungsland, das im *Human Development Index* der Vereinten Nationen stets am unteren Ende rangiert. Viele Teile des Landes, die nicht zur Wüste gehören, sind von periodischen Dürren und Wüstenbildung bedroht. Die Wirtschaft konzentriert sich auf die Subsistenzwirtschaft. Das heißt, der Fokus liegt auf einer landwirtschaftlichen Produktion, die primär der Eigenversorgung dient und damit außerhalb des monetären Kreislaufs einer Volkswirtschaft bleibt. Es gibt auch etwas Exportlandwirtschaft im fruchtbareren Süden und den Export von Rohstoffen, insbesondere Uranerz.

Niger steht wegen seiner Binnenlage vor ernsthaften Herausforderungen für die Entwicklung. Gründe dafür sind:

- das Wüstengelände
- die ineffiziente Landwirtschaft
- die hohe Geburtenrate ohne Geburtenkontrolle und die daraus resultierende Überbevölkerung
- das schlechte Bildungsniveau
- die Armut der Bevölkerung
- die fehlende Infrastruktur
- die schlechte medizinische Versorgung
- die Umweltzerstörung

Diese Probleme wurden in den letzten Jahren durch Aufstände von extremistischen Muslimen noch verschärft. Am 3. August 1960 erlangte Niger die Unabhängigkeit von Frankreich. Eine schwere Dürre, die von 1968 bis 1974 dauerte, führte bald danach zu Nahrungsmittelknappheit. Die schwache Wirtschaft, weitverbreitete Unruhen in der Bevölkerung und die Gerüchte, dass einige Beamte und Regierungsmitglieder Nahrungsmittelvorräte veruntreut hätten, taten ihr Übriges: Das Vertrauen der Bevölkerung in die Regierung schwand.

General Seyni Kountché, der Niger als militärisches Staatsoberhaupt auch während unserer ersten sechs Jahre dort regierte, initiierte einen Staatsstreich. Am 15. April 1974 setzte er damit die Regierung von Nigers erstem Präsidenten Hamani Diori ab. Kountchés erste Amtshandlungen bestanden darin, die Verfassung außer Kraft zu setzen, die Nationalversammlung aufzulösen, alle politischen Parteien zu verbieten und politische Gefangene freizulassen. Am 17. April 1974 wurde ein Oberster Militärrat (CMS) unter Kountchés Vorsitz eingesetzt. Sein erklärtes Mandat: Hilfsgüter und Nahrungsmittel gerecht zu verteilen und die Moral im öffentlichen Leben wiederherzustellen.

Für diese und andere Aktionen, einschließlich des Einsatzes des Militärs zum Bau von Straßen, Schulen und Kliniken in abgelegenen Regionen, wurde Kountché innerhalb und außerhalb Nigers weitgehend respektiert. Ein beratender Nationalrat für Entwicklung (CND) ersetzte die Nationalversammlung. Obwohl politische Parteien verboten waren, durften Oppositionelle, die während Dioris Regime ins Exil gegangen waren, nach Niger zurückkehren.

1981 begann Kountché, die zivile Vertretung im CMS zu erhöhen, und 1982 wurden Vorbereitungen für eine konstitutionelle Regierungsform getroffen. Ein ziviler Premierminister, Mamane Oumarou, wurde am 24. Januar 1983 ernannt. Ein Jahr später, im Januar 1984, setzte er eine Kommission ein, die ein vorkonstitutionelles Dokument, die sogenannte *Nationale Charta*, ausarbeiten sollte. Sie wurde später in einem nationalen Referendum angenommen. Die Charta sah die Einrichtung von nicht wählbaren, beratenden Institutionen sowohl auf nationaler als auch auf lokaler Ebene vor.

Der Gesundheitszustand von Seyni Kountché verschlechterte sich Ende 1986 und im Laufe des Jahres 1987 weiter. Er starb am 10. November 1987 an einem Gehirntumor. Ali Saïbou trat seine Nachfolge an und wurde am 14. November 1987 zum Präsidenten des Obersten Militärrates ernannt.

Bei den Präsidentschaftswahlen von 1993 wurde Mahamane Ousmane gewählt. Er war der erste Angehörige der Hausa in diesem Amt, seine Vorgänger gehörten zur Volksgruppe der Zarma.

Ousmanes Amtszeit war gekennzeichnet von einer schwachen Wirtschaft und Konflikten mit den Tuareg. Schließlich unterzeichnete er 1995 ein Friedensabkommen mit der Volksgruppe. Wenige Monate zuvor verlor Ousmanes Partei, die CDS-Rahama, bei den Parlamentswahlen die Mehrheit, und der Oppositionsführer Hama Amadou wurde Premierminister. Der Präsident und der Premierminister blockierten sich gegenseitig in ihren Bemühungen. Nach dem Militärputsch am 27. Januar 1996, unter der Führung von Ibrahim Baré Maïnassara, kamen die beiden einige Zeit in Haft. Im Juli des gleichen Jahres wurde bei den Präsidentschaftswahlen Maïnassara als gewählter Präsident ausgerufen. Beobachter sprachen von einer manipulierten Wahl.

Am 9. April 1999 wurde Ibrahim Baré Maïnassara während eines Putsches von Daouda Malam Wanké am Flughafen von Niamey von Soldaten umgebracht. Wanké wurde zwei Tage später Staatschef und Vorsitzender des *Rats der nationalen Versöhnung*. Er führte im Dezember 1999 Präsidentschaftswahlen durch, die Mamadou Tandja von der Partei *Nationale Bewegung der Entwicklungsgesellschaft* (MNSD-Nassara) für sich entschied. Er war bis zu seinem Sturz 2010 Präsident des Landes.

Niger zählt heute zu den ärmsten Ländern der Welt und nahm 2019 im Index der menschlichen Entwicklung den letzten Platz von 189 ausgewerteten Ländern ein. Seit 2021 ist Mohamed Bazoum Staatspräsident von Niger. Er ist in der *Partei für Demokratie und Sozialismus* (PNDS-Tarayya).

Hausa sprechen wie ein Esel aus Kano

Nach der Ankunft in Maradi blieben wir die erste Nacht in Tsibiri bei unseren Freunden Kim und Bart Vanden Hengel. Kim war mit uns an der Universität gewesen. Liz erinnert sich lebhaft an den Geruch, als wir in Tsibiri ankamen – es roch wie in einem Scherschuppen von Schafen nach dem Regen. Liz hat auch noch sehr präsent, wie Hengels uns rieten, wir sollten unsere Moskitonetze auf den Betten lassen und in der Nacht nicht barfuß herumlaufen. Um uns vor Skorpionen zu schützen, sollten wir die Schuhe ausschütteln, bevor wir aus dem Bett in sie hineinschlüpften.

Am nächsten Tag wurden wir zum Missionskrankenhaus in Galmi geflogen, wo wir zu unserer Überraschung Kleidung für Ben bekamen und mit kalter Cola und hausgemachtem Eis begrüßt wurden – ein Luxus, mit dem wir nicht gerechnet hatten.

Von Galmi aus ging es mit dem Auto weiter nach Madaoua, einer Stadt mit 4000 Einwohnern. Dort sollten wir die Hausa-Sprache lernen. Madaoua liegt an der Kreuzung der wichtigsten Ost-West-Autobahn: Die Stadt Nigeria liegt im Süden und die Stadt Tahoua, ein Verwaltungs- und Handelszentrum der nigrischen Regierung, im Norden. Abgesehen von neueren Regierungsgebäuden und Häusern der wohlhabenderen Einwohner waren die meisten Häuser aus Lehmziegeln gebaut und hatten entweder Blech- oder Lehmdächer. Solche Häuser mussten alle zwei Jahre neu verputzt werden. Die staubigen Straßen waren von belaubten indischen Niembäumen gesäumt. Die meisten davon stammten von den zwei Bäumen ab, die unsere Gastgeber, das Missionarsehepaar Alvin und Lolita Harbottle, 29 Jahre zuvor gepflanzt hatten.

In Madaoua wohnten wir auf dem Missionsgelände in einem zementverputzten Lehmziegelhaus. Es hatte ein Blechdach, Strom und fließendes Wasser. Ich fragte Alvin, warum die elektrische Verkabelung an den Innenwänden frei lag. Wäre es nicht sicherer und ordentlicher gewesen, wenn sie durch das Mauerwerk nach oben geführt worden wären? Alvin sagte, er habe einen Streit mit dem Elektriker gehabt, der kurzfristig angestellt war. Wenn es ein Problem gäbe, so argumentierte Alvin, wäre der Elektriker nicht mehr da, um es zu beheben, also wollte er die Kabel sehen und Zugang zu ihnen haben. Aufgrund seiner bodenständigen kanadischen Herkunft und seines trockenen Humors wussten wir nie genau, wann er etwas ernst meinte und wann er uns auf den Arm nahm.

Das Hausa-Klassenzimmer war in drei verschiedenen Grüntönen gestrichen. Alvin, dessen einzige Lebensaufgabe es war, das Evangelium zu verkünden, erklärte mir den Grund: »Eigentlich bin ich ein handwerklich begabter Mann, aber du solltest hier draußen keine Fachkompetenz zeigen, sonst wirst du nur noch für die Instandhaltung eingesetzt.« Wahrscheinlicher war jedoch, dass er wegen seiner Sparsamkeit anfangs nicht genug Farbe kaufte. Als er dann später anfing, vom Boden aufwärts alle vier Wände gleichzeitig zu streichen, ging ihm vermutlich zweimal die Farbe aus und er konnte sie nicht bei jedem Kauf neu anpassen.

Liz und Ben in der Küche in Madaoua. Bis wir genug gut Hausa sprachen, um auf dem Markt zu feilschen, waren wir auf Lebensmittel in Dosen angewiesen, deren Preise immer einheitlich waren.

Alvin lernte Lolita, unsere Hausa-Sprachlehrerin, auf einem *Bible College* in Kanada kennen und war sofort überzeugt, dass sie die richtige Lebenspartnerin für ihn war. Doch Lolita wollte nichts davon wissen. Ihre Berufung war es, dem Herrn in Afrika zu dienen, nicht, sich um einen Ehemann zu kümmern und dessen Kinder zu erziehen. Lolita machte ihren Abschluss vor Alvin und ging allein nach Nigeria. Alvin blieb allerdings hartnäckig. An jedem Anlaufhafen wurde Lolita mit einem Brief begrüßt, der einen neuen Heiratsantrag enthielt. Schließlich gab sie unter einer Bedingung nach: Sie würden sich abwechselnd um die Kinder kümmern und das Evangelium in den Dörfern verkünden. Und so arbeiteten sie viele Jahre: Alvin wanderte zwei Wochen lang in die umliegenden Dörfer, während Lolita auf die Kinder aufpasste, und wenn Alvin zurückkam, zog Lolita los. Sie lebten 40 Jahre lang in Niger. Und es dauerte 35 Jahre, bis sie ihren ersten Bekehrten trafen.

Liz und ich wurden nach Madaoua geschickt, um dort die Sprache der Hausa zu erlernen. Wir sollten die Leitung der *Maradi Farm School* von Franjes und seiner Frau übernehmen, die schon vier Monate später abreisen wollten. Franjes sollte uns zudem noch einige Tage vor Ort einarbeiten. Danach wären wir mehr oder weniger auf uns allein gestellt. Da sehr wenige Einheimische Englisch sprachen und unsere Französischkenntnisse miserabel waren, mussten wir so schnell wie möglich unsere Grundkenntnisse in Hausa verbessern.

Unsere Zeit in Madaoua war kräftezehrend. Selten schliefen wir eine ganze Nacht durch, weshalb wir uns im Unterricht nur mit Mühe konzentrieren konnten. Die Nächte waren heiß, hungrige Moskitos fanden selbst die kleinsten Löcher in unseren Bettnetzen. Ben wachte oft mehrere Male in der Nacht auf. Legten wir uns wieder schlafen, wurden wir bald darauf entweder durch die Esel der Stadt, bellende Hunde oder die Gebetsrufe von den rivalisierenden Moscheen erneut geweckt.

Erntezeit in Madaoua, wo Liz und ich die Hausa-Sprache lernten. Kamele bringen Hirsebündel in die Stadt, hinter ihnen kugelförmige Getreidesilos aus Lehm.

Wir wollten endlich rausgehen zu den Menschen, mit ihnen sprechen und neue Sätze üben, aber unsere Lehrerin Lolita hielt uns davon ab. Sie war übervorsichtig und hatte Bedenken, dass wir ausgenutzt würden. In dem veralteten Hausa-Lehrbuch, auf dem ihr Unterricht basierte, wurden keine Wörter und Sätze aus dem Alltagsgebrauch behandelt, um die verschiedenen Aspekte der Sprache zu verdeutlichen. Das machte es uns schwer, eine Beziehung zu der Sprache zu entwickeln und zu verstehen, wie das Gelernte üblicherweise verwendet wurde.

Glücklicherweise hatten wir vor unserer Abreise in dem Sommerkurs in Sydney hilfreiche Techniken kennengelernt, um Sprache und Kultur zu erlernen. Die Anwendung der LAMP-Methode (*Language Acquisition Made Practical)* machte viel aus – tägliches, gewissenhaftes Üben, das Erstellen von Vokabel- und Phrasenlisten, das Aufnehmen und Abspielen der immer gleichen Sätze … Außerdem trug ich, wo immer ich ging, Stift und Block bei mir, um aufgeschnappte Wörter zu notieren. Nach der LAMP-Methode ist es normal, beim Erlernen einer Sprache eine Zeit lang auf einer Stufe hängen zu bleiben. Das ermutigte uns weiterzumachen. Durch Beharrlichkeit konnten wir schließlich etliches mehr verstehen, was um uns herum gesprochen wurde. Und so war es wiederum möglich, zu noch besserem Verstehen und größerer Ausdrucksfähigkeit zu gelangen. Wir wussten, dass wir Fortschritte machten, als man uns sagte: »Ihr sprecht Hausa so gut wie ein Esel aus Kano.«

Ganz besonders mag ich an der Hausa-Sprache, dass sie so reich an Sprichwörtern ist. Diese Sprichwörter könnten durchaus zwischen Äsops Fabeln Platz finden. Sie sind nicht nur Sprache, sondern dienen wie ein ethischer Leitfaden, eine Lebens-Anleitung für Kinder und Erwachsene gleichermaßen. Die Charaktere von Tieren (schlauer Fuchs, bedrohliche Hyäne usw.) spielen in diesen Sprichwörtern eine große Rolle.

Aus irgendeinem Grund sind mir Sprichwörter, die das Verhalten von Eseln charakterisieren, am besten im Gedächtnis geblieben:

> *In ka ga kunnen jaki, wutsiya tana baya.* – »Wenn Sie die Ohren des Esels (am Horizont) sehen, können Sie sicher sein, dass der Schwanz folgen wird.« Das meint: Wenn man bestimmte Zeichen sieht, weiß man, was unweigerlich folgen wird.

> *Jaki ya ga toka, sai birkita.* – »Wenn der Esel einen Aschehaufen sieht, wird er automatisch ein Staubbad nehmen.« Das heißt, Menschen werden automatisch die Dinge tun, die sie gerne tun.

Hutun jaki, da kaya. – »Der Esel ruht mit seiner Ladung auf seinem Rücken.« Das meint: Auch wenn der Esel sich ausruht, lässt der Besitzer gewöhnlich die Ladung auf seinem Rücken. Manche Menschen sind getrieben weiterzuarbeiten, auch wenn sie eigentlich ruhen oder Urlaub machen sollten.

Selbstverständlich werden auch Eidechsen, die in Niger allgegenwärtig sind, in Sprichwörtern als Lehrmittel verwendet. Wenn die Sonne aufgeht, positionieren sich Agama-Eidechsen lautlos an Wänden, um sich aufzuwärmen. In der Paarungszeit färben sich Kopf und Torso der männlichen Echsen leuchtend lila, und sie stellen sich den Konkurrenten, indem sie Liegestütze machen.

Albarkacin kaza, kadangari ya sha ruwan kasko. – »Der Segen des Huhns ist, dass Eidechsen aus ihren Tränken trinken können.« Das meint: So wie die Menschen ihren Hühnern Wasser hinstellen und die Eidechsen ebenfalls davon trinken, können auch andere ungeahnt von dem Segen eines anderen profitieren.

Tafi a hankali cikin duniya, in ji hawainia. – »Reise vorsichtig in der Welt.« Die Aussage meint das zaghafte Hin- und Herschaukeln der Chamäleons beim Gehen ist eine Lektion für die Unbesonnenen und Leichtsinnigen.

Menschen aus der älteren Generation spickten ihre Konversation großzügig mit Sprichwörtern. Dabei zitierte sie gewöhnlich den ersten Teil des Sprichworts, zum Beispiel *Jaki ya ga toka …* – »Wenn der Esel einen Aschehaufen sieht …«. Die Zuhörer ergänzten dann mit wissendem Nicken die Antwort: … *sai birkita.* – »… wird er automatisch ein Staubbad nehmen.«

Allein die Erwähnung des ersten Teils des Sprichwortes wies auf die Bedeutung eines Themas in einem Austausch hin und ersparte dem Sprecher langwierige Erklärungen. Leider musste ich feststellen, dass viele jüngere, gebildete Nigrerinnen und Nigrer die meisten Sprichwörter bereits nicht mehr kennen oder verstehen.

Klänge aus Afrika

Von meinem Arbeitszimmer aus konnte ich das Kommen und Gehen auf der Straße gut beobachten. Da ich mit meiner neuen Kamera nicht auffallen wollte, stellte ich ein Rollo auf, um die exotischen Szenen heimlich zu fotografieren. Tag für Tag fotografierte ich, bis bei 36 Bildern der Film zu Ende war. Ich nahm ihn vorsichtig heraus und brachte ihn zur Post, um ihn zum Entwickeln nach Frankreich zu schicken – in Niger gab es 1980 noch keine Geschäfte zum Entwickeln von Dias, und die digitale Fotografie war noch nicht erfunden. Da ich nur wenig Französisch und kaum Hausa sprach, starrte mich der unsympathische Postangestellte ausdruckslos an, während ich vergeblich versuchte, eine Briefmarke zu bekommen und zu bezahlen. Schließlich musste ich wieder von dannen ziehen und mit Alvin zurückkommen, als er eine seiner regelmäßigen Postfahrten unternahm. Er dolmetschte für mich. Einen Monat lang warteten wir sehnsüchtig auf die Rücksendung unseres entwickelten Films, nur um dann bitter enttäuscht die leeren Negative in den Händen zu halten. Ich hatte die perforierten Filmränder nicht richtig auf die Zähne des Transporträdchens gelegt! Schade.

Jeden Tag lauschte ich, wenn wir Lernpausen hatten, von meinem Zimmer aus den Geräuschen des Tages, vom *Gari ya waye* (Erwachen der Stadt) bis zur beruhigenden Stille der Nacht – einer Stille, die gelegentlich durch das Gekläffe von kämpfenden Hunden oder den schrillen Stimmen eines häuslichen Streits unterbrochen wurde.

In der Morgendämmerung, nach dem Mittag, dem Nachmittag, dem Sonnenuntergang und zu Beginn der Nacht riefen die Muezzins die Gläubigen via Lautsprecher auf den Minaretten zum Pflichtgebet auf. Mit kaum ausreichendem Tageslicht, um etwas zu erkennen, erschien kurz darauf der angeheuerte Hirte und rief die Tiere zusammen, während er durch die Stadt ging. Rostige Scharniere knarrten. Die Türen aus Wellblech mit Holzrahmen der hochgemauerten Gehöfte wurden im Gleichschritt mit dem Vorbeigehen des Hirten aufgeschlagen. Die Scharniere knarrten wieder, als sich die Türen schlossen, sobald die Tiere mit dem Hirten mitgegangen waren. Das Geräusch von Hufgeklapper, Glucksen und Blöken von Schafen, Ziegen und Rindern erfüllte die Luft. Jeder Haushalt, der die Gebühr für den Hirten nicht bezahlt hatte, musste mitansehen, wie sein Tier einen leichten Schlag auf den Kopf bekam und zurückgeschickt wurde. Bei den Hunderten von Tieren in seiner Obhut war es ein Beweis für den scharfen Verstand des Hirten, dass er ohne Papier und Stift den Überblick behielt, wem welche Tiere gehörten und wer bezahlt hatte.

Die Hirten kehrten in der Abenddämmerung zurück. Schafe, Ziegen und Kühe, deren Euter voll waren, blökten und brüllten und riefen nach ihrem hungrigen Nachwuchs, der mit gleicher Begeisterung reagierte. Jedes Tier kannte sein eigenes Zuhause und löste sich automatisch im Galopp von der Herde, um von den Besitzern ins Gehege gelassen zu werden und zu trinken. Ihre eifrigen Jungen begrüßten sie lautstark, stießen sich bei den Eutern, während sie unersättlich an den Zitzen zogen und saugten. Welche Nahrung diese schlanken Tiere in der meist kahlen Landschaft fanden, war uns lange ein Rätsel. Wenn sie nach Hause zurückkehrten, gaben ihnen die Frauen neben dem Heu auch das Wasser, mit dem sie das Getreide gewaschen hatten. Je älter das Getreide, desto mehr Rüsselkäfer. Je mehr Rüsselkäfer, desto mehr feines Kornpulver und Rüsselkäferteile landete in der blassweißen Gülle. Je dickflüssiger die Gülle, desto mehr Nahrung war von den Tieren aufgenommen worden, die das Wasser tranken. Trockener, krustenartiger Brei (*kumzo*), der am Topf kleben geblieben war, wurde ebenfalls aufbewahrt und an das Vieh verfüttert.

Von allen Tieren, die in den Gehegen der Menschen gehalten wurden, waren die Esel am lautesten Vielleicht, weil sie am meisten zu klagen hatten. Der geschmähte Esel ist das Lasttier, auf dem ein Großteil der ländlichen Bewirtschaftung Nigers ruht. Trotzdem sind sie oft unterernährt, werden geschlagen und bis an die Grenzen des Möglichen gefordert. Trotz ihrer harten Arbeit gelten sie als faul und störrisch. Kein Wunder, dass sie ihr quietschendes Gebrüll für alle Welt hörbar schmettern – *Iaaa … Iaaa … Iaaa …*

Sobald das Vieh am Morgen weg war, konnte man das Klirren von Metalleimern hören. Und Frauen- und Mädchenstimmen, die in einer Schlange warteten, um Wasser aus einem öffentlichen Wasserhahn zu holen. In einer männerdominierten Gesellschaft war dies der Ort, an dem die Frauen Klatsch und Tratsch austauschen und Beschwerden über ihre männlichen Mitbürger loswerden konnten.

Sogar sehr junge Mädchen wurden schon mit dem Wassertragen betraut. Da ich mich für stark und fit hielt, habe ich einmal törichterweise versucht, einen traditionellen Tontopf voller Wasser zu heben und auf meinem Kopf zu tragen, so wie sie es taten. Ich habe es nie wieder versucht.

Nachdem die Männer sich am Morgen gewaschen, angezogen und gegessen hatten, gingen sie zu ihrem Arbeitsplatz auf dem Markt oder zu ihren Farmen. Zu Beginn der Regenzeit standen sie früher auf, die langen Hacken für die Aussaat über die Schultern gehängt, einen kleinen Sack mit Saatgut und oft etwas Wasser und Essen für den Weg in der Hand. Kinder tauchten mit Büchern und Stiften auf und erzeugten ihr eigenes unverwechselbares Getöse und schrilles Lachen, wenn sie auf dem Weg zur Schule ihre Freunde trafen.

Mit Wasser versorgt, konnten die Frauen mit der Zubereitung der Mahlzeit beginnen. Hirse ist das Grundnahrungsmittel für die meisten Nigriner und wird als schwerer Brei (*tuwo*) gegessen oder als dünnes, suppenähnliches Getränk (*furra*) zu sich genommen. In größeren Dörfern und Städten, in denen es oft kleine dieselbetriebene Mühlen gibt, stehen die Frauen Schlange, um die Getreidevorräte von mehreren Tagen zu Mehl verarbeiten zu lassen. Die Lister-Motoren werden durch Drehen einer Kurbel gestartet. Anfangs sind sie schwer zu drehen, aber dann immer leichter und schneller, da der Drive des Schwungrades die Bewegung unterstützt. Das Kurbeln wird von charakteristischen Geräuschen begleitet, die dem Zusammenklatschen von zwei Hartholzlatten ähneln, zunächst langsam und deutlich, dann immer schneller werdend, bis der Motor von allein läuft und ein regelmäßiges Tuckern von sich gibt.

Eine unserer Aufgaben in der Sprachschule war es, den Vormittag mit Madai zu verbringen, der Frau des Pastors, die auf dem Gelände wohnte. Liz schrieb in einem Brief nach Hause:

»Madai brachte das Getreide zu einer Maschine, um die Kleie zu entfernen, brachte es zurück und wusch den Schmutz und die restliche Kleie heraus, dann brachte sie

> es zu einer anderen Mühle, um es zu Mehl zu mahlen – jedes Mal mussten wir uns anstellen. Danach kehrten wir wieder nach Hause zurück, und Madai siebte es, zerstieß es mit Stößel und Mörser und fügte nach und nach Wasser hinzu, bis es grapefruitgroße Kugeln bildete. Als Nächstes kochte sie es und stampfte es immer wieder, während sie nach und nach Buttermilch hinzufügte. Sie gab es in eine Schüssel und fügte Milch hinzu, bis es wie ein dünner Brei war. Dieser Prozess dauerte von 8 Uhr 30 bis 12 Uhr 30, und sie macht das jeden zweiten Tag.«

Im Busch musste sie das Getreide von Hand mit dem Stößel im Mörser mahlen und die Kleie von Hand entfernen. Jedes verschüttete Korn oder Mehl wird schnell von herumhuschenden Hühnern, Ziegen und Tauben geschnappt. Das Gurren der allgegenwärtigen Tauben, sowohl der wilden als auch der eigenen, war untrennbar mit der Geräuschkulisse von Dörfern und Städten verbunden.

Das Stampfen von Getreide mit einem tiefen hölzernen Mörser und Stößel erzeugte ein rhythmisches Plopp, Plopp. Noch besser war der Schlag, wenn drei Frauen an demselben Mörser arbeiteten. Die erste Person stößt das Getreide dreimal mit dem Stößel und lässt ihn nach dem dritten Mal los, klatscht zweimal in die Hände. Währenddessen übernimmt die zweite Person den Stößel und beginnt zu stampfen. Wenn sie fertig ist, kommt die dritte Person hinzu, und so geht es weiter, bis das Getreide fertig gemahlen ist – *plopp, plopp, plopp* – klatschen, klatschen – *plopp, plopp, plopp* – klatschen, klatschen …

Auch in der Mühsal gibt es einen Rhythmus, und Arbeit kann Musik erzeugen. War das Mehl fertig, wurden die Feuer angezündet, und es folgte das Klopfen der Aluminiumtöpfe, die auf der charakteristischen afrikanischen Kochstelle auf drei Steine gestellt wurden. Auf das blecherne, hohle Geräusch des Wassers, das auf Metall gegossen wurde, folgte das Klirren der großen Holzlöffel, die beim Umrühren des Essens gegen die Seiten der Aluminiumtöpfe schlugen. Aluminiumtöpfe – eine moderne Innovation gegenüber Tontöpfen – wurden vor Ort von Kunsthandwerkern hergestellt, die alte Flugzeugteile einschmolzen und das Metall in Sandformen gossen. Zu meinem Erstaunen taten sie dies oft barfuß auf einem rauen Erdboden – es gab keine betrieblichen Gesundheits- und Sicherheitsstandards.

Tagsüber lieferte eine kleine Armada von Buschtaxis und Minivans, Eseln und Karren Menschen und Waren zum überfüllten Markt im Stadtzentrum. Auf dem Markt wurden handgewebte Matten, Teppiche, selbst gemachte Matratzen und Kissen, Getreide, frisches Obst und Gemüse, Uhren, Radios, Sonnenbrillen, gebrauchte Kleidung aus dem Westen und vieles mehr gehandelt. Das geschäftige Treiben der Menschen, die feilschten und sich unterhielten, drang bis in unser Klassenzimmer der Sprachschule.

Ein viel größerer Markt wurde samstags in Tumfafi abgehalten, etwa sechs Kilometer außerhalb von Madaoua. Er war der größte Getreide- und Viehmarkt in Niger. Jedes Mal sahen wir lange Kamelkarawanen an unserem Haus vorbeiziehen; junge Männer mit schwer beladenen Karren, die ihre Esel trieben, um früh auf dem Markt anzukommen. Von einigen Eseln waren nur die Köpfe und Hinterteile unter den riesigen Heuladungen zu sehen. Praktisch jeder Haushalt in der Stadt hielt Tiere, und so wurden jedes Jahr riesige Mengen Heu gekauft.

Kinder – in der Regel Mädchen – trugen Tabletts auf ihren Köpfen, mit Snacks zum Verkauf. *Almarjirai* (Koranschüler) sangen den

Gläubigen Verse vor, in der Hoffnung, Essen oder Geld zu bekommen. Kinder – meist Jungen – führten die Blinden zum Markt, um dort zu betteln. Manchmal allein, manchmal in kleinen Gruppen, riefen die Blinden »um Allahs willen, um des Propheten willen« um Almosen. Wenn der Junge die blinde Person darauf aufmerksam machte, dass wir weiß waren, änderte sich das Rufen sofort zu »um Jesu willen«. Ging eine Gruppe an den scharfen Gewürzen vorbei, die auf Matten zur Auslage geschüttet worden waren, unterbrach eine Reihe von Niesern kurz den allgemeinen Lärm von feilschenden und redenden Menschen und von Tieren und Vögeln, die blökten, muhten und gackerten.

Nach dem Getreide war Brennholz der größte Importartikel der Stadt. Das Holz kam auf 20-Tonnen-Lastwagen aus den fernen Wäldern auf dem Markt an, auf Eselskarren, auf den Dachgepäckträgern von Buschtaxis, auf den Rücken von Eseln und Kamelen sowie auf den Köpfen der Menschen. In den Städten war es gesetzlich vorgeschrieben, dass die Kamelreiter absteigen mussten – es hieß, sie würden sonst von ihrem erhöhten Sitzplatz aus die Grundstücke beobachten, von denen sie stehlen wollten. Es war faszinierend, die Medizinmänner beim Verkauf ihrer Waren zu beobachten, sie spielten auf einer Flöte und sangen. Unter den vielen Wunderheilmitteln befand sich auch eine Flasche mit einem Mittelchen, von dem sie behaupteten, es könne Rückenschmerzen, Arthritis, Zahnschmerzen, Kopfschmerzen und mehr heilen. Liz und ich waren froh, ausreichend Aspirin bei uns zu haben.

In der Abenddämmerung wiederholte sich das Geschehen in umgekehrter Reihenfolge. Auf dem Markt wurde es allmählich still, außer dort, wo sich Passanten in der Nähe der Essensstände unter die Söhne der Tische mischten – Händler, die keinen Laden hatten, sondern ihre Waren von tragbaren Tischen aus verkauften. Jungen rannten mit ihren leeren Eselskarren zurück nach Madaoua und schlugen ihre Esel gnadenlos, um möglichst schnell nach Hause zu kommen.

Wir gewöhnten uns an das Fehlen einer Waschmaschine, die geringe Auswahl an Zutaten für die Zubereitung von Mahlzeiten, häufige Krankheiten und den allgegenwärtigen Staub. Vor diesen Dingen waren wir gewarnt worden, aber nicht vor der Zeit, die wir brauchen würden, um auf den Markt zu gehen und die Dinge zu besorgen, die wir haben wollten, um das Haus sauber zu halten und uns um die Wäsche zu kümmern.

In den ersten Wochen, in denen wir nur wenig Hausa sprachen, war es entmutigend, auf dem Markt um das Nötigste zu feilschen. Tatsächlich haben wir in den ersten vier Monaten kein einziges Mal rotes Fleisch gekauft. Die Kombination aus dem mit Fliegen übersäten Fleisch, der Schwierigkeit, herauszufinden, wie man nach den gewünschten Teilstücken fragt, und der Herausforderung, das oft sehr zähe Fleisch zu kochen, führte dazu, dass wir viel Makrele aus der Dose aßen. Das einzige frische Gemüse waren Kürbis und einheimischer Spinat. Bevor wir Rezepte entdeckten, die wir mochten, waren wir auf Erbsen und Bohnen aus der Dose angewiesen. In Maradi war eine größere Vielfalt verfügbar, da Gemüse aus Nigeria über die Grenze gebracht wurde, und ich lernte, wie man es in verdünnter Chlorlösung einweicht, damit wir es roh essen konnten, und wie man lokale Soßen herstellt. Mehrere meiner vor Ort erworbenen Kochbücher, die von Auswanderern geschrieben worden waren, enthielten gute Rezepte unter Verwendung lokaler Zutaten.

Eines Tages hielt ein Missionar, der auf dem Weg zu einer anderen Station war, bei uns an und ließ einen Welpen in unserer Obhut, den eine andere Familie abholen sollte, wenn sie wieder in die Stadt kam. Der Welpe rannte sofort in unser Schlafzimmer und pinkelte auf unsere australische Steckdosenleiste, die einen Kurzschluss verursachte. Anstatt alle Stecker unserer australischen Geräte auszutauschen, benutzten wir diese Platine, um sie zu betreiben, also machte ich mich daran, sie zu reparieren. Ich hatte nicht den richtigen Schraubendreher für die unkonventionellen Schraubenköpfe, also bohrte ich die Schrauben heraus. Alles lief gut, bis ein korkenzieherförmiger Metallspan hochflog und sich in meinem Auge verfing. Ich wurde zur Apotheke gebracht. Dort lag ich dann auf einem Tisch und war sehr nervös, als der leitende medizinische Assistent, der eine Stirnlampe und eine Lupenbrille trug, sich mir mit einer Pinzette näherte. Meine Angst wurde durch eine große Fliege verstärkt, die im Raum herumschwirrte – ich befürchtete, dass er nach der Fliege schnappen und versehentlich mein Auge treffen könnte. Es half nicht, dass die Decke, auf die ich mich konzentrierte, sich erst weiter weg, dann näher zu mir bewegte, als er am Metallspan zog und seinen Griff lockerte. Es gelang ihm, ein Stück, das aus meinem Auge ragte, zu entfernen, aber der Metallspan brach ab und hinterließ ein kleines, eingebettetes Stück. Es war nicht schmerzhaft, aber ich mochte die Vorstellung nicht, ein Stück Metall in meinem Auge zu haben. Einige Monate später besuchte ich einen Augenarzt, der mich mit den Worten »Keine Sorge, es ist weggerostet« beruhigte.

Maradi Farm School

Nach vier Monaten in Madaoua zogen wir in die *Farm School* am Rande von Maradi, dem Verwaltungszentrum der Region Maradi und der zweitgrößten Stadt in Niger. Zu meinen Aufgaben gehörte die Leitung der vorbereitenden Bibelschule und die Verwaltung von deren Grundstück, zu dem auch ein Obstgarten, eine Kindertagesstätte und eine Molkerei gehörten. Außerdem musste ich ein Projekt für Windschutz und Waldstücke leiten, das von der kanadischen Regierung initiiert worden war.

Ich führte viele Jahre lang ein Tagebuch zu meiner Stillen Zeit. Am 8. April 1982 schrieb ich:

> »Es fällt mir schwer, Verantwortung zu tragen und Entscheidungen zu treffen. Es ist schwierig, den Überblick zu behalten, wenn ich ständig unterbrochen werde, wenn mir zu jeder Tageszeit Geld für verschiedene Dinge ausgehändigt wird, wenn Leute dauernd Hilfe wollen, und versuchen, so viel wie möglich aus mir herauszuholen oder mich gar auszunutzen, wenn sie nach Krediten fragen, von denen ich nicht weiß, welches Limit ich setzen soll oder wie sie bezahlt werden. Jesaja 26,3: »Die mit einem festen Sinn umgibst du mit Frieden, weil sie ihr Vertrauen auf dich setzen!« Aber in all diesen Dingen, Herr, hilf mir bitte, einen klaren Kopf zu bewahren, ruhig zu bleiben und an dich zu denken. Ich lege meinen Weg in deine Hände und vertraue auf dich.«

Der hohe Druck, unter dem ich stand, wurde durch einen sehr schwierigen Mitarbeiter noch verstärkt, der unhöflich und anspruchsvoll war und sich rasch auch als unehrlich und als Schürzenjäger erwies.

Da ich grundsätzlich jemand bin, der Konflikte eher meidet, sich schwer damit tut, Nein zu sagen, und sich zudem scheut, die Führung zu übernehmen, fühlte ich mich für meine neue Rolle schlecht gerüstet. Ich war oft unruhig, ängstlich, wütend und mürrisch. Das blieb nicht ohne Auswirkung auf meine Beziehung zu Liz. Sie fühlte sich zunehmend ausgeschlossen, wenn ich mich in mein Schneckenhaus zurückzog. Es gibt mehrere Einträge in meinem Tagebuch, in denen ich meine Berufung zum Missionar infrage stellte.

1982 – Zusammen mit Liz und Ben vor der *Maradi Farm School*

Doch jedes Mal, wenn ich all die Ereignisse und Wege in meinem Kopf durchging, die mich hierhergebracht hatten, und auf denen Gott mich geführt hatte, kam ich zum Schluss, dass ich doch am richtigen Ort war und dass ich Gott vertrauen und durchhalten musste.

Liz hatte im Laufe der Jahre verschiedene Frauen, die im Haus halfen. Ohne Hilfe wäre ihre ganze Zeit mit Putzen und Kochen ausgefüllt gewesen. Andererseits war Liz deren ständige Anwesenheit im Haus auch etwas unangenehm und sie mochte es nicht besonders, die Arbeit der Haushilfen täglich planen zu müssen.

Die Lebensgeschichte ihrer zweiten Haushilfe, Yardiya (der Name bedeutet »kleine Tochter«), lehrte uns viel über die Lebensrealität und die Kultur der Hausa.

1984 – Unsere langjährige Haushilfe Yardiya zusammen mit Liz in der *Maradi Farm School*

Im Alter von neun Jahren wurde Yardiya von Niger nach Nigeria gebracht und mit einem Mann verheiratet, der 75 Jahre alt war! Als seine vierte Frau musste sie tagsüber für die anderen Frauen arbeiten, aber jeden Tag, sobald die Zubereitung des Abendessens begann, lief sie weg und versteckte sich im Busch. Seit dieser Zeit trug sie den Namen »kleine Tochter«. Sie konnte sich nicht mehr erinnern, wie lange das so lief, aber sie war sicher, dass es wohl mehrere Jahre waren, bevor ihr Mann dem ein Ende setzte. Als sie zu uns kam, war ihr Mann angeblich 113 Jahre alt, die anderen Frauen hatten ihn verlassen und Yardiya kümmerte sich um ihn und arbeitete als Dorfhebamme.

Als Teil des Regierungsprogramms für lokale Hebammen konnte sie zu jeder Tages- und Nachtzeit von einem Krankenwagen abgeholt werden. Sie und andere Dorfhebammen wurden zu ungewöhnlichen Geburten mitgenommen, um von ihnen zu lernen. Eines Nachts wurde sie abgeholt, um zu sehen, wie ein Baby an Tetanus starb. Die Hebamme hatte keine saubere Rasierklinge benutzt, um die Nabelschnur zu durchtrennen, und das medizinische Personal wollte ihr klarmachen, wie wichtig es ist, die Anweisungen zu befolgen.

Yardiya litt ihr ganzes Leben lang an Geschwüren und verstarb leider während unserer letzten Amtszeit in Niger an einem aufgeplatzten Geschwür.

Gesundheit, und nie mehr Pfannkuchen

In all den Jahren fuhr ich unzählige Dorfbewohner ins Krankenhaus. Wenn jemand so krank war, dass er darum bat, ins Krankenhaus gebracht zu werden, wusste man, dass es ihm sehr schlecht gehen musste. In der Regel gingen die Leute erst ins Krankenhaus, wenn die Schmerzen unerträglich waren und sie alle anderen Möglichkeiten ausgeschöpft hatten. Bei den schwersten Fällen war es dann bereits zu spät.

Die Tatsache, dass so viele Menschen nicht mehr aus dem Krankenhaus zurückkamen, bestärkte die weitverbreitete Ansicht, dass man nur zum Sterben ins Krankenhaus ging. Und es kostete auch noch Geld. Nur sehr wenige Menschen hatten Bargeld, und in ländlichen Gegenden gab es keine Banken. Eine Reise zum Arzt erforderte den Verkauf von Getreide, Hühnern oder anderen wertvollen Besitztümern und bedeutete, in Zukunft auf etwas verzichten zu müssen. Zudem wurde nur allzu oft auf die Buschleute herabgesehen und ihnen das Gefühl gegeben, dumm zu sein, weil sie ein System nicht verstanden, mit dem sie keine Erfahrung hatten. Kein Wunder, dass eine Kombination aus Fatalismus, so Gott will, und eine zähe Geduld – der Gipfel der kulturell geschätzten Charaktereigenschaften – oft die Entscheidung, medizinische Hilfe zu suchen, überlagerte.

Es gab keine gepflasterten Gehwege oder Rasenflächen – nur unbefestigte Wege und offene Flächen. Es gab kaum Wasser. Vom Wind verwehter Staub durchdrang und bedeckte jede Oberfläche. Man war in ständigem Kontakt mit dem Boden – unter diesen Bedingungen konnte sich ein einfacher Kratzer leicht infizieren und, zu einer schweren Krankheit und sogar zum Tod führen, wenn er unbehandelt blieb. Augeninfektionen, Durchfallerkrankungen, Erkältungen, Husten, Meningitis, Hepatitis, Tuberkulose oder sexuell übertragbare Krankheiten kamen sehr häufig vor. Während einige traditionelle Behandlungen erfolgreich waren, konnten andere Gebräue aus Baumrinde die Leber ruinieren und Umschläge mit einer Mischung aus Dung und Kräutern angehende Infektionen weiter verschlimmern.

Obwohl Liz keine richtige medizinische Ausbildung hatte, übernahm sie in den ersten Jahren die Aufgabe, Medizin an Bibelschulstudenten und Mitarbeiterfamilien zu verteilen. Indem sie die hilfreichen Informationen aus dem *Hesperian Health Guide* studierte und eifrig Ratschläge von anderen Missionaren aufnahm, schaffte sie das ohne größere Pannen.

Den Müttern brachte sie bei, wie man so viel wie möglich barfuß verarztet: Infizierten Wunden oder Mückenstiche in warmem Salzwasser einzuweichen, machte Antibiotika oft überflüssig. Die Mückenstiche konnte man nach dem Einweichen in Salzwasser dann mit Seife waschen, das hielt die Fliegen davon ab, auf den Wunden zu landen und sie weiter zu infizieren. Sie wandte bei vielen kranken Kindern auch eine selbst gemachte Rehydrationsmischung gegen Durchfall an: 2 Esslöffel Zucker plus einen halben Teelöffel Salz in einem Liter Wasser. Dieser Trunk bewahrte viele kleine Kinder, aber auch so manchen Erwachsenen davor, unnötige Medikamente kaufen zu müssen – manchmal sogar vor dem Tod.

Bei Verbrennungen half Aloe Vera. Offene Flammen und Kerosinlampen waren eine alltägliche Realität, und Verbrennungen leider üblich und oft schwerwiegend. Ich kannte Menschen, die aus brennenden Grashütten geflohen waren, einige überlebten oft vollkommen entstellt, andere hatten nicht so viel Glück. Frauen und Kinder, die mit offenen Feuern arbeiten, waren besonders gefährdet. Mehr als ein nigrisches Baby, kuschelig an den Rücken seiner Mutter gebunden, hat Verbrennungen erlitten, als das lose hängende Wickeltuch der Mutter Feuer fing.

Ich hatte selbst auch ein Erlebnis auf Tuchfühlung mit Feuer. Bei einem Besuch in einem Dorf hatte ich meine Gaslaterne angezündet. Als das Gas leer war, schraubte ich schnell die alte Stechkartusche ab und eine neue hinein. Wenn die volle Kartusche auf die Lampe geschraubt wird, wird sie von einem Nagel durchbohrt, und das führt dazu, dass in den ein oder zwei Sekunden, die es braucht, um die Kartusche fest aufzuschrauben und abzudichten, jedes Mal eine kleine Menge Gas austritt. In diesen verhängnisvollen zwei Sekunden entzündete das noch heiße Metall der Lampe das austretende Gas. Die Flammen schossen bis zum Dach hinauf und versengten mir die Augenbrauen und die Haare auf den Armen und der Stirn! Zum Glück hielt die Dichtung, sodass sich nur das ausgetretene Gas entzündete und nicht der ganze Behälter.

Bevor ich mich auch nur bewegen konnte, zerrten mich meine Gastgeber aus der Hütte und begannen, wütend auf meine angesengten Arme zu spucken. In Ermangelung von Wasser war das

das Beste, was sie tun konnten, um meine Haut zu kühlen. Alles, was sich in dieser Grashütte befand, war staubtrocken und leicht entzündlich. Unter dem Bett befanden sich lose Plastiktüten. Die selbst gemachte Matratze bestand aus genähten Superphosphat-Plastiksäcken, die mit trockenem Gras gefüllt waren. Die Wände und das Dach waren aus strohgedecktem Gras, das inzwischen jahrealt war, und ich weiß, dass die Flammen das Dach erreichten, weil herabhängende Spinnweben geschmolzen waren.

Hausbrände waren in Niger üblich, und die Flammen konnten die Hütten aus trockenem Gras in Sekunden verzehren, bei starkem Wind ein ganzes Dorf in wenigen Minuten. Als mir bewusst wurde, wie gefährlich die Situation für mich gewesen war, staunte ich über Gottes Gnade bei meiner leichten Verletzung und wurde an die Worte erinnert: »Wenn du durch Wasser gehst, werde ich bei dir sein. Ströme sollen dich nicht überfluten! Wenn du durch Feuer gehst, wirst du nicht verbrennen; die Flammen werden dich nicht verzehren« (Jesaja 43,2).

Schließlich fanden wir eine Möglichkeit, einigen Menschen mit Verbrennungen zu helfen. Im Urlaub in Nigeria stießen wir auf Aloe Vera, nahmen sie mit zurück nach Niger und pflanzten sie selbst an. Das Schneiden des Blattes mit einem sterilen Messer ergab einen sicheren Verband, der die Verbrennung beruhigte und viel Vitamin E enthielt. Viele Eltern, die ihre Kinder mit Verbrennungen zu uns gebracht hatten, meldeten begeistert zurück, die Verbrennungen wären schnell und sauber verheilt. Wir schickten sie mit ihren eigenen Aloe-Vera-Pflanzen nach Hause und ermutigten sie, die Welpen (neue Aloe-Vera-Pflanzen, die aus der Mutterpflanze austrieben) an ihre Freunde und Verwandten zu verschenken.

Gelegentlich besuchten uns genesene Leprapatienten und erzählten, warum sie gerne Katzen hielten. Ein häufiges Merkmal von Leprakranken ist, dass sie das Gefühl in ihren Händen und Füßen verlieren. Wenn also eine Maus oder Ratte in der Nacht an ihren Fingern oder Zehen knabberte, spürten sie das nicht; es war also wichtig, eine Katze zu haben, die Wache hielt.

In den ersten vier Jahren, die wir in Niger waren, wurde unsere Gesundheit auf eine harte Probe gestellt. Malaria war weit verbreitet, und obwohl wir wöchentliche Chloroquin nahmen, bekamen wir gelegentlich Fieber. Glücklicherweise war es in diesen frühen Jahren relativ einfach zu behandeln. Ständig mussten wir auf der Hut sein vor Durchfallerkrankungen und Infektionen der Augen und des Rachens.

Es ist uns bis heute nicht klar, wie wir uns mit Hepatitis anstecken konnten, aber es war auch nicht wirklich überraschend, wenn man bedenkt, wie oft wir offene Aborte benutzten, wie stark der Wind den Staub aufgewirbelte und wie oft wir bei Begrüßungen Hände geschüttelt hatten. Zur Erholung wurden wir nach Miango evakuiert, auf das kühlere Jos-Plateau in Nigeria. SIM hatte auf dem Gelände ein Gästehaus, in dem Missionare ihren Urlaub verbrachten. Dort war auch ein Genesungszentrum eingerichtet worden. Es wurde eine sehr traumatische Zeit für uns. Ben wurde während unserer Genesungszeit zurück nach Niger gebracht, um von einer anderen Familie gepflegt zu werden. Der Junge zeigte keine Anzeichen einer Infektion, was bei Kindern oft so ist, und der Manager des Gästehauses wollte nicht riskieren, dass Ben andere Gäste ansteckte. Es war seltsam einsam und nicht sehr schön, getrennt von ihm zu sein, und oft dachten wir, dass wir ihn hören würden. Nach drei Wochen waren wir wieder vereint, und es zerriss uns das Herz, dass er uns anfangs nicht mehr erkannte.

Noch erschütternder und potenziell tödlicher war die Meningitis. An einem Samstagabend hatten wir Pfannkuchen zum Tee gegessen. Gegen die Schlafenszeit bekam ich Kopfschmerzen und wurde gerufen, um einen Dorfbewohner in die Klinik zu bringen, bei dem später Meningitis diagnostiziert wurde. Im Laufe der Nacht begann ich zu erbrechen, bekam Fieber, die Kopfschmerzen wurden schlimmer und mein Nacken begann sich zu versteifen. Am nächsten Morgen fuhr uns John Ockers die drei Stunden zum SIM-Hospital in Galmi, wo ein deutscher Arzt die Diagnose stellte. Als ich auf dem Rücksitz von Johns Kombi lag, dämmerte mir langsam der Ernst meiner Lage. Es wurde immer schwieriger, meinen Kopf zurückzudrücken, die Kopfschmerzen wurden immer stärker. Ich erinnere mich, dass ich darum betete, Gott möge mich noch nicht heimholen – ich hatte das Gefühl, dass ich in meinem Leben noch nichts erreicht hatte.

Doktor Ceton machte eine Lumbalpunktion und konnte bestätigen, dass ich eine spinale Meningitis hatte. Zuerst machte es mir nichts aus, dass die Krankenschwestern Nadeln in mich steckten, da es mich von den Kopfschmerzen ablenkte. Aber am zweiten Tag, als die Kopfschmerzen nachließen, fühlte sich mein Hintern wie ein Nadelkissen an. Ich bettelte darum, Antibiotika zu bekommen. Bis heute habe ich die Assoziation von Pfannkuchen und dem Gefühl, sehr krank zu sein. Natürlich hatten die Pfannkuchen nichts mit der Meningitis zu tun. Ich meide sie trotzdem.

Einige Jahre später erkrankten sowohl Liz als auch Melissa an dieser schrecklichen Krankheit, die in dieser Region jährlich Tausende von Menschenleben fordert, obwohl Impfprogramme die Situation deutlich verbessert haben. Es war noch verheerender, einen geliebten Menschen so krank zu sehen, als es selbst zu erleben. Unser Leid war jedoch nichts im Vergleich zu dem Schmerz, den viele Nigrerinnen und Nigrer und einige Missionare erfuhren, die Kinder oder Ehepartner verloren haben.

Jeden Abend wurden uns vier Stunden Strom zugeteilt. Wir waren auf einen Diesel-Generator angewiesen, der schon in ziemlich desolatem Zustand war. Mit dem Generator wurden die Lampen, Ventilatoren und eine Pumpe betrieben, die uns mit Trinkwasser aus einer nahe gelegenen Quelle versorgte. Ein Großteil meiner Zeit verbrachte ich mit der Wartung und Reparatur von Geräten und Gebäuden. Am 27. Dezember 1983 schrieb ich nach Hause:

> »... auf dem Heimweg von einer Hochzeit verursachte ein elektrischer Defekt, dass der Motor stehen blieb. Liz und die Kinder nahmen ein Buschtaxi und kamen erst um 2 Uhr nachts zu Hause an. Ich schlief unter einem Hirsestängel und wartete darauf, dass jemand zurückkam und mich nach Hause brachte. Ich habe den Fehler immer noch nicht gefunden! Diese Woche hatte ich Fieber und eine Erkältung. Es geht mir miserabel, und unsere Kollegen auf der Station sind weg – also muss ich noch das Personal managen. Drei der vier Fahrzeuge funktionieren nicht richtig.«

Als mein Bruder Peter, ein kompetenter Mechaniker und Wartungsmann, zu Besuch kam, war er schockiert. Zum Beispiel davon, dass er durch die Löcher im Boden des Taxis, in dem wir fuhren, die Straße sehen konnte. Auch über die Werkstatt meines Mechanikers, die aus einem kahlen Schrebergarten mit einem kleinen abschließbaren Schuppen in einer Ecke bestand. Alle Reparaturen wurden im Freien durchgeführt, die Teile lagen auf Matten auf dem Boden, es gab keinen Flaschenzug. Die Motoren wurden von den Lehrlingen per Hand in die Fahrzeuge hinein- und herausgezogen. Originalersatzteile waren schwer zu bekommen. Vor allem bei Ersatzteilen aus Nigeria musste man vorsichtig sein. Es war üblich, gereinigte und neu verpackte Gebrauchtteile zu bekommen, die einem aber als neu verkauft wurden.

Unser Generator wurde immer unzuverlässiger. Auch dafür waren Ersatzteile schwer zu bekommen, und zu dieser Zeit gab es nur wenige qualifizierte Techniker im Land. Als ein SIM-Missionar, der ausgebildeter Dieselmechaniker war, kurzfristig verfügbar wurde, war ich voller Tatendrang und dachte an nichts anderes mehr. Mein ganzer Fokus lag darauf, dem Mechaniker alles zur Verfügung zu stellen, was er brauchte, um den Generator zu reparieren. Mit der Ersatzteilliste in der Hand sprangen wir in den Peugeot 504 Kombi, um in die Stadt zu fahren.

Er war bedeckt mit dem typischen Harmattan-Staub der Trockenzeit – superfeine, 0,5–10 µm kleine Sandpartikel, die den Himmel grau färben und sich in Haare, Ohren, Kameras und Häuser einnisten. Nordöstliche Passatwinde, die aus der Sahara herüberwehen, tragen große Mengen dieses Staubs mit sich. Von Ende November bis Mitte März bedeckt er alles mit feinem Sand.

Als ich anfing, das Auto zurückzusetzen, glaubte ich, meinen Namen zu hören, aber der stärker werdende Wind trug das Geräusch davon und machte mir bewusst, dass wir uns beeilen mussten. Denn das war der einzige Tag für viele Monate, an dem ein Mechaniker für die Reparatur zur Verfügung stand. Also hielt ich nicht an – bis ich einen leisen Aufprall spürte.

Es war unsere Haushaltshilfe gewesen, die mich beim Namen gerufen hatte. Sie hat alles vom Haus aus beobachtet. Ben wollte mit uns mitkommen, war zum Auto gerannt, aber im letzten Moment gestolpert und direkt hinter das Rad gefallen. Einen Moment lang dachte ich, das Hinterrad müsse auf ihn draufgerollt sein, und ich wäre fast im Rückwärtsgang weitergefahren, um ihn zu befreien. Zum Glück hielt mich eine starke innere Stimme davon ab. Ich sprang aus dem Auto, hob mit meinen schwarzen, schmierigen Händen den benommenen kleinen Ben auf und raste mit ihm zu Liz. Sie war genau wie ich erst mal völlig im Schock. Auf den ersten Blick sah es so aus, als wären meine schmierigen Handabdrücke um Bens Bauch Reifenspuren. Wir brachten ihn zur Stationsschwester. Sie stellte zum Glück fest, dass Ben mit dem Schrecken davongekommen war. Er hatte danach einen sehr gesunden Respekt vor Autos.

Und der Generator? Der konnte schließlich doch noch repariert werden. Für einige Zeit lief er dann sogar wieder, musste aber später ersetzt werden.

Es gab mit Ben mehrere Situationen, bei denen es beinahe zu tragischen Unfällen gekommen wäre. Als wir in sechs Dörfern mit Zement ausgekleidete Brunnen installierten, stellten Bauunternehmer die perforierten Innenringe auf unserem Gelände her. Diese Ringe passten in ein äußeres Betongehäuse, das an Ort und Stelle gegossen wurde. Der erste gegossene Ring wurde nicht perforiert, und durch die Zementierung des Bodens entstand ein Wasserbecken. Eines Tages war ich mit Ben in unserem Garten. Als ich mich umdrehte, war er verschwunden. Er war zum offenen Ring hinübergerannt und ins Wasser gesprungen, obwohl er nicht schwimmen konnte. Als ich

DIESSEITS DES HIMMELS IST DAS LEBEN UNVORHERSEHBAR, GANZ EGAL, WO MAN LEBT.

ihn fand, konnte ich nur noch seine Nasenspitze sehen, die noch gerade so aus dem Wasser herausragte, wenn er sich auf die Zehenspitzen stellte. Auch kamen immer wieder giftige Schlangen auf unser Gelände, auf dem Ben spielte; glücklicherweise wurde er nie gebissen.

1994 – Auch wenn es viele schwierige Zeiten in Maradi gab, Spaß musste auch sein. Im Hintergrund sieht man das Gästehaus, in dem wir wohnten.

Manche warfen uns vor, es wäre verantwortungslos, mit Kindern in Afrika zu leben. Das mag sein. Einige Missionare verloren Kinder, Ehepartner oder ihre eigene Gesundheit. Wir waren dort, weil wir glaubten, dass Gott uns dorthin berufen hatte, und wir vertrauten unsere Kinder und uns selbst seiner Obhut an. Traurigerweise star-

1995 – Melissa, Liz, Sarah, Ben, Tony und Daniel (v. l. n. r.)

ben etwa zur selben Zeit, in der Ben bei uns in Afrika immer wieder in brenzlige Situationen geriet, auch Kinder in meiner sicheren, zivilisierten Heimatstadt Myrtleford bei ähnlichen Fällen: beim Ertrinken im Swimmingpool, als sich bei einem Pkw die Handbremse gelöst hatte und ein Kind zerquetscht wurde, und als ein Kleinkind in einem Hinterhof mehrmals von einer Schlange gebissen wurde. Diesseits des Himmels ist das Leben unvorhersehbar, ganz egal, wo man lebt. Für uns war es wichtiger, dort zu sein, wo wir uns zugehörig fühlten, als dort zu leben, wo es aus unserer Sicht sicherer erschien.

Die Trinkwasserpumpe war mit einer Windmühle verbunden, die John Ockers, der die Farmschule von Grund auf entwickelt und aufgebaut hatte, aus den USA mitgebracht hatte. Als wir ankamen, waren die Windmühlen in Maradi wahrscheinlich schon über 40 Jahre alt. Ersatzteile zu finden, erwies sich als Herausforderung, besonders für die Ledermanschetten, die dafür sorgten, dass das Wasser vom Brunnen hochgedrückt wurde.

Meinen ersten Aufstieg in die Haube der 8 Meter hohen Windmühle brach ich ab. Schließlich war ich nicht für solche Aktionen hierhergekommen. Doch der Durst war größer als die Angst, und schließlich nahm ich allen Mut zusammen. Ich kletterte hoch und wartete das Getriebe.

Eine bleibende Erinnerung aus jenen Tagen ist, dass wir die Betttücher vor dem Schlafengehen einige Male nass machen mussten, um die Schaumstoffmatratzen zu kühlen. Die Matratzen speicherten während des Tags die Hitze und waren abends noch immer extrem warm. Damit sie abkühlten und wir schlafen konnten, legten wir also am Abend mehrmals nasse Laken darauf. Sie waren innerhalb von einer halben Stunde trocken. Kurz bevor wir ins Bett gingen, tauchten wir die Laken ein letztes Mal ins Wasser, und dann legten wir uns unter die nassen Tücher. Wenn man es schaffte, schneller einzuschlafen, als das Betttuch trocken war, konnte man normalerweise einige Stunden schlafen, bevor man vom Durst geweckt wurde. Nach einigen Wochen konnten wir einen Verdunstungskühler installieren: Unser Schlaf und die Gesundheit der Familie verbesserte sich damit deutlich. Die Kinder wachten nicht mehr fünfmal oder häufiger in der Nacht durstig auf, und der erholsame Schlaf steigerte die Belastbarkeit erheblich.

Die Regenzeit war meine liebste Zeit des Jahres. Von Mai bis Juni baut sich die Luftfeuchtigkeit auf und wird durch die extreme Hitze der Trockenzeit fast unerträglich. Die Spannung vor dem Einsetzen des Regens ist groß. Täglich sucht man automatisch den Himmel nach Anzeichen von Regen bringenden Wolken ab. An einem bestimmten Punkt drehen die Winde dann von Nordost auf Südwest und bringen dichte Wolken mit. Zuerst ziehen starke, bodennahe Winde auf, die blendenden Staub und Geröll mitführen. Dann fällt oft Wind und Staub aufs Land, aber immer noch kein Regen. Wenn es dann endlich regnet, ergießt sich der erste Schauer oft als horizontaler Strahl aus schlammigem Wasser und Geröll. Chaos bricht aus. Erwachsene, Hühner, Ziegen und Schafe laufen wild umher und suchen Schutz, Kinder quietschen vor Freude und laufen zum Spielen in den Regen hinaus. Mit den ersten zwei oder drei Regenfällen erscheinen Tausende von wunderschönen roten Samtmilben und Wüstenkröten auf den Feldern, wie scheinbar aus dem Nichts.

Der Staub war die meiste Zeit des Jahres eine große Herausforderung für Liz und verschwand erst vollständig, wenn die Regenfälle einsetzten und den Boden gründlich durchtränkten. Viele der Häuser hatten Lamellenfenster, die den Staub nicht draußen hielten. Manchmal deckten wir den Tisch, und in der Zeit, in der wir aßen, wurde der ganze Tisch mit Staub bedeckt. Die einzigen staubfreien Zonen waren die sauberen Kreise unter den Tellern und Gläsern. Manchmal deckten wir den Tisch so, dass die Gläser und Teller auf dem Kopf standen und das Besteck unter den Tellern lag. Nach einem starken Wind war es nicht ungewöhnlich, einen 10-Liter-Eimer mit dem Staub zu füllen, den wir vom Boden aufgefegt hatten.

WENN DIE WINDE AUFZIEHEN, DAUERT ES NICHT MEHR LANG, BIS SIE REGEN BRINGEN.

Als wir das erste Mal einen größeren Staubsturm erlebten, war ich gerade mit dem Auto in die Stadt unterwegs, Ben (4) und Melissa (2) spielten draußen. Liz' Haushilfe Yardiya rief die beiden und zeigte auf den Himmel. Liz sah eine riesige lila und rot-graue, pilzförmige Wolke, die sich schnell auf das Haus zubewegte. Sie fragte sich, ob die Franzosen einen Atomtest in der Sahara gemacht hatten! Yardiya entgegnete, es sei nur ein Staubsturm. Liz schickte ein Kind, um Melissa zurück ins Haus zu bringen, und sie und Yardiya rannten um das Haus herum und schlossen die Fenster. Kaum waren sie fertig und zurück im Haus, wurde es völlig dunkel – sie konnten nicht einmal mehr die Hände vor ihren Gesichtern sehen. Jemand hämmerte an die Hintertür, sie hatten Ben nach Hause gebracht. Ben monierte in fließendem Hausa: »Warum hat Gott diese Dunkelheit über uns kommen lassen? Sag ihm, er soll sie wegnehmen.« Die muslimischen Lehrer hatten schon seit einigen Wochen vorausgesagt, dass das Ende der Welt kommen würde (sie hatten den Zeitpunkt sogar schon für eine Woche vor diesem Sturm vorausgesagt). Jetzt dachten viele Leute, dass das nun das Ende sei. Die Diebe auf dem Markt nutzten die Gelegenheit, um sich die Taschen zu füllen. Später erfuhr ich, dass Kinder während dieser Staubstürme manchmal verloren gingen, verletzt würden oder sogar starben. Einfach, weil sie in Panik gerieten und wild losrannten und dabei dann manchmal gegen Dinge liefen oder in Brunnen fielen.

Am richtigen Ort

Ich war in dieser Zeit viel mit projektbezogenen Aufgaben beschäftigt, Liz hatte ebenfalls einen vollen Terminkalender. Sie hatte mit Besuchen in den Dörfern begonnen, in der Hoffnung, eng mit den Frauen zusammenzuarbeiten. Es schmerzte sie, dass sich die Frauen trotzdem auf Distanz zu ihr hielten. Zu dieser Zeit hatten nur sehr wenige nigrische Frauen eine Ausbildung oder arbeiteten außerhalb des Hauses, und die Frauen aus den Dörfern, deren Tag mit harter körperlicher Arbeit ausgefüllt war, wussten nicht, was sie von Liz halten sollten. Eine hörte man sagen: »Westliche Frauen sind keine Frauen, sie fahren Autos, haben wichtige Jobs und widersprechen sogar ihren Männern.«

Liz' Position, mich zu unterstützen, Ratschläge zu erteilen, jeden Monat die Finanzen des Projekts abzurechnen, die unzähligen Besucher zu beherbergen, die mich besuchen kamen, das Gästehaus in Maradi zu leiten, mit der Familie und den Unterstützern zu korrespondieren, gelegentlich Hausunterricht zu geben und nebenbei eine Familie großzuziehen, war für den Erfolg der Arbeit unverzichtbar. Für die nigrischen Frauen aber ein völlig ungewohntes Konzept von Partnerschaft, dem sie mit Skepsis begegneten.

Bereits kurz nach unserer Ankunft in Maradi nahm mich mein Vorgänger Pat Franje mit zu einem Besuch in den Dörfern, die an dem Wiederaufforstungsprojekt teilnahmen. Jeder Dorfname erzählte eine Geschichte, viele von ihnen waren nach längst verschwundenen Bäumen oder Wäldern benannt:

Kuka biyat – Die fünf Baobabs
Kalgo – Bauhinien
Tsamiya – Tamarinde
Gao Goma – Die zehn Gao-Bäume
Kurmi – Wald

Schillernder waren *Hannu ga zanni* (»Hand auf ihrem Rock«), *Sha ka fada* (»Trinken und reinfallen« – was tatsächlich auf ein Unglück zurückzuführen war, bei dem ein eingestürzter Brunnen viele Menschenleben gefordert hatte) und mein Favorit *Batafadua* (wörtlich: »nicht erwähnenswert«).

Nachdem wir die Felder besucht hatten, saßen wir bei Einbruch der Dunkelheit auf handgewebten Matten um ein kleines Feuer und unterhielten uns mit dem Stammesoberhaupt und ein paar Dorfbewohnern. Zu diesem Zeitpunkt konnte ich Hausa schon recht passabel sprechen und den Kern einiger Gespräche verstehen. Wie alle Bauern auf der Welt unterhielten sie sich über das Wetter, die Ernte des letzten Jahres, ihre Hoffnungen für die kommende Jahreszeit und über Leute, die krank waren oder auf Reisen, oder von denen man schon lange nichts mehr gehört hatte. Sie zogen einander auf, gaben an und genossen die Gesellschaft der anderen.

In diesem Moment schien für mich auf einmal die Zeit stillzustehen. Mir war, als ob ich diese Szene von außen betrachtete, und ich bemerkte: Ich war glücklich. Ich hatte das Gefühl, dass ich hier war, war vorbereitet. Ich war nach Hause gekommen. Dann fiel mir Epheser 2,10 wieder ein: »… damit wir die guten Taten ausführen, die er für unser Leben vorbereitet hat« – und der Groschen fiel.

Trotzdem war das Leben hier kein Zuckerschlecken. Wenn ich die Dörfer besuchte, war ich schockiert vom Zustand der Natur. Sie befand sich am Rande eines ökologischen Zusammenbruchs, und der Boden war kaum noch in der Lage, Leben hervorzubringen. Ich fragte mich, ob ich, frisch von der Uni und ohne jede praktische Erfahrung, überhaupt etwas bewirken können würde. Der Großteil der Bäume, die gerade mal 10, 20 Jahre vor meiner Ankunft noch bestanden hatten, war von Bauern gerodet worden und verschwunden. Während einer Reihe von Dürreperioden fällten die Leute aus Verzweiflung auch noch die letzten Bäume – das Holz verkauften sie, um davon Lebensmittel zu bezahlen und Grundbedürfnisse zu decken. Statistisch gesehen, standen auf einem Hektar im Durchschnitt nur vier Bäume.

BÄUME SIND FÜR DIE AFRIKANISCHE LANDWIRTSCHAFT DAS, WAS ÖL FÜR DIE MODERNE INDUSTRIE IST.

Heute geht man davon aus, dass Ackerland bequem über 100 Bäume pro Hektar versorgen kann und gleichzeitig noch viel besseres Getreide hervorbringt als Boden ohne Bäume. Bäume haben einen regenerierenden Effekt. Sie bringen für den gesamten ökologischen Kreislauf viele Vorteile. Sie für sich nutzbar zu machen und das Land in dieser Form bestellen zu können, hängt davon ab, wie die Bauern die Bäume pflegen.

Bäume und ihre Holz- und Nichtholzprodukte sind für die afrikanische Landwirtschaft das, was Öl für die moderne Industrie ist. Holz wird in allen Lebensbereichen des Alltags verwendet: natürlich als Brennmaterial, aber auch für Zäune, im Hausbau, für Betten, Möbel, Werkzeuggriffe, Sättel, muslimische Gebetstafeln, Siebe, Karren, Pflüge und Webstühle. Mit Holz werden traditionelle Brunnen innen ausgekleidet, das Y-förmige Portal, die Welle und den Flaschenzug, die das Wasserschöpfen erleichtern – alles ist aus Holz. Bögen und Pfeile, Speere, Musikinstrumente, Mörser und Stößel, Wanderstöcke und vieles mehr besteht aus Holz. Schmiede benutzen Holzkohle zum Schmelzen von Aluminium und zur Herstellung von Gussteilen, Äxten, Hacken, Messern und anderen Utensilien des täglichen Lebens.

Die Belastung durch den Verlust der Bäume betrifft alle, aber niemanden trifft es härter als Frauen und Kinder, deren Aufgabe es ist, Brennmaterial, Futter und Nahrungsmittel zu sammeln. Da sich der Wald in immer fernere Kreise von einem Dorf oder einer Stadt zurückzieht, müssen Frauen und Kinder immer weitere Strecken laufen, um die gleiche Menge an Holz zurückzubringen. In Niger kann das bedeuten, jeden zweiten Tag zwei bis drei Stunden zu laufen. Diese Wanderungen sind gefährlich für die Frauen: in manchen Ländern durch wilde Tiere, in anderen durch Vergewaltigung und Entführung.

Der lange Marsch in der heißen Sonne mit schweren Lasten fordert seinen Tribut an Energie und Gesundheit, und die Zeit, die mit dem Holzsammeln verbracht wird, ist Zeit, die nicht für wirtschaftliche oder familiäre Aufgaben genutzt werden kann. Irgendwann gibt es einfach kein Holz mehr, und dann vervielfachen sich die negativen Auswirkungen der Abholzung, da Ersatzstoffe gesucht werden – v. a. Stroh und Tierdung, zwei Güter, die der Boden zum Schutz und zur Erhaltung der Fruchtbarkeit dringend benötigt. Unfruchtbare Böden mit wenig organischer Substanz führen zu weniger robusten Pflanzen, geringeren Erträgen und geringerer Viehzucht, was schließlich zu Hunger und Armut beiträgt.

Als Niger 1960 die Unabhängigkeit erlange, lag die Bevölkerungszahl der ehemaligen französischen Kolonie noch unter 3,4 Millionen. Bei meiner Ankunft 1980 betrug sie knapp 6 Millionen und bis 1984 waren es 6,72 Millionen. Die Städte wuchsen in enormem Tempo und damit die Nachfrage nach Feuerholz. Die Einwohnerzahl Maradis stieg zwischen 1977 und 1987 um mehr als das Doppelte, von 45 000 auf 110 000. Die Leute auf dem Land waren arm und hatten wenige Einkommensmöglichkeiten, also wurden Bäume, wo immer man sie fand, abgeholzt, um damit Geld zu verdienen. Mit der Zunahme der Landbevölkerung verkürzte sich der Turnus für den Brandrodungswanderfeldbau[10]. Es war ein Punkt erreicht, an dem kein Stück Land mehr brachliegen konnte, abgesehen von Gegenden, die so unfruchtbar geworden waren, dass sie von den Bewohnern verlassen wurden.

Entwaldung ist ein Vorbote von Bodendegeneration und Versteppung. Schätzungen zufolge sind 74 Prozent des Weidelands[11] und 61 Prozent des beregneten Ackerlands[12] in Afrikas trockeneren Regionen durch mäßige bis schwere Versteppung zerstört. Das geschieht auf sämtlichen Kontinenten mit Ausnahme der Antarktis und betrifft die Lebensgrundlage von Millionen Menschen, darunter eine große Anzahl von Armen in den Trockengebieten.

Solche Trockengebiete bedecken 41 Prozent der gesamten Landfläche der Erde. Zwei Milliarden Menschen leben in Trockengebieten – im Jahr 2000 ein Drittel der Weltbevölkerung. Sie umfassen alle Regionen, in denen Wasserknappheit zu eingeschränkter Produktion von Getreide, Futtermitteln, Holz und anderen durch das Ökosystem bereitgestellten Ressourcen führt. Die Verschlechterung der Bodenfruchtbarkeit beeinflusst die Anfälligkeit des Bodens für Dürren, Überschwemmungen, Erdrutsche, Schädlings- und Krankheitsbefall. Die Versteppung von Regionen hat auch einen großen Einfluss auf den weltweiten Klimawandel: Trockenlandböden beherbergen über ein Viertel aller organischen Kohlenstoffspeicher der Welt sowie fast den gesamten anorganischen Kohlenstoff. Man nimmt an, dass jährlich 300 Millionen Tonnen Kohlenstoff aufgrund von Versteppung aus den Trockengebieten in die Atmosphäre entweichen – ungefähr 4 Prozent der gesamten weltweiten Emissionen aller Kohlenstoffquellen zusammen. Entwaldung hat folglich einen direkten negativen Einfluss auf das Leben auf diesem Planeten.

Deswegen kann Aufforstung so ein mächtiges Werkzeug sein, um das Leben der Schwächsten zum Positiven zu verändern. Denn sie verbessert die mikroklimatischen Bedingungen sowie die Fruchtbarkeit des Bodens und sie reduziert das Auftreten und die Schwere von Überschwemmungen. Dürren wirken sich dadurch weniger verheerend aus. Damit kann die Abwärtsspirale umgekehrt werden: Nahrungsmittelquellen werden gesichert, Wasser bleibt verfügbar, weitere Einkommensmöglichkeiten auch. Und es entsteht eine Grundlage für die Menschen in Trockengebieten, Katastrophen besser überstehen zu können.

Nach meiner Ankunft in Niger fragte ich mich oft, wie derart riesige Teile des Landes mit einer relativ geringen Bevölkerungsdichte dermaßen zerstört sein konnten. Doch das ist kein neues Phänomen. Es scheint, als habe der Mensch schon immer eine Vorliebe dafür gehabt, Bäume zu fällen. Das *US Farmers Register* vom August 1833 weist sowohl auf die von Raffgier befeuerte Zerstörung als auch auf die vorhersehbaren Konsequenzen hin: »Sie führen einen totalen Krieg gegen den Wald und den Boden – sie bringen Vernichtung und hinterlassen Armut.«

Das schiere Ausmaß und die Schwere der Zerstörung im 19. Jahrhundert werden noch unglaublicher, wenn man bedenkt, dass es nur ungefähr eine Milliarde Menschen auf der Welt gab und sie keine Kettensägen oder Bulldozer hatten. In seinem bahnbrechenden Text von 1864, *Man and Nature. Or Physical Geography as Modified by Human Action*, beschreibt der Politiker und in späteren Jahren amerikanische Diplomat in Europa, George Perkins Marsh, eine Situation, bei der man sich heute fragt, ob es irgendetwas Neues unter der Sonne gibt:

> »Gebiete größer als Europa … entziehen sich vollkommen der menschlichen Nutzung oder sind im besten Falle noch dünn besiedelt … In Teilen … hat der Mensch Prozesse ausgelöst, die das Antlitz der Erde fast so trostlos machen wie das des Mondes, und dass, obwohl sie vor einer kurzen Zeitspanne … noch üppige Wälder, grüne Weiden und fruchtbare Wiesen bedeckten.«[13]

Zweifellos würde sich Richard St. Barbe Baker diesen Worten anschließen.

Brennholz ist für viele Menschen in Niger eine wichtige Einnahmequelle.

Die meisten Bauern in Niger sahen Bäume als Unkraut an, das vernichtet werden musste, weil sie glaubten, es konkurriere mit den Feldfrüchten um Nährstoffe. Die Herabwürdigung von Bäumen findet sich sogar in ihrer Sprache: Auf Hausa ist das Wort für Baum, *itace* (*itschie* gesprochen), dasselbe wie für Brennholz. Die Menschen glaubten zudem, dass Bäume körnerfressende Vögel anziehen würden – etwas, das kein Bauer gerne sieht, und erst recht keiner, der Hunger leidet. In den letzten Jahrzehnten konnten sich einige Farmer einen von Ochsen gezogenen Pflug leisten: In diesem Fall nahm man an, es sei besser, alle Hindernisse, wie Bäume und Baumstümpfe, aus dem Weg zu räumen, damit die Ochsen sich ungehindert bewegen konnten. Selbst Bauern, die das Land mit der Hacke von Hand bearbeiteten, reinigten es von jeglicher Vegetation vor der Aussaat.

Erschwerend kam hinzu, dass die Kolonialisten das Konzept der Monokultur nach Afrika brachten. Auch nach Niger, das ab 1890 durch die Franzosen zur Kolonie wurde. Wenn man effizient große Mengen produzieren will, muss man ideale Bedingungen für die erwünschte Frucht schaffen. Von der Kolonialverwaltung in Niger erwünscht war eine Hülsenfrucht, und zwar die Erdnuss. Maradi wurde ein wichtiger Ort für Erdnussanbau und -verarbeitung. Um die Erdnussproduktion anzukurbeln, gab es finanzstarke Ausbauprogramme: von Eseln und Ochsen gezogene Pflüge und Erdnusspflanzmaschinen. Den Bauern wurde beigebracht, dass moderne Bauern Bäume und Baumstümpfe von ihrem Land entfernten, um den Anbau zu erleichtern und mehr Erdnüsse zu ernten. Bis heute gibt es dort eine große Erdnussölfabrik, die aber inzwischen fast das gesamte Jahr über stillsteht.

AUF HAUSA IST DAS WORT FÜR BAUM DASSELBE WIE FÜR BRENNHOLZ.

Jahre später besuchte ich einmal das Erdnussbecken im Senegal. Dort erzählte mir ein Bauer, dass er sich sehr gut an den Tag zu ebenjener Zeit erinnern kann, an dem sich sein Leben für immer veränderte. Es gab eine Zusammenkunft auf dem Dorfplatz, und ein landwirtschaftlicher Berater führte Pflanzmaschinen und Pflüge vor, die auf Kredit zur Verfügung gestellt wurden. Von jenem Tag an hatten er und die anderen Dorfjungen die Aufgabe, das Land zu roden und Baumstümpfe und Wurzeln vom Feld zu entfernen. Die Erfahrungen der Jungen, die in Nigers Erdnussanbaugebieten aufwuchsen, dürften ähnlich gewesen sein. In den 1970er-Jahren folgte das *Maradi Productivity Project*, eine intensiv betriebene Kampagne. Das Ziel war, die Landwirtschaft zu modernisieren, und Teil dieser Kampagne war das Entfernen von Bäumen. Zum einen blickten die Bauern nun auf andere Bauern hinab, die keine moderne Landwirtschaft betrieben, d. h. keine Bäume rodeten und keine von Tieren gezogenen Gerätschaften benutzten. Zum anderen gab es unter der Voraussetzung zu modernisieren ein so gut wie unwiderstehliches Kreditangebot für sehr arme Farmer, die darin einen Ausweg aus der Armut sahen.

Die Wechselwirkungen solcher Praktiken waren verheerend. Zwischen den 1950er- und 1980er-Jahren wurden die Bäume und Sträucher im landwirtschaftlichen Gebiet Nigers fast vollständig vernichtet. Der Teufelskreis setzte sich in Gang. Die Abholzung verschlimmerte die negativen Folgen von wiederkehrenden Dürren, starken Winden, hohen Temperaturen, unfruchtbaren Böden sowie Schädlingen und Krankheiten, die die Feldfrüchte und Nutztiere befielen. Zusammen mit dem rapiden Bevölkerungswachstum und der Armut führten diese Probleme zu chronischem Nahrungsmangel und zeitweilig heftigen Hungersnöten. Die schwere Hungersnot Mitte der 1970er-Jahre sorgte für eine globale Reaktion, und die Eindämmung der Wüstenbildung wurde zur obersten Priorität für Regierungen, Geldgeber und NGOs.

Ein Unglück folgte dem anderen. 1984, als der Hunger Niger und tatsächlich die gesamte Sahelzone erneut aufsuchte, schien sich Richard St. Barbe Bakers prophetische Warnung vor den schrecklichen Folgen der Waldzerstörung direkt vor meinen eigenen Augen zu erfüllen: »Und dann schleichen sich die alten Geißeln der Menschheit wieder ein – eine nach der anderen: Sintfluten, Dürren, Feuersbrünste, Hunger, Pestilenz.« 1952 führte Baker eine 40 000 Kilometer lange Sahara-Expedition durch. Sie war teilweise die Reaktion auf eine erschütternde Begebenheit im oberen Dahomey, dem heutigen Benin. Ein Stammesoberhaupt hatte seinen Untertanen verboten, Kinder zu zeugen, weil die Sahara immer näher rückte und sich eine Hungersnot abzeichnete. Baker, ein Pazifist, wollte eine multinationale Kampagne zur Wiederaufforstung der Sahara auf die Beine stellen. In Tamanrasset, im südlichen Algerien, sah er frische Hackschnitzel, die durch das Fällen von Bäumen mit Äxten stammen mussten – quälende Beweise für Waldrestbestände in dem Gebiet, das sozusagen das Herz der Sahara war. Es waren Beweise, die seine These stützen, dass der Wald wiederhergestellt werden könnte.

Die nächste große Krise, die exemplarisch zeigte, wie die Vergeltung eines verletzten Ökosystems aussehen kann, folgte 1988. In jenem Jahr setzte die Regenzeit spät ein. Wenn es überhaupt regnete, dann nur sehr schwach. Aber die Bauern pflanzten dennoch in der Hoffnung auf eintretende Regenfälle. Heftige Winde wirbelten Sand auf, der auf das gerade aufkeimende Getreide prasselte, es unter sich begrub und zerstörte. Armeen von Heuschreckennymphen marschierten wie Minirasenmäher über die Felder und verschlangen jeden Halm Hirse, die Hauptpflanze und das Grundnahrungsmittel in dieser Region. Krähen, und in manchen Gegenden sogar Ratten, fraßen das eingegrabene Saatgut auf. In manchen Gegenden pflanzten die Bauern den wertvollen Samen, der gleichzeitig ihr knapper Lebensmittelvorrat war, vier-, fünf-, sechsmal. Schließlich überlebte die Hirse diesen Angriff, nur um kurz darauf von Schädlingen wie dem Stängelbohrer attackiert zu werden – kleinen Raupen, die sich in den Stängel der Hirsepflanze eingraben, sie stark schwächen und den Ertrag verringern.

EIN VERLETZTES ÖKOSYSTEM LÖST NATURKATASTROPHEN AUS.

Mit der Rodung der Bäume war den natürlichen Fressfeinden von Schädlingen – insektenfressenden Vögeln, Eidechsen und Spinnen – der Lebensraum genommen worden. Deswegen explodierte die Anzahl der Schädlinge. Die Pflanzen, die auch den Angriff der Stängelbohrer überstanden hatten und Ähren ausbildeten, wurden von einer weiteren Bohrer-Art attackiert – Raupen, die mit Vorliebe Getreide fraßen. Sie begnügten sich nicht damit, sich satt zu fres-

Dieses karge Feld in der Region Maradi war ein typischer Anblick in den frühen 1980er-Jahren. Die gesamte Vegetation und Ernterückstände der vorherigen Saison wurden entfernt oder verbrannt.

sen und zu verschwinden, sondern hinterließen beim Wühlen durch die Reihen von Hirse ebenso viel zerstörtes Getreide, wie sie zu sich nahmen. Schließlich vertrocknete sämtliche Vegetation, die all diese Rückschläge überstanden hatte, weil die Regenzeit endete, bevor das Getreide vollständig reifen konnte.

Frauen und Kinder legten lange Wegstrecken auf der Suche nach Brennholz zurück. Wenn sie keines fanden, suchten sie die Felder nach Stroh und Mist ab, um das als Brennmaterial zu verwenden – noch ein Schlag für die Bodenfruchtbarkeit. Wer als Bauer mit wenig anderem als mit dem, was auf seinem Land wuchs, Geld verdienen konnte, verarmte.

Meine Aufgabe war einschüchternd. Wo und wie sollte ich beginnen, solche extremen und komplexen Probleme anzugehen? Der durchschnittliche nigrische Bauer ist fast ausschließlich vom Erfolg seiner jährlichen Hirseernte abhängig, und das in einer Umgebung, die der Ernte in zwei von drei Jahren feindlich gesinnt ist. Die Landbevölkerung in Niger saß in der Falle, genau wie Zakara, der Hahn. Es gab gefühlt keinen Ausweg. Um mit Tankarkis Worten zu sprechen: »Was für eine Torheit!«

Das Land entwickelte sich in erschreckendem Tempo immer mehr zur Wüste. Im Norden lag die Sahara, und damit die größte

Trockenwüste der Erde. Im Osten und Westen angrenzende Länder erlitten dieselbe Not wie die Menschen in Niger. Viele der Menschen, die in den Süden umziehen wollten, erlebten zusätzliche Entbehrungen und wurden immer wieder rücksichtslos aus dem Land vertrieben und nach Hause geschickt. Doch wenn man sich die Methoden zur Landbewirtschaftung jener Zeit ansieht, hätte Hunger nicht als ein unerwartetes Unglück gelten sollen. Hunger war leicht vorherzusehen.

Mit solchen Gedanken las ich im Petrusbrief:

> Denn dessen göttliche Kraft hat uns ja alles gegeben, was wir brauchen, um ein Leben zu führen, das Gott gefällt. Das kam dadurch, dass wir den erkannt haben, der uns durch seine Herrlichkeit und Güte berufen hat.
> *2. Petrus 1,3*

Hier, in Niger, klang das alles ein bisschen fantastisch. Vielleicht galt es für Länder mit gemäßigten Temperaturen, dass Gott *alles* geschenkt hatte, was nötig war – aber hier, in Niger?

IN DEM KAMPF UM DEN ERDBODEN WAR ICH NICHT NUR AUF MICH GESTELLT. GOTT WAR MIT MIR.

Manche Felder waren in einem so schlechten Zustand, dass die Erosionskräfte von Wind und Wasser eine Oberfläche mit hartem, verkrustetem Boden schufen – verdichtete und windgeschliffene Erde, so hart wie Beton. Gegenden, die davon betroffen waren, glichen Parkplätzen und konnten für Jahrzehnte überhaupt keine Grünpflanzen mehr ernähren. Eines Tages, es hatte Regenfälle gegeben und ich ging gerade über so einen verkrusteten Boden, sah ich hinunter und entdeckte etwas Erstaunliches: Da keimten Samen zwischen ein paar Ritzen auf! Ich war überwältigt.

In meiner Stillen Zeit hatte ich in den Psalmen gelesen: »Wenn du deinen Geist schickst, wird neues Leben geboren, und du erneuerst die Erde« (Psalm 104,30). In mir regte sich etwas; die Hoffnung war noch nicht verloren. Den Boden, die Erde wiederherzustellen, war gar nicht meine alleinige Aufgabe! Gott kümmerte sich nicht nur um die Schöpfung und sorgte sich um die spirituellen und körperlichen Bedürfnisse des Menschen, es ging ihm auch darum, die Oberfläche der ganzen Erde, den Erdboden, zu erneuern. Je länger ich in Niger lebte, je mehr ich über die Vegetation und die Widerstandskraft der Natur lernte, desto deutlicher erkannte ich das: In diesem Kampf war ich nicht nur auf mich gestellt. Nach und nach begann ich damit, Gott einfach um Weisheit und Einsicht zu bitten, sie zu schätzen und davon zu profitieren.

Ein Besuch in Abalak

Von Zeit zu Zeit wurde ich angefragt, in anderen Teilen Nigers Beratungen zur Wiederaufforstung durchzuführen. Eine dieser Einladungen erhielt ich von Jeffery Woodke, der für die Hilfsorganisation *Jugend mit einer Mission* (JMEM) arbeitete. Ich wollte ihnen so viel Erfahrung wie möglich vermitteln und reiste mit zwei Leuten aus meinem Team von Maradi nach Abalak, wo Jeff arbeitete. In dem Gästehaus von JMEM wurden wir von einer zierlichen Schweizer Missionarin willkommen geheißen. Ich bewunderte ihre Spannkraft und Energie, es musste fast 50 Grad heiß sein. Normalerweise machte mir die Hitze nichts aus, aber an diesem Tag war sie extrem. Sogar in Sandalen verbrannte uns der heiße Sand auf dem Gelände die Fußsohlen, und selbst im Schatten war die Hitze unerträglich.

Das Haus von JMEM war aus Lehmziegeln errichtet, hatte ein Blechdach und keinerlei Wärmedämmung oder Zimmerdecken.

Die Missionare halfen den Menschen vor Ort mit Nahrungsmittelspenden und in der landwirtschaftlichen Entwicklung. Einfache Felswände von niedriger Höhe waren im rechten Winkel zu trockenen Bachbetten errichtet. Wenn in der Regensaison die Überschwemmungen kamen, konnte so das Wasser lange genug zurückgehalten werden, um den Boden zu befeuchten. Dank der gespeicherten Bodenfeuchtigkeit konnten dann erfolgreich Feldfrüchte angebaut werden.

Jeff und sein Team waren sehr beliebt und hoch angesehen in dem Ort. Wir durften ihn zu einem Besuch bei einem Tuareg-Stammeschef begleiten, der uns seine vorzügliche Wüstengastlichkeit zuteilwerden ließ – großzügige Portionen Kamelfleisch und Milch zum Frühstück, Mittag- und Abendessen. Ich bin kein großer Fleischesser, aber das Essen abzulehnen, wäre eine schwere Beleidigung gewesen. Der Tuareg lebte in einer sehr abgelegenen Region. Aus Neugier fragte ich ihn, was er tue, wenn jemand krank wurde. »Kein Problem«, antwortete er. »Wir geben ihm Kamelurin!« Ich war überrascht und fragte erneut – aber was, wenn jemand richtig krank wurde? »Kein Problem, wir halten das Kamel vom Trinken ab, und dann bekommt er konzentrierten Kamelurin!«

Die Tuareg hatten sich gegen die französische Kolonialherrschaft erbittert zur Wehr gesetzt, aber am Ende waren ihre rebellischen Aufstände den fortschrittlicheren Waffen der französischen Truppen nicht gewachsen gewesen. Nach zahlreichen Massakern auf beiden Seiten wurden die Tuareg unterworfen und sahen sich 1905 in Mali und 1917 in Niger zur Unterzeichnung eines Abkommens gezwungen.[14] In den 1970er-Jahren sprang die Natur hart mit ihnen um, als sie den Großteil ihres Reichtums – ihre Kamele und anderes Vieh – bei Dürren verloren, die in so einem Ausmaß noch nie dagewesen waren. Das Misstrauen gegenüber Machthabern hat sich bis heute gehalten, und ihre Heimatländer wurden in den letzten Jahren durch Aufstände und Einmärsche von Extremistengruppierungen erschüttert.

Gemeinsam den *Shaye* (Tee) zu trinken, ist ein Ritual und eine obligatorische Geste, um Besucher willkommen zu heißen. Als wir auf den Matten saßen, die er für uns in den weißen Sand gelegt hatte, und den süßen Tee tranken, erzählte uns der Stammeschef: »Als ich dieses Haus baute, brauchte ich Sand für den Empfangsbereich. Vor Ort gab es keinen, und so legte ich über 30 Kilometer in meinem Land Rover zurück, um schönen, reinen Sand zu bekommen. Hätte ich doch nur gewartet! Jetzt haben die Winde den Sand zu mir gebracht.« Eine Düne hatte sich inzwischen auf seinem Grundstück gebildet, und der Sand fiel durch das Fenster in sein Haus.

Es war ein Schock für uns, 2016 durch Facebook-Freunde von Liz zu erfahren, dass Jeff entführt worden war:

> »Jeffery Woodke wurde aus seinem Haus in Abalak von bewaffneten Männern entführt. Sie töteten zwei Wachleute, bevor sie mit ihm durch die Wüste in das benachbarte Mali fuhren. Woodke lebt seit 29 Jahren in Niger und hat Erfahrung mit dem Land und hatte mit der örtlichen Partnerorganisation *Jeunesse en Mission Entraide et Développement* (JMEM in der französischen Bezeichnung) zusammengearbeitet.«[15]

Er wurde am Abend des 14. Oktober 2016 entführt. Seitdem hat man nichts mehr von ihm gehört.

Als ich den Luftdruck der Reifen verringerte, um leichter über den Sand fahren zu können, machte ich im Frühling 1983 meine große Entdeckung des unterirdischen Waldes.

4

DIE ENTDECKUNG DES UNTERIRDISCHEN WALDES

»Man dachte immer, dass es morgen besser würde ...«
The Dust Bowl

»Hey, weißer Mann, warum kaufst du dir kein Auto?«, rief die alte Frau auf dem Weg zum Brunnen. Kein Wunder, sie hatte selten in ihrem Leben einen weißen Mann gesehen, geschweige denn einen, der durch ihr Dorf mitten im Nirgendwo zu Fuß unterwegs war.

Es war im Juni 1982. Rabiou, einer meiner vier Berater, und ich hatten mehrere Hundert Baumsetzlinge von der Baumschule der *Farm School* auf einen Ford F100 Pick-up mit Anhänger geladen. Wir waren an diesem Morgen früh losgefahren, um die Setzlinge in das Dorf Gangara zu bringen. Es lag an der äußeren Grenze unseres Projektgebiets. Nach etwa drei Vierteln der Fahrt durchdrang eine Wurzel, die in die tiefen Fahrspurrillen ragte, nicht nur einen, sondern gleich zwei unserer Reifen, und wir hatten nur einen Ersatzreifen. So begann unser vierstündiger, 23 Kilometer langer

Weg zurück zur Farmschule in der Mittagssonne, vorbei an der alten Frau.

Da war ich nun, angeblich der ortsansässige Experte. Aber was wusste ich schon darüber, wie man Bodenverschlechterung und Wüstenbildung in Niger rückgängig macht? Und doch setzte ich alles daran, es zu bewerkstelligen. Wenn Abholzung eine der Grundursachen für die Probleme der Menschen war, dann musste Aufforstung gewiss Teil der Lösung sein, so meine Überzeugung.

Das Windschutz- und Waldprojekt in Maradi, das nach einer schweren Hungersnot in Niger in den frühen 1970er-Jahren von SIM-Missionaren ins Leben gerufen wurde, sollte Wirkung erzielen. Der SIM-Projektleiter sah, dass die fortschreitende Abholzung zu Dürren und Hungersnöten führen würde, und bat den Spender, die *Canadian International Development Agency* (CIDA), um die Erlaubnis, die noch nicht ausgegebenen Mittel für die Einrichtung von Baumschulen zu verwenden. Die CIDA stimmte zu und gewährte später eine laufende Finanzierung für dieses Projekt, das ich 1980 übernahm.

Ich reiste jeweils bis zu 30 Kilometer durch fast baumloses Ackerland, um zu den rund ein Dutzend Dörfern zu gelangen, die an dem Projekt teilnahmen. Ein Teil des Projekts drehte sich um das Aufziehen von Setzlingen, die entweder in einer zentralen Baumschule oder in Dorfgärtnereien gezogen wurden. Der andere Teil war die Zusammenarbeit mit den Dorfgemeinschaften bei der Auswahl eines Pflanzbereichs, dem Einpflanzen und dem Schutz der Bäume. Meistens gingen die frisch gepflanzten Bäume aber schnell wieder ein, weil sie vernachlässigt wurden, durch Tiere, Dürren, Sandstürme oder Termiten. Eine Hauptursache für unser Scheitern aber war die Gleichgültigkeit, teils sogar offene Feindseligkeit vieler Menschen gegenüber der Idee der Aufforstung, was für uns, nebenbei bemerkt, sehr demotivierend war.

1982 – Eine Buschbaumschule vor der kargen Landschaft, die die Vergeblichkeit der Aufgabe andeutet. Links steht mein Berater Rabiou, in der Mitte ein staatlicher Forstbeamter.

Ich konnte es nicht nachvollziehen, dass sich manche Leute aktiv gegen die Baumpflanzung stellten. Einige wiederum dachten, dass wir uns mit dem Pflanzen von Bäumen über Gott stellen würden. »Sie sind Gottes Werk, und würde er Bäume wollen, würde er sie pflanzen!« Andere meinten, dass Bäume auf ihrem Land nur zu Streitigkeiten führen würden – entweder mit den Behörden oder mit Leuten, die man dabei erwischte, sie zu stehlen.

Das stimmte durchaus. Es gab keinen privaten Baumbesitz. Es fehlten die nötigen Gesetze und Strukturen, die die Gesetze, die es gab, auch durchsetzten, um Diebe abzuschrecken. Wenig Anreiz für Bauern, sich überhaupt mit der Aufzucht von Bäumen zu plagen. Außerdem galt es als allgemein bekannt, dass Bäume ihrem Besitzer zu seinen Lebzeiten nichts einbringen würden, weil sie zu langsam wachsen, und dass der Schatten, den Bäume werfen, Ernteerträge verringern würden. Das Problem mit dem Allgemeinbekannten ist, dass, selbst wenn es falsch oder zumindest nicht in jeder Hinsicht zutreffend ist, normalerweise dennoch stark genug daran festgehalten wird. Es gibt Menschen Sicherheit. Und solches Wissen erstickt neue Ideen, die aufkommen könnten, im Keim.

Konventionelle Ansätze der Aufforstung trafen auf unlösbare Probleme, noch dazu waren sie teuer und arbeitsintensiv. Ich tat alles, was ich konnte – ich las mich einmal quer durch die Fachliteratur, ich konsultierte Leute mit Erfahrung auf dem Gebiet und besuchte ihre Projekte, ich experimentierte mit verschiedenen Techniken. Wir pflanzten exotische Arten, was damals gängige Praxis war, weil einheimische Arten als ökonomisch minderwertiger galten und langsamer wuchsen. Später probierten wir auch einheimische Arten aus. Aber die Bäume starben trotzdem.

Jedes Jahr feierte Niger den *Trois Août* – den dritten August – als nationalen Tag des Baumpflanzens. An diesem Tag wurden überall Bäume gepflanzt als Teil des Festes. Das erschien mir völlig unlogisch. In einem guten Jahr gab es im Land nur eine viermonatige Regenzeit. Sie endete im August. Warum sollte man bis zum letzten Monat vor Ende der Regenfälle mit dem Pflanzen von Bäumen warten und die Setzlinge dann einer achtmonatigen Trockenzeit aussetzen? Also begannen wir mit dem Pflanzen beim ersten richtigen Regen – und mit allen, die sich zu der Arbeit bereit erklärten, sogar noch vorher, damit die Bäume einen Überlebensvorsprung bekamen.

Unsere zentrale Baumschule in Maradi musste die Bäume auf rauen Straßen über große Entfernungen hinweg zu den Dörfern transportieren. Das war teuer, und manche Bäume nahmen dabei Schaden. Deshalb regten wir die Dorfbewohner zu Gemeinschaftsbaumschulen an. Die Idee einer Gemeinschaftsbaumschule klang wunderbar, aber wenige Leute innerhalb einer Dorfgemeinschaft glaubten daran. So lastete die ganze Arbeit auf den Schultern von einem oder zwei begeisterten Einzelpersonen. Nach Erledigung der schweren Arbeit aber wollte jeder in der Gemeinschaft seinen Anteil an Bäumen – umsonst. Deshalb versuchte ich, mehr Baumschulen zu entwickeln, die dann einem Einzelnen gehörten. Diese wurden oft viel besser geführt; aber wenige Leute wollten die Arbeit machen oder für die Bäume bezahlen.

Zum Höhepunkt der Trockensaison sind Baumschulen wie eine grüne Oase, umgeben von braunem, vertrocknetem Land. In dieser kargen Landschaft ziehen sie deswegen einen ganzen Zoo von schädlichen Kreaturen an. Darunter Eidechsen, die die Spitzen der jungen Knospen abbeißen, sobald sie zum Vorschein kommen; Vögel, die die aufstrebenden Setzlinge auf der Suche nach Insekten aus der Erde graben; Kröten, die keimende Setzlinge töten, indem sie sich auf die kühle, feuchte Oberfläche der Pflanzbeutel kauern; Grashüpfer und Raupen, die die Setzlinge von ihren Blättern entblößen; und manchmal Termiten, die sich sogar durch die schwarzen Plastikpflanztöpfe fressen, sodass die Erde von den Wurzeln fällt, sobald man den Setzling zum Verpflanzen hochhebt.

Die Baumschulen befanden sich immer in der Nähe des Dorfbrunnens, denn bei den hohen Temperaturen in der Trockenzeit mussten Setzlinge ein- bis zweimal pro Tag bewässert werden. Doch der Brunnen ist auch immer der Ort, an dem sich das gesamte Dorfvieh versammelt und auf den Zugang zur Tränke wartet. Gibt es einen geschickteren Pflanzenfresser als eine Ziege, die mit freier Wartezeit und leerem Magen in der Lage ist, selbst den kompliziertesten verflochtenen Stacheldraht zu durchbrechen? Ich glaube fast nicht.

Aufforstung soll nachhaltig und von den beteiligten Gemeinschaften nachahmbar sein. Das ist schön und gut. Aber manche Dinge, wie Umzäunungen aus Dornen und Gestrüpp, sind einfach unpraktisch. Andererseits hat auch die Anschaffung von Drahtzäunen zum Schutz vor den Ziegen ihre Nachteile. Draht, ein seltenes und teures Gut, wird nachts leicht mal von jemandem gestohlen, der meint, eine bessere Verwendung dafür zu haben. Zum Beispiel für seine eigenen Abzäunungsbedürfnisse oder um Spielzeugjeeps aus Drahtgestell zu basteln, die die Touristen so gerne kaufen.

Die Brunnen sind 40 bis 100 m tief. Täglich Wasser für eine ansehnliche Baumschule zu schöpfen, ist eine äußerst anstrengende, zeitaufwendige Arbeit. Und nur wer sich der Sache ganz und gar verschreibt, wird auch langfristig dranbleiben. Ich beschwatzte ein paar Dorfbewohner, krempelte die Ärmel hoch, und gemeinsam machten wir uns an die Arbeit. Hin und wieder griff ich auch auf das alte, aber immer wieder effiziente Mittel der Belohnung zurück, wenn ich versuchte, die Leute dazu zu bringen, lange genug zu pflanzen, damit sie den Nutzen selbst sahen und die Arbeit ohne mich fortführten. Meine Helfer bekamen Getreide oder Werkzeuge für ihre Unterstützung.

Doch Belohnungen sind ein schwacher Ersatz dafür, Menschen auf dem Weg des Lernens, Entdeckens und der Annahme neuer Ideen zu begleiten, die auf Wissen und Verständnis beruhen. Ich kann mich nicht erinnern, jemals jemandem Geld als Anreiz angeboten zu haben. Auf Anraten eines meiner Assistenten ließ ich mich einmal dazu hinreißen, einem Häuptling Geld für neue Ochsen zu leihen. Natürlich hat er es weder zurückgezahlt, noch hat sich seine Leistung beim Bäumepflanzen verbessert. Das war mir eine Lehre.

> DIE ERFOLGSGESCHICHTE AUS NIGER IST DAS ERGEBNIS EINER HOHEN MISSERFOLGSQUOTE.

Trotz all meiner Bemühungen funktionierte nichts auf eine kosteneffektive, nachhaltige Weise. In Wirklichkeit war ich für viele nur der verrückte weiße Farmer, und meine Ideen erschienen ihnen einfach albern. Der Gründer von IBM, Charles Ranlett Flint, wurde einmal gefragt, wie man den Erfolg eines Unternehmens steigern kann. Seine Antwort war: »Die Misserfolgsquote verdoppeln!«

Die Erfolgsgeschichte aus Niger ist das Ergebnis einer hohen Misserfolgsquote bei dem Versuch, die Abholzung rückgängig zu machen.

Die Probleme in der Baumschule waren erst der Anfang. Die Überlebenschancen für die Bäume waren am größten, wenn die Setzlinge gleich nach einem heftigen Regen gepflanzt wurden – genau zu der Zeit ist aber jeder Bauer, der etwas taugt, auf dem Feld mit der Aussaat beschäftig. Dadurch wurde es schwierig, genügend Arbeitskräfte für diese Aufgabe zu finden, vor allem in Jahren, in denen Nahrungsmittelknappheit herrschte. Ideal war es, wenn neu gepflanzte Setzlinge eingewässert werden konnten, aber das war Luxus. Falls die Setzlinge das Pflanzen überlebten, konnten sie noch immer starken Winden und Sandstürmen ausgesetzt sein, die sie womöglich all ihrer Blätter beraubten, sie wie ein Sandstrahler bearbeiteten oder sogar gleich vollständig begruben. Schädlinge, Konkurrenz durch Unkraut, Dürre und umherstreifendes hungriges Vieh forderten ihren Tribut und machten unsere Anstrengungen zunichte.

Die körperlichen Einschränkungen waren schwerwiegend genug, aber das vielleicht größte Hindernis blieben der Spott und die Ablehnung durch andere Bauern. Diese Opposition versetzte dem Enthusiasmus, sich weiterhin den Elementen entgegenzusetzen, einen großen Dämpfer. Manche Gemeinschaftsmitglieder sahen in Bäumen eine Bedrohung ihrer Existenzgrundlage. Sie glaubten, dass das bepflanzte Gebiet für Beweidung gesperrt und dadurch ihr bereits beschränkter Zugang zu Nahrung für ihr Vieh weiter eingeschränkt würde. Andere waren gegen die Baumpflanzungen, weil sie gegen die Tradition verstießen. Viele Bäume wurden einfach aus der Erde gezogen, wenn niemand hinsah. Tatsächlich starben 80 bis 90 Prozent der gepflanzten Setzlinge im ersten Jahr. Die geringe gemeinschaftliche Eigenverantwortung und die Tatsache, dass wir das Gute an der Idee nicht multipliziert bekamen, ob auf individueller oder dörflicher Ebene, führten dazu, dass aus unseren intensiven Bemühungen keine spontane, lokale Begrünungsbewegung hervorging.

Auf nachhaltige, finanziell rentable und befriedigende Weise funktionierte es nicht. Alle Bemühungen meines Teams und mir schienen einfach nur eine große Zeit- und Geldverschwendung zu sein. Glücklicherweise hatte ich die volle Unterstützung und das Verständnis von Liz. Sie glaubte auch dann noch an mich, wenn ich das nicht mehr tat.

In manchen afrikanischen Ländern überstieg die Abholzungsquote die der neu gepflanzten Bäume um 3000 Prozent. In Niger hinterließen wenige Projekte einen bleibenden Eindruck, trotz Millionen US-Dollar, die in Baumschulen und das Pflanzen, die Unkrautbeseitigung, das Umzäunen und die Bewachung von Setzlingen flossen. Schätzungen zufolge wurden in den 1970er-Jahren in einem Zeitraum von 12 Jahren ungefähr 60 Millionen Bäume gepflanzt. Weniger als 20 Prozent überlebten. Das sagte mir Chris Reij 2008 in einem persönlichen Gespräch.[16] Er ist einer der leitenden Wissenschaftler im *World Resources Institute* in Washington. Nachdem ich viel vom Land gesehen habe, scheinen mir sogar 20 Prozent zu hoch angesetzt.

Eine separate Studie, die in drei westafrikanischen Ländern durchgeführt wurde, kam zu dem Ergebnis, dass der Erfolg von Baumpflanzungen häufig in Größe und Umfang begrenzt ist. In einer Veröffentlichung von *Earthscan* wurde zum Beispiel berichtet, dass in der Sahelzone, wo zwischen 1975 und 1982 160 Millionen US-Dollar für verschiedene kommunale Forstwirtschaftsprogramme aufgewendet wurden, die Fortschritte mit dörflichen Waldparzellen enttäuschend waren. Bis 1982 hatte man nur ungefähr 20 000 Hektar Plantagen gewonnen, denen es nicht sehr gut ging, und das bei Kosten von circa 8000 US-Dollar pro Hektar.[17] Bei 305 Millionen Hektar würde die Wiederaufforstung der Sahelzone somit 2400 Milliarden US-Dollar kosten! Ohne Frage wird das bei solchen Summen und mit diesen Methoden nicht geschehen.

Meine Bemühungen schienen so nutzlos wie der Versuch, den Sand der Sahara mit einem Handbesen und einer Schaufel zurückzubefördern. Ich drückte die Situation, in der sich Liz, Ben und ich befanden, mit dieser Karikatur aus.

Schlimmer noch – die Leute, denen wir versuchten zu helfen, schienen sich nicht viel daraus zu machen. Schließlich dachten sie sich: »Jemand, der noch richtig im Kopf ist, würde keine Bäume auf wertvollem Ackerland pflanzen – und kann Tony nicht verstehen, dass wir eigentlich Nahrung wollen, und Pflanzen, die Geld einbringen?« Meine Bemühungen schienen so nutzlos, als hätte ich versucht, den Sand der Sahara mit Schaufel und Besen zurückzubefördern. Ich wusste: Die herkömmlichen Aufforstungsmethoden, die ich anwandte, würden niemals die Wirkung zeigen, die nötig war, um das enorme Problem der Versteppung zu lösen. Ich weiß nicht mehr, wie oft ich über fast baumlose Ebenen fuhr und dachte, es gäbe keine Hoffnung.

Trotz der hohen Kosten und Misserfolgsquoten bei jedem einzelnen Projekt, auch bei unserem eigenen, gingen das Aufziehen und Pflanzen von Setzlingen Jahr um Jahr weiter. Wir hielten es für das Beste, was wir tun konnten. Laut Albert Einstein bedeutet Wahnsinn, immer wieder das Gleiche zu tun und andere Ergebnisse zu erwarten. Waren wir also alle wahnsinnig? Oder waren wir einfach so damit beschäftigt, das Problem zu lösen, dass wir nicht innehielten, um uns Gedanken über das Offensichtliche zu machen und daraus die Konsequenzen zu ziehen?

Ich machte mir darüber immer wieder Gedanken, nur fiel mir keine Alternative ein. So ineffektiv und unwirtschaftlich sie auch sein mochte, schien eine Baumpflanzung mit den hergebrachten Methoden zu jener Zeit als der einzige Weg, der Wüstenbildung etwas entgegensetzen zu können. Heute versuchen sich Länder von Indien bis Nigeria beim Rekord für die meisten an einem Tag gepflanzten Bäume zu überbieten. Wäre es doch ihr Ziel, den Rekord für die meisten Bäume zu brechen, die das erste Jahr überleben! Und wie gut wäre es erst, sie würden aus unserer Erfahrung in Niger etwas lernen.

Doch nicht nur in Afrika und Indien hielten und halten die Bauern an der hergebrachten Baumpflanzung fest. Im amerikanischen Mittleren Westen ist es nicht anders, wie Ken Burns Dokumentarfilm *The Dust Bowl* beweist. Die interviewten Bauern erzählen im Film über ihre eigenen Erfahrungen und die ihrer Nachbarfarmer:

»Man dachte immer, dass es morgen besser würde, also machte man weiter das, was man immer tat. Wieder und wieder pflanzen und hoffen, dass es vorbeiginge und man eine Ernte haben würde. Sie konnten nicht anders als hoffen, dass sich die Dinge zum Besseren ändern würden.«
Clarence Beck

»Man lernt langsam. Und was nicht funktionierte, versuchte man das nächste Mal einfach stärker. Man versuchte nichts anderes, sondern einfach mehr von dem, was nicht funktionierte.«
Wayne Lewis[18]

Für mich beschreibt diese Erfahrung aus *The Dust Bowl* perfekt, was sich bis heute in vielen gut gemeinten Aufforstungsprogrammen weltweit wiederholt.

Wie man aus Feinden Freunde macht

Der russisch-amerikanische Biochemiker und Science-Fiction-Autor Isaac Asimov schrieb: »Ihre Annahmen und Vermutungen sind die Fenster für Ihre Sicht auf die Welt. Putzen Sie sie ab und zu, oder das Licht kommt nicht mehr herein.« Heute bin ich davon überzeugt, dass es unmöglich ist, zu einem kosteneffizienten oder guten Ergebnis zu gelangen, wenn die eigenen Annahmen falsch sind. Dann ist man blind für die Lösung, auch wenn sie buchstäblich vor den eigenen Füßen liegt. Vielleicht tut man sogar Dinge, die kontraproduktiv sind.

Wie meine Vorgänger vermutete ich also lange Zeit, dass weil die Bäume vollständig entfernt worden waren, die einzige Möglichkeit war, die Baumbestände wiederherzustellen, indem wir neue Bäume pflanzten. Also war es notwendig, Setzlinge aufzuziehen und einzupflanzen. Durch das, was ich gehört hatte, und auch nach meiner eigenen kurzen Beobachtung, war ich wie die Einheimischen in dem Glauben gefangen, dass inländische Baumarten langsamer wuchsen und von schlechterer Qualität waren als exotische Arten. Wie der Niembaum oder der Eukalyptus zum Beispiel, die nicht von großem und geradem Wuchs waren. Deshalb wurden in Niger, wie in vielen anderen Ländern, zunächst nur exotische Arten gepflanzt.

Viele glaubten, dass die unwissenden Bauern das Hauptproblem waren. Denn sie waren ja diejenigen, die die Bäume überhaupt erst gefällt hatten. Wie sich herausstellte, waren unsere Annahmen völlig falsch.

Tatsächlich existiert, wie ich später in diesem Kapitel näher erklären werde, unter den kargen Ebenen ein riesiger unterirdischer Wald, der nur darauf wartet, befreit zu werden. Die einheimischen Bäume sind keineswegs nutzlos und im Gegensatz zu vielen Exoten sind sie an die lokalen Bedingungen angepasst. Obwohl es stimmte, dass die meisten einheimischen Bäume in Niger kein hochwertiges und geschmeidiges Bauholz produzieren, sind sie als Brennstoff, Viehfutter, Medizin, für traditionelle Bauten, Farbstoffe, Seile, Dünger, als Schattenspender und Windbremse, für die Bildung von Bodenfruchtbarkeit und für vieles mehr außerordentlich nützlich.

ALTHERGEBRACHTE ANNAHMEN ÜBER DIE REALITÄT KÖNNEN UNS WIE IN EINEM GEFÄNGNIS FESTHALTEN.

Geschichtlich gesehen, waren die Wälder für die Ureinwohner eigentlich Supermärkte und Baumärkte, Apotheken, landwirtschaftliche Versorgungsdepots, Wasserregulierungs- und Reinigungsanlagen und auch der spirituelle und kulturelle Mittelpunkt.

Abgesehen davon, können einheimische Bäume, die wieder aus Baumstümpfen nachwachsen, sogar in trockener Umgebung erstaunlich schnell in die Höhe schießen. Schließlich war der Mensch zwar tatsächlich der Hauptgrund für die Waldzerstörung, den größeren Schaden richteten aber gut gemeinte, jedoch fehlgeleitete Gesetze an. Sie hatten zur Folge, dass gerade den Menschen das Eigentum für die Bäume entzogen wurde, deren Lebensgrundlage von ihnen abhing – jenen Menschen, die am besten dafür positioniert und am motiviertesten waren, Bäume nachhaltig zu pflegen. Stattdessen wurde diese Aufgabe in die Hände von Beamten gelegt, die weit weg leben, ihr Gehalt bezogen und existenziell unabhängig davon waren, ob Bäume in der Landschaft gediehen oder nicht.

Die Menschen, deren Existenzgrundlage von den Bäumen abhängig war, schlussfolgerte ich, könnten unsere größten Verbündeten sein. Die Gesetze waren fehlgeleitet – sie waren dazu gedacht, Bäume zu schützen, bewirkten aber genau das Gegenteil. Sie beschleunigten ihre Vernichtung! Bäume, auch solche, die auf privatem Ackerland wuchsen, waren gesetzlich geschützt und gehörten in Niger der Regierung. Einzelpersonen mussten für eine Genehmigung zum Fällen von Bäumen oder Abhauen von Ästen auf ihrem Land bezahlen. Weil Förster nicht überall zugleich sein konnten, fällten die Leute Bäume, wo und wann immer sie konnten. Die Mühe, das Geld aufzutreiben und in die Stadt zu kommen, um eine Genehmigung zu erhalten, verhinderte es, dem Gesetz zu folgen. Es bestand auch die sehr reale Möglichkeit, dass jemand anders die Bäume auf ihrem Land stahl und die Landbesitzer für die Zerstörung der Bäume mit einer Geldstrafe belegt wurden! So waren die Landbesitzer der Meinung, es sei besser für sie, die Bäume von ihrem Land entfernen zu lassen und sie zu Geld zu machen, bevor es jemand anderes tat. Im Laufe der Zeit war fast das gesamte südliche Drittel Nigers kahl geschlagen.

Um sich einem Problem so zu stellen, dass es auch etwas bringt, muss man an Überzeugungen und innere Haltungen ran. Wenn es gelingt, falsche Vorstellungen und negative Einstellungen der Menschen der Natur gegenüber umzuprägen, kann zerstörerisches Verhalten durch konstruktives abgelöst werden. Das habe ich über die Jahre gelernt, und es bestätigte sich auch, als ich 2013 Mr Marimo Mbijima im Rahmen einer Vortragsreihe auf seiner Farm in Kongwa, Tansania, besuchte. Der etwa 65-jährige Mann nahm mich mit zum Rand seines Felds und zeigte mir einen ausgebrannten Baumstumpf. An der Seite keimte ein neuer Stängel auf: »Früher war dieser Baum mein Feind. Jedes Jahr habe ich ihn niedergebrannt, um ihn loszuwerden. Seitdem ich weiß, wie wertvoll Bäume sind, ist er mein Freund, und ich schäme mich so dafür, dass ich je versucht habe, ihn zu vernichten.«

Bis heute lerne ich jedes Mal etwas Neues, wenn ich auf das Feld gehe, erhalte einen neuen Einblick oder habe eine neue Erkenntnis darüber, wie ich etwas ausdrücken kann. Es ist ein ständiger Lernprozess. Als Marimo die Worte über die Bäume sagte, da wurde mir bewusst, dass ein großer Teil meiner Arbeit darin bestehen würde, Feinde zu Freunden zu machen – die Bekehrung von Baumfeinden zu Baumfreunden. Das ist es, was ich tue, seit ich in Niger war. Marimo gab mir Worte für etwas, was ich vorher nie ganz verstanden hatte oder in die richtigen Worte fassen konnte.

Währenddessen ging der Alltag unserer Freunde zu Hause weiter. Damals konnte man noch keine E-Mails verschicken. Liz und ich waren also in ständigem Briefkontakt mit ihnen und mit anderen Unterstützern und erfuhren so von ihrem Leben. Etwa von verpassten Familienhochzeiten oder wie unsere Neffen und Nichten aufwuchsen. Einige der Freunde hatten inzwischen gut bezahlte Jobs, schöne Häuser und Autos und genossen die Freiheit und Annehmlichkeiten eines Lebens in Australien. Obwohl mich materielle Dinge nie interessiert haben, haderte ich doch manchmal damit.

Nach zweieinhalb Jahren zunehmender Frustration und dem Gefühl, nichts erreicht zu haben, kämpfte ich vor allem mit dem Gefühl, ein Versager zu sein. Ich war kurz davor aufzugeben und nach Hause zu fliegen. Doch obwohl ich mich wie ein Verlierer fühlte, wusste ich tief in meinem Inneren, dass das Unsinn war – und ich spürte nach wie vor, dass ich dazu bestimmt war, hier in Niger zu sein und es weiter zu versuchen.

Mein Glaube hat bei meinen Entscheidungen immer eine große Rolle gespielt. An diesem Tiefpunkt bat ich wieder Gott um Hilfe. Ich bat Gott darum, uns für die Zerstörung seiner schönen Schöpfung, die sein Geschenk an uns war, zu vergeben. Ich schloss mich selbst in dieses Gebet ein, denn obwohl ich zu jener Zeit glaubte, an der Abholzung in der Sahelzone unbeteiligt zu sein, hatte mein westlicher Lebensstil mit seinem unstillbaren Überkonsum und der Verschwendung natürlicher Ressourcen, der Umweltverschmutzung und Zerstörung von Lebensräumen zu einem weltweiten Problem beigetragen. Wegen dieser Zerstörung litten Menschen; sie hungerten, waren verarmt und hatten Angst vor der Zukunft. Ich bat Gott darum, mir die Augen zu öffnen und zu zeigen, was ich tun sollte.

Zu diesem Zeitpunkt war ich fast wöchentlich auf den Buschpisten zu den Dörfern gefahren. Ich war mit weit geöffneten Augen unterwegs und doch völlig blind gewesen – ich sah zwar, verstand aber nicht, was die ganze Zeit vor mir lag.

An diesem schicksalhaften Tag im Frühling 1983 zog mein Fahrzeug mal wieder einen Anhänger, der mit Baumsetzlingen beladen war. Ich hielt an, um den Luftdruck in den Reifen zu verringern, damit ich leichter über den losen Sand fahren konnte. Während des Stopps blickte ich über die karge Landschaft. Norden, Süden, Osten, Westen: so weit ich sehen konnte, nur leere, kahle Ebenen und fast keine Bäume. Mir wurde bewusst, dass es keinen Unterschied machen würde, ob ich ein Budget von mehreren Millionen Dollar hätte, Hunderte Mitarbeiter und mir viele Jahre für die Arbeit blieben – ich würde niemals wesentlich oder lang anhaltend etwas bewirken. Die Hoffnungslosigkeit des Ganzen fühlte sich erdrückend schwer an.

Gerade als ich wieder einsteigen wollte, erregte ein Busch am Straßenrand meine Aufmerksamkeit. Früher hatte ich mich immer beeilt, schnell mit dem Baumpflanzen weiterzumachen, aber an diesem Tag ging ich hinüber und sah genauer hin. Ich hatte diese Büsche, die sich über die Landschaft verteilten, immer nur für Wüstensträucher oder Unkraut gehalten und mich nie weiter mit ihnen beschäftigt. Als ich jetzt näher hinsah, erkannte ich die Form der Blätter. Jede Pflanzenart ist anders, die Blattform ist wie ein einzigartiger Fingerabdruck. Ich wusste sofort, dass das kein Busch war, sondern ein Baum, ein gefällter Baum, der wieder aus dem Stumpf austrieb!

AN DIESEM TAG GING ICH HINÜBER ZU DEM BUSCH AM WEGRAND UND SAH GENAUER HIN.

Mir fiel es wie Schuppen von den Augen: Diese Büsche waren lebende Zeitkapseln, bereit dazu, das Land wieder zu besiedeln, sollten sie die Möglichkeit dazu bekommen.

Instinktiv wusste ich, dass das die Antwort auf meine Gebete war, die Lösung, die ich gesucht hatte – und sie hatte die ganze Zeit buchstäblich vor meinen Füßen gelegen! Als ich die Büsche als das sah, was sie wirklich waren, nämlich unterdrückte Bäume, wusste ich, dass diese Millionen über die Landschaft verstreuten Büsche einen riesigen unterirdischen Wald bildeten. Mir wurde klar, was das bedeutete. Diese Entdeckung würde alles ändern.

Ich kann mich an die Reaktionen von Liz oder meinem Team nicht mehr erinnern. Liz hat sich bestimmt sehr gefreut, sie war und ist immer sehr ermutigend. Möglicherweise hat sie die Bedeutung der Sache nicht so schnell begriffen wie ich, weil sie nicht so direkt in den Wiederaufforstungskampf involviert war. Was meine Mitarbeiter betraf, so kann man sagen, dass Angestellte in Afrika dazu neigen, das zu tun, was ihre Chefs ihnen sagen, obwohl ich sie immer ermutigte, zu experimentieren, Fragen zu stellen und selbst nachzudenken. Ich bestand selten auf etwas. Wahrscheinlich hielten meine Mitarbeiter meine Erkenntnis, dass die Büsche eigentlich Bäume waren, für eine seltsame Idee. Wenn dem so war, so widersprachen sie mir aber auch nicht. Mit neuem Mut sagte ich also zu meinem Team, dass wir in jedem Dorf Bauern finden müssten, die bereit wären, solche Baumstümpfe auf ihrem eigenen Land zu hegen. Wir müssten anfangen zu experimentieren, um zu sehen, ob daraus wieder große Bäume werden würden. Und das taten wir.

Ursprünglich hatten wir keinen Namen für diesen neuen Ansatz zur Wiederaufforstung, bei dem man Büsche beschneidet, ausdünnt und das, was nachwächst, schützt. Unser Nachtwächter schlug den Begriff *Sassabin Zamani* vor. *Sassabe* ist in der Hausa-Sprache die Bezeichnung für die traditionelle Landrodung – eine Rodung, bei der alle Sträucher, Unkräuter und Erntereste entfernt werden. *Zamani* ist das Wort für diese Generation. Die moderne Landrodung, bei der die Bäume auf dem Ackerland zurückgelassen wurden, war geboren, und der Begriff *Sassabin Zamani* ist unter Menschen, die Hausa sprechen, bis heute noch weit verbreitet.

1990 kam Barry Rands zu Besuch, ein guter Freund von USAID. Barry hatte damals ein ziemlich neues Gerät dabei, einen Camcorder, und er filmte die Felder und die Bauern, während er sie interviewte.[19] Barry war es auch, der den Begriff *Farmer Managed Natural Regeneration* (FMNR) prägte: die Methode, bei der Landwirte natürliche Regeneration selbst verwalteten. Der Name umfasst sowohl die Technik als auch den für ihre Anwendung verantwortlichen Akteur. Inspiration hatte er dabei von den früheren Entwicklungen eines gemeinsamen Freundes, George F. Taylor II, der in Nepal etwas Ähnliches mit der Bewässerung etabliert hatte: die *Farmer Managed Irrigation Systems* (FMIS).[20]

Obwohl FMNR leicht erlern- und anwendbar ist, wäre es noch eine Untertreibung, diese Entdeckung als revolutionär zu beschreiben. Bis in die 1980er-Jahre hatten diverse Geldgeber, die Dutzende Millionen für die Zurückdrängung des Saharasands ausgegeben hatten, ihre Spenden für Baumpflanzprogramme gestoppt – trotz allgemeiner Beliebtheit, guter Presse und politischen Taktierens. Mit der Entdeckung des unterirdischen Waldes waren die Frontlinien sofort neu gezogen. Denn wie sich herausstellte, war mein Gegner nicht die Sahara. Es war auch nicht so sehr eine Frage meines Budgets oder der Technologie, die man zur Lösung des Problems anwandte. Es war in erster Linie ein Kampf gegen falsche Vorstellungen, negative Einstellungen und destruktive Praktiken gegenüber Bäumen und der Natur.

Wenn es zerstörerisches menschliches Handeln war, das die Natur in die Knie gezwungen hatte, brauchte es regeneratives menschliches Handeln, um den Schaden wieder zu beheben. Und es war klar, dass den Menschen bei der Lösung eine tragende Rolle zukommen muss. Für die Rekultivierung von Landschaften brauchen wir zunächst aber einer Rekultivierung der eigenen Vorstellung.

Beschämend einfach

Bill Mollison, der »Vater der Permakultur«[21], sagte einmal, dass die Lösungen für die immer komplexer werdenden Probleme der Welt beschämend einfach sind. Und FMNR ist beschämend einfach. Mit FMNR wird das vorher Unmögliche, die Bekämpfung der Versteppung zu niedrigen Kosten, schnell und in großem Umfang möglich. Doch es war ein langer, komplizierter Weg, bis die Vorurteile abgebaut waren und die Methode in großem Maßstab übernommen wurde. Ich werde ihn auf den folgenden Seiten und im nächsten Kapitel beschreiben.

Bis zu meiner Entdeckung wuchsen neu austreibende Stämme jedes Jahr ungefähr 1 Meter hoch, um dann – in Vorbereitung auf die Aussaat der Feldfrüchte – von den Bauern wieder abgeschlagen zu werden. Entweder die Stämme und Äste wurden verbrannt, um Asche zur Düngung des Bodens zu gewinnen, oder sie verwendeten sie zu Hause als Brennholz. Solange diese Brandrodung sich regelmäßig wiederholte, konnten die Büsche jedoch niemals zu ausgewachsenen Bäumen heranwachsen, und der Wald musste in seinem unterirdischen Versteck ausharren.

1. Auswahl der Arten und Stümpfe oder Bäume

2. Beschneiden und Pflege

3. Erhaltung und Verwertung

Schritt 1:
Durchforsten des Landes nach austreibenden Baumstümpfen oder Setzlingen und Bestimmung der Baumarten, die vorhanden sind.

Schritt 2:
Bestimmung der Arten und Stümpfe, die regeneriert werden sollen.

Schritt 3:
Auswahl von drei bis fünf Trieben pro Stumpf, die erhalten werden sollen, und Wegschneiden der übrigen Triebe.

Schritt 4:
Abschneiden der Seitenäste der verbleibenden Triebe bis zur Hälfte des Triebs.

Schritt 5:
Schutz der Stämme, während sie wachsen.

Schritt 6:
Beschneiden der austreibenden Triebe alle zwei bis sechs Monate, je nach Bedarf.

Schritt 7:
Nutzung des Baums für die geplanten Zwecke; Ernte der Äste, Teile des Holzes oder des ganzen Baums, je nach Bedarf.

Die Grundlagen der FMNR-Methode

Wenn ein Baum gefällt wird, lebt bei den meisten Arten ein großer Teil der Wurzelmasse weiter. Der Baum ist aufgrund seiner weiterhin gesicherten Versorgung mit Bodenfeuchte und Nährstoffen und seinem großen Stärkespeicher in den Wurzeln immer noch fähig, zügig aus dem Stumpf nachzuwachsen. Die lebenden Stümpfe der gefällten Bäume bilden somit einen unterirdischen Wald. Unterirdisch deshalb, weil wir ihn nicht sehen und dazu neigen, das

Potenzial scheinbar unbedeutender Schösslinge, die aus Stümpfen sprießen, zu unterschätzen. Die Lösung besteht darin, die besseren Sprösslinge auszuwählen und stehen zu lassen, überflüssige Stiele zu keulen. Dadurch erreicht man ein schnelles Wachstum und eine schönere Baumform.

Leider besitze ich keine detaillierten Aufzeichnungen mehr von damals. Aber 1983 waren es zwölf Projektdörfer in der Region Maradi, mit denen wir mit der FMNR-Methode zu experimentieren anfingen. Ab 1984 förderten wir FMNR in bis zu 100 Dörfern. Die Dörfer variierten in ihrer Größe – von einem Dutzend Haushalten bis über 100. Mein Team und ich arbeiteten wie vorher auch schon mit den Menschen vor Ort zusammen und brachten ihnen bei, wie man diese Büsche auswählte, auslichtete und richtig handhabte. Anstelle eines Aufforstungssystems schafft man dadurch ein natürliches agroforstwirtschaftliches System, bei dem genutzt wird, was bereits im Boden ist. Dabei wird ein Prozess vorangetrieben, den die Bauern und Dorfgemeinschaften selbst tragen und lenken.

Jedes Jahr sprießen aus den lebenden Baumstümpfen mehrere Triebe. Bei der FMNR-Methode wählen die Bauern die Stümpfe aus, die sie behalten möchten, und entscheiden, wie viele Triebe es pro Baumstumpf geben soll. Dann werden die überschüssigen Triebe entfernt und die Seitenzweige bis auf die halbe Stängelhöhe beschnitten. Gewissenhafte Farmer nehmen solche Beschneidungen immer wieder in regelmäßigen Abständen vor, um Wurzelschösslinge und neue Äste zu entfernen. Es gibt kein festgelegtes System und keine allgemeingültigen Regeln. Die Bauern bekommen lediglich einen Leitfaden an die Hand. Sie entscheiden selbst, in welchem zeitlichen Abstand sie auslichten und Stiele abernten und welche Beschneidungsmethode sie anwenden möchten.

Um 1983 – Fotos aus der Anfangszeit der FMNR-Anwendung in der Region Maradi: Stolze Bauern präsentieren ihre Arbeit.

Bei einer Wiederbegrünung gibt es mehrere wichtige Aspekte: einen technischen, einen sozialen und einen politischen Aspekt. Und es braucht auch etwas glückliche Fügung. Der technische Aspekt umfasst die Methoden des Pflanzens von Bäumen, die Artenauswahl, die Beschaffung des Saatguts, die Aufzucht der Setzlinge in einer Baumschule, die Auswahl und Vorbereitung des Standorts, das Umzäunen der Baumgebiete, das Auspflanzen sowie den Schutz und den Erhalt der Bäume. Dazu gehört die FMNR-Methode, die die Auswahl, den Beschnitt und die Kontrolle des Wachstums aus Stümpfen, Wurzeln und Samen einschließt.

Aber es gibt auch einen sozialen Aspekt. Land, das wiederaufgeforstet werden muss, ist oft besiedelt oder wird zumindest von Menschen genutzt. Deswegen ist es sehr wichtig, alle Menschen bei der Wiederbegrünung mit einzubeziehen – nicht nur die sesshaften Bauern, sondern auch die nomadischen Hirten, die nur ein paar Monaten im Jahr durch das Land ziehen. Es müssen Männer, Frauen und Kinder berücksichtigt werden, Regierungsvertreter, darunter Beauftragte der Forstverwaltung und des Landwirtschaftsministeriums, Geschäftsleute und Mitarbeiter anderer NGOs, traditionelle Stammesoberhäupter und religiöse Führer. Es lohnt sich, große Anstrengungen zu investieren, dass sie den Sinn und Nutzen der Aufforstung verstehen und nicht nur ihre Einwilligung dazu geben. Sie müssen ebenso wollen, dass das Land wieder begrünt wird, und sie sollen erkennen, dass dadurch auch ihre eigenen Kapazitäten erweitert werden. Dass sie in der Lage sind, eigenständige Entscheidungen zu treffen, und von ihren Bemühungen profitieren. Diese Tätigkeit ist ein entscheidendes Element: Der Erfolg von FMNR besteht in der Zusammenarbeit mit den Gemeinschaften. Dadurch entsteht ein begünstigendes Umfeld, in dem die Menschen ihre Fähigkeiten in den Bereichen Organisation, Networking, Umgang mit Behörden und Schaffung von Verwaltungssystemen entwickeln können.

Das Modell der nigrischen Regierung bestand darin, einen *vulgarizateur* einzusetzen, das heißt, jemanden, der dafür zuständig ist, das Thema bekannt zu machen. Und anschließend einen *animateur*, einen Gastgeber oder Vermittler. Diese Erfahrungen fehlten mir anfangs natürlich – was die Zusammenarbeit erschwerte. Nur wenigen gelang ein überzeugender Auftritt, und im Allgemeinen waren die Ergebnisse nicht von langer Dauer. In diesen frühen Jahren folgte ich unbewusst dem Beispiel meines Vaters. Ich zeigte echte Anteilnahme, versuchte, Menschen in ihrer Not zu helfen, und arbeitete eng mit den Freunden zusammen, die ich dabei gewonnen hatte. Es waren diese Insider-Kontakte, die schließlich andere überzeugten. Erst Jahrzehnte später, als ich zu *World Vision* kam, sollte ich von meinen Kollegen mehr über formale Ansätze für partizipative Entwicklungspraktiken und die Einbeziehung von Interessengruppen lernen.

Die glückliche Fügung war bei mir mein Helfer Umaru. Er trug irgendwann den Spitznamen »Tonys Kabinettschef«, weil er intensiv versuchte, sich bei mir beliebt zu machen. Ich denke, das tat er hauptsächlich wegen des gesellschaftlichen Status, den ihm das in seinem kleinen Dorf 20 Kilometer nordwestlich von Maradi verlieh.

Zalli, die schöne und tatkräftige Frau von Umaru, hatte drei Kinder bei der Geburt verloren, bevor wir uns kennenlernten. Kinderlosigkeit ist in der Hausa-Kultur sowohl für die Ehefrau als auch für den Ehemann eine große Quelle der Scham. Umaru wurde von anderen als der Mann ohne Erbe verspottet, und Zalli wurde von ihren Altersgenossen nicht als erwachsene Frau angesehen. Als Zalli erneut schwanger wurde, kam Umaru zu Liz und mir und bat um Hilfe. Ich organisierte für Zalli eine Untersuchung im hoch angesehenen Galmi-Krankenhaus der SIM, etwa vier Autostunden von ihrem Dorf entfernt. Der Arzt versicherte dem Paar, dass alles in Ordnung sei, aber es entscheidend war, dass Zalli einen Monat vor dem Geburtstermin zurückkehrte, damit ihr medizinische Hilfe zur Verfügung stand. Wir waren zu dieser Zeit im Urlaub und hatten daher Vorkehrungen getroffen, damit sie wie vereinbart nach Galmi kommen konnten. Zu unserer großen Bestürzung und zu Umarus Verzweiflung erfuhren wir nach unserer Rückkehr, dass Zalli verblutet und das Kind tot geboren worden war – in ihrem Dorf. Wir können nur vermuten, dass Zalli Angst gehabt hatte, ins Krankenhaus zu gehen, und wegen ihres Geburtstermins gelogen hatte. Obwohl sich die Situation in den letzten Jahren verbessert hatte, starben 2017 509 Mütter pro 100 000 Lebendgeburten in Niger.

Nachdem seine Frau im Kindbett gestorben war, habe ich Galmi zu einem meiner Helfer ernannt. Er konnte große Reden schwingen, glaubte aber eigentlich nicht an all den Baumkram. Doch er wusste, dass ich von meinen Mitarbeitern und Helfern erwartete, dass sie mit gutem Beispiel vorangingen, und dass ich früher oder später die Bäume auf seiner eigenen Farm würde sehen wollen. Also zog Umaru Bäume auf einem kleinen Stück Land hoch – das er die »Falls-Tony-vorbeischaut«-Parzelle nannte – und rodete weiterhin den Rest seines Landes.

In einem Jahr gab es eine schreckliche Heuschreckenplage. Umaru war platt: Seine gesamte Hirse auf dem gerodeten Land war den Insekten zum Opfer gefallen und die Hirse auf dem baumbestandenen Land war verschont geblieben. Von Neugier angetrieben, setzte er sich in den Schatten eines der Bäume und versuchte zu verstehen, warum. Als er dort saß, beobachtete er Folgendes: Jedes Mal, wenn eine Heuschrecke sich auf einer Hirsepflanze niederließ, kam eine Eidechse hinter einem Baum hervorgeschossen, die die Heuschrecke verschlang und sich dann wieder zurückzog. Nach diesem Ereignis wurde Umaru einer der stärksten Verfechter von FMNR.

Wie schade, dass man glückliche Fügungen nicht arrangieren kann …

Und zu guter Letzt wäre da noch der politische Aspekt. In vielen afrikanischen Ländern hat man gut gemeinte Gesetze zum Schutz der Bäume erlassen und sie zum Eigentum der Regierung erklärt. Mancherorts ist das sicherlich richtig, aber gerade in Ländern, in denen die Einkommen niedrig sind, ist diese Politik größtenteils gescheitert. Der Grund dafür liegt darin, dass die Regierungen die dringenden Bedürfnisse von Millionen von Kleinbauern und ihren Familien außer Acht gelassen haben, die für ihren Lebensunterhalt auf eine Grundlage natürlicher Rohstoffquellen angewiesen sind, darunter auch Bäume. Durch diese Maßnahmen wurde den Menschen vor Ort die Verantwortung für nachhaltige Baumbewirtschaftung entzogen und die Möglichkeit auf legalem Weg Gewinn zu erwirtschaften. Stattdessen sind lokale oder nationale Behörden verantwortlich, die manchmal korrupt, oft aber einfach zu unterfinanziert sind, um effektiv die gesamte Landwirtschaft kontrollieren zu können.

Sobald eine ausreichend große Anzahl von Landwirten vom Wert der FMNR überzeugt war, hatten mein Team und ich Folgendes zu tun: Wir mussten den Austausch von Landwirten mit positiven FMNR-Erfahrungen mit FMNR-Neulingen befördern, um die Verbreitung und damit die Akzeptanz der Idee weiter auszudehnen.

Ein Beispiel dafür ist mein Freund Hashimou, der Dorfchef von Sarkin Hatsi. Im Gegensatz zu vielen traditionellen Anführern war er ein ruhiger Mensch, der sich aufrichtig um das Wohl seiner Leute kümmerte. Hashimou berief Dorfversammlungen ein, erzielte einen Konsens und organisierte tatkräftige Arbeiter, um die anstehenden Aufgaben zu bewältigen. Jahrelang war Sarkin Hatsi unser leistungsstärkstes Dorf.

Nachts zusammen mit Hashimou beim Lesen und Erklären der Bibeltexte, die er unbedingt verstehen wollte.

Als Hashimou 16 Jahre alt war, schenkte ihm sein Vater, der damalige Häuptling, zwei Bräute – in der gleichen Nacht! In polygamen Hausa-Ehen haben der Ehemann und jede Frau ihre eigene Hütte. Der Ehemann schläft mit derjenigen Frau, die in einer bestimmten Nacht das Essen kocht. Wenn ich Sarkin Hatsi besuchte, schlief ich in der frei gewordenen Hütte von Hashimou. Nach dem Essen blieben wir bis spät in die Nacht auf und unterhielten uns. Wir spielten sogar ein Spiel, bei dem es darum ging, wer am längsten wach bleiben konnte. Derjenige, der als Erster anfing zu gähnen, war der Schwächling. Ich war nicht sehr gut darin, aber ich denke, ich habe mich tapfer geschlagen.

Am nächsten Tag hörte ich auf einmal gedämpfte Stimmen, die aus dem Boden unter mir kamen! Verblüfft fragte ich: »Was ist das?« Mein neuer Freund Hashimou lachte und führte mich zur Öffnung einer kleinen Grube, die etwas mehr als einen Meter tief und gerade breit genug war, dass zwei Männer darin nebeneinandersitzen konnten. Die Decke bestand aus Stöcken, die leicht mit Erde bedeckt waren, auf die wiederum eine Schicht aus Dornenzweigen gelegt wurde, um Tiere und neugierige Besucher davon abzuhalten, hindurchzufallen. Die Männer webten Seile aus den Blättern der Doumpalme (*Hyphaene thebaica*).

Besucher sollten nicht zu viele Fragen stellen – das gilt als unhöflich. Aber als Außenstehender wusste ich nichts über die Kultur und die Praktiken, und wenn ich nicht fragte, würde ich die Menschen, denen ich dienen sollte, nie kennen oder verstehen.

Beim Sprachenlernen war ich wie ein Kind, und Kinder lernen durch Beobachten und indem sie viele Fragen stellen. Glücklicherweise waren die Menschen im Allgemeinen positiv angetan und beantworteten meine vielen Fragen gern.

Im Nachhinein weiß ich, dass es für meine Akzeptanz und den Aufbau von Vertrauen sehr wichtig war, nicht gleich alle Antworten zu kennen, sondern viele Fragen zu stellen. Es wäre nicht angebracht gewesen, als der große Experte aufzutreten. Wenn man jemandem eine Frage stellt, sagt das indirekt auch immer etwas über den eigenen Kenntnisstand oder Stand als Lehrer aus. »Warum flechten Sie Seile unter der Erde?«, fragte ich also die beiden Männer im Unterstand. »Nun, in der trockenen Atmosphäre sind die Blätter der Doum-Palme hart und spröde. Abgesehen davon, dass wir uns in die Hände schneiden, brechen die trockenen Blätter leicht und lassen sich nur schwer zu Seilen flechten. In diesem Einbaum halten wir die Blätter in einem Beutel feucht, während unser Atem die Luft feucht genug hält, damit die Blätter beim Weben nicht austrocknen«, lautete die Antwort.

Als ich ein Stück weiter ins Dorf hineinlief, stieß ich auf einen widerlichen Geruch, der aus dem Haus einer Familie kam. Es roch wie ein totes Tier, das drei Tage in der afrikanischen Sonne gelegen hatte. Die Hausfrau hatte eine schwarze Paste aus gemahlenen, fermentierten Rosellensamen (*Hibiscus sabdariffa*) hergestellt, die sie zu Pastetchen formte und zum Trocknen und Haltbarmachen auf das Hüttendach legte. In meinen kühnsten Träumen hätte ich nie die Antwort auf meine Frage »Was ist das?« erwartet. »Ich bereite Daudawa zu!« Daudawa ist eine geschätzte Lebensmittelzutat, die die normalerweise fleischlosen Mahlzeiten aus Hirsebrei mit Geschmack und Eiweiß bereichert. Es wird in Maßen verwendet, und nach dem Kochen schmeckt es tatsächlich und riecht gut! Nun, wenn die Australier Vegemite – ein schwarzes, klebriges, fermentiertes Nebenprodukt der Brauindustrie – essen und genießen können, warum können wir dann nicht auch Daudawa essen?

Bäume als ertragreiche Pflanzen erkennen

Die Regierung von Niger hatte nach der Unabhängigkeit 1960 automatisch das von den Kolonisten eingeführte französische Forstwirtschaftsgesetz übernommen. Damit waren alle natürlich vorkommenden Bäume Eigentum des Staats, angeblich, damit sie geschützt würden. Die eher künstliche Trennung der Disziplinen Forstwirtschaft und Landwirtschaft in Niger erwies sich als komplexe Hürde für unsere Arbeit. Im Grunde kann man keine eindeutige Grenze ziehen, wo reine Landwirtschaft und wo reine Forstwirtschaft beginnt oder endet: Sie sind zwei Komponenten eines zusammenhängenden Ganzen. Durch die politischen Konstrukte kam es lediglich zu konkurrierenden Bestrebungen und überflüssigen Bürokratien.

Auf der einen Seite, wenn man es traditionell beurteilte, forderte effektive Landwirtschaft eine Nulltoleranzstrategie gegenüber Bäumen auf Ackerflächen. Auf der anderen Seite standen die Forstbehörden, die in erster Linie zum Schutz der Baumbestände eingerichtet worden waren. Sie sahen es gar nicht gerne, dass in Wäldern Bäume gefällt und Feldfrüchte angebaut werden. Traditionell sind Förster in Niger gesetzlich für Bäume auf landwirtschaftlich genutzten Flächen zuständig, und gemäß nationaler Gesetzgebung war es ihre Aufgabe, sie zu schützen und ihr Verschwinden zu verhindern. Für Landwirte hingegen gehörten Bäume auf Agrarland im Allgemeinen nicht zu ihrem Geschäftsbereich, und so hatten sie auch keinen Grund, sich für ihren Schutz einzusetzen.

Nach intensiven Gesprächen mit dem Leiter der Forstbehörde des Bezirks Maradi erhielten wir die mündliche Genehmigung, einen anderen Ansatz auszuprobieren. Unsere Projektmitarbeiter gaben den Bauern erste Zusicherungen, dass sie, falls sie sich um die Bäume auf ihrem Land kümmerten, sie auch abholzen und Nutzen aus ihnen ziehen durften, ohne eine Geldstrafe befürchten zu müssen. Die Bauern, die zwar noch eine niedrige Genehmigungsgebühr zahlen mussten, begannen mehr und mehr, Brennholz auf den örtlichen Märkten zu verkaufen. Und als man Bäume auf Bauernhöfen nach und nach nicht mehr als Belastung oder Unkraut wahrnahm, sondern als eigenständige ertragreiche Pflanzen, nahm die Motivation der Bauern zur Baumpflege stetig zu.

Im Laufe der Zeit wurden mit der Unterstützung von Dorf- und Bezirksvorstehern immer wieder örtlich vereinbarte Vorschriften eingeführt, die für die Verbreitung von FMNR sehr förderlich waren. FMNR fasste in Niger Fuß, weil das Eigentumsempfinden sich veränderte. Und das, obwohl die Gesetze zu Baumbesitz und Nutzungsrechte offiziell erst über 20 Jahre nach der ersten Verbreitung der FMNR-Methode geändert wurden! In diesem Fall folgte das Gesetz der Realität, nicht andersherum.

FMNR kann großflächig angewandt werden. Es erlaubt genug Spielraum, dass es an viele verschiedene Landnutzungssysteme und die speziellen Anforderungen der einzelnen Bauern angepasst werden kann. Bauern, Viehhirten und auf den Wald angewiesene Gemeinschaften erlangen die Kontrolle über ihre eigenen Ressourcen zurück, indem sie die natürliche Regeneration selbst steuern. Das macht die FMNR-Methode unabhängig von extern finanzierten Projekten, von teuren Materialien wie Saatgut, Dünger und Baumschulenbedarf, die aus dem Ausland beschafft werden müssten.

FMNR ist so attraktiv, weil es so einfach ist und selbst für die Ärmsten zugänglich. Hat es jemand einmal erfolgreich übernommen, entwickelt sich ein Eigenleben und die Methode verbreitet sich durch Mundpropaganda von einem Bauern zum nächsten. Schließlich ist alles, was man zur Wiederbegrünung benötigt, doch schon im Boden! Dafür waren weder Baumschulen noch ein aufwendiger Transport noch das Graben oder Pflanzen nötig, und der Schutzaufwand war vergleichsweise gering. Das war der Beginn einer gewaltigen Landschaftsveränderung, die sich seitdem über das Land Niger und heute sogar über viele andere Länder der Welt erstreckt.

Immer mal wieder denke ich über meine Entdeckung nach.

Warum hatte ich nicht früher erkannt, was die Büsche wirklich waren? Warum hatten auch viel klügere, besser ausgebildete und höher bezahlte Menschen als ich das nicht erkannt? Denn die FMNR-Methode ist eigentlich nicht neu; es ist einfach eine Art, den Stockausschlag zu nutzen und Bäume zu kappen, die schon seit über 1000 Jahren in Europa Anwendung findet und für die es in verschiedenen Teilen der Welt Beispiele gibt. Sie war jedoch neu für viele damalige Bauern in Niger, die seit der Kolonialzeit Bäume auf ihrem Ackerland als Unkraut ansahen, das beseitigt gehörte.

Die neuen Seitenäste und Triebe müssen alle zwei bis sechs Monate beschnitten werden, damit der Baum gut wachsen kann.

In meiner Kindheit in Australien hatte ich sogar bewusst

miterlebt, wie Eukalyptusbäume nach einem Beschnitt wieder üppig austrieben. Ich weiß noch, wie mich das damals schon fasziniert hat. Trotzdem hatte ich es nicht geschafft, die Verbindung zwischen diesem Wissen und den scheinbar nutzlosen Büschen auf dem Ackerland in der Steppe herzustellen. Ich suchte die Lösung nicht im Boden, sondern in meinem Wissen, in gebräuchlichen Quellen. Ich steckte in einer Gedankenschiene fest, die mir suggerierte, es gäbe keine Bäume mehr auf den Feldern und die einzige Lösung bestünde in der Aufzucht von Setzlingen in einer Baumschule. Es heißt, man sieht das, was man glaubt. Aber man glaubt nicht das, was man sieht.[22] Meine Erfahrung mit dem unterirdischen Wald bestätigte mir das.

Obwohl ich nicht daran zweifelte, die Antwort gefunden zu haben, eroberte die Entdeckung des unterirdischen Waldes Niger nicht im Sturm. Bei Dorfversammlungen erzählte ich von meiner Entdeckung und was das für sie bedeuten könnte, und ich diskutierte das auch mit Dorfvorstehern. Aber 1983 konnte ich nur ein oder zwei Bauern in jedem der zwölf teilnehmenden Dörfer dazu motivieren, FMNR auf einem kleinen Stück ihres Landes zumindest auszuprobieren.

Nach nur ein paar Monaten war jedoch offensichtlich, dass diese Technik funktionierte. Sie zeigte mehr Erfolg als die herkömmlichen Methoden, bei denen trotz aller Bemühungen die meisten Setzlinge eingingen. Mit FMNR betrug die Überlebensquote der Setzlinge fast 100 Prozent! Jedenfalls bis sich Außenstehende einmischten. Manche Leute fällten und stahlen die jungen Bäume vom Boden der Erstanwender aus schierer Not, weil kein anderes Brennholz zum Kochen vorhanden war. Holz war ja nach wie vor rar und ein wertvolles Gut. Und nach traditioneller Vorstellung waren Bäume ein Geschenk Gottes, das jeder für sich nutzen konnte. Andere stahlen die Bäume aus Habsucht oder sogar, um alte Rechnungen zu begleichen. Wieder andere waren gegen die Methode, weil sie gegen die Tradition verstieß.

Ich bin überzeugt, die Freiwilligen hätten vor 1983 entmutigt aufgegeben und das Projekt wäre gescheitert, hätte es die vernichtende Dürre und schwere Hungersnot in diesem Jahr nicht gegeben.

1982/1983 – Beim Ausruhen nach einem harten, aber befriedigenden Arbeitstag im Dorf *Sarking Hatsi.* Nach dem Sonnenuntergang gab es ein »bucket bath«.

5

VERSCHWENDE NIE EINE GUTE KRISE

> »Das Huhn ging hungrig schlafen. Als es aufwachte, war es überrascht und verärgert – es hatte auf einem vollen Kornspeicher übernachtet.«
> *Sprichwort der Hausa*

Am 16. November 1984 schrieb ich an meine Eltern:

> »Die Dürre ist im Moment sehr ernst. Die Menschen in den Dörfern leben von Weizenkleie und Baumblättern – wenn sie sie bekommen können. Viele Tiere sind gestorben oder wurden früher getötet und gegessen. Es gibt kein Gras; in einigen Gebieten sind die Ernten komplett ausgefallen. Es hat nur ein- oder zweimal geregnet. In der Farmschule ging die Ernte aus, und statt 1000 kg pro Hektar ernteten die Schüler nur 300 kg. Jeden Tag kommen Menschen aus dem Norden auf der Suche nach Nahrung oder Arbeit in Maradi an. Andere ziehen zu Fuß weiter nach Nigeria, mit allem Hab und Gut, das sie noch haben. Sie wissen nicht, was sie erwartet. Viele Menschen

> haben alles, was sie besitzen, veräußert, um Lebensmittel zu kaufen – ihre landwirtschaftlichen Geräte, Kleidung, Kochtöpfe, Vieh. Später, in der Trockenzeit, werden die Probleme noch größer sein.«

Am 31. März 1985 schrieb ich an sie:

> »Wir versuchen immer noch, ein Ernährungszentrum für Frauen und Kinder einzurichten. Liz tut, bis es so weit ist, für 20 Frauen mit unterernährten Kindern, was sie kann. Jeden Tag kommen mehr Frauen an, aber wir haben nicht die Mittel, um noch mehr zu helfen. Wir haben angefangen, unsere Tore mit Vorhängeschlössern zu verschließen. Jeden Tag versammeln sich bis zu 150 Frauen und Kinder auf dem Hof außerhalb unseres Zauns. Es ist sehr stressig und entmutigend, dass wir ihnen noch nicht helfen können. Wir hassen es, diejenigen abzuweisen, denen wir nicht helfen können, besonders die Kinder, deren Knochen man sieht und die einen mit ihren schönen, braunen Augen ausdruckslos anstarren. Doch ich bin zuversichtlich, dass wir ihnen helfen werden, aber alles braucht seine Zeit.«

Ab 1968 veränderten sich die Niederschlagsmuster in der westafrikanischen Sahelzone plötzlich ungewöhnlich stark. In unserem Einsatzgebiet fiel zwischen 1968 und 1997 die durchschnittliche Regenmenge im August um ungefähr 37 Prozent niedriger aus als im Zeitraum von 1931 bis 1960. Etwas weiter im Norden gab es sogar 55 Prozent weniger Regen. So ein drastischer Rückgang der Durchschnittswerte innerhalb einiger Jahrzehnte war in der Welt wohl einmalig.[23] Die Menge der Regenfälle schwankte auch von Jahr zu Jahr und sogar innerhalb der Jahreszeiten.

1985 – Frauen tragen ihren spärlichen Besitz auf dem Weg nach Maradi. Ihre Ehemänner sind längst weg, auf der Suche nach Nahrung und Arbeit.

Leere Getreidesilos nach der Missernte 1985. Landwirte verkauften in ihrer Verzweiflung sogar ihre Silos.

Trockenheit und starke Winde ließen Sanddünen entstehen, die in verlassene Dörfer trieben.

Und doch waren die Bauern weiterhin auf die jährlichen Ernten angewiesen, die unter Regenfeldbau-Bedingungen zustande kamen. Die Gefahr vor drohenden Ernteausfällen und Hunger stieg rasant. Auch wurden ja zunehmend mehr Bäume und Sträucher abgeholzt, weil sie über mehrere Jahre Holz lieferten. Das verschärfte das Problem nur noch.

Bäume haben die entscheidende Fähigkeit, den Boden feucht und fruchtbar zu halten. Manche Baumarten verfügen sogar über eine Art hydraulischen Hub:[24] Pfahlwurzeln ziehen Wasser aus der Tiefe des Bodens nach oben und lassen es nachts in die oberen Schichten des Bodens sickern, die in Reichweite der Wurzeln von Pflanzen mit geringer Wurzeltiefe liegen – jede Art von Nutzpflanzen beispielsweise. Es ist ein natürliches Bewässerungssystem von unten. Im Grunde werden Nutzpflanzen auf diese Art durch Bäume und bestimmte Sträucher ökologisch bewässert und sind dadurch in gewissem Maß vor Dürren geschützt.

Obwohl der Klimawandel die Dinge noch komplizierter macht, sollte erwähnt werden, dass Dürren in halb trockenen Gebieten nicht ungewöhnlich sind. Daher ist es riskant, sich allein auf Feldfrüchte zu verlassen, die im Verlauf des Jahres durch Regenfeldbau gezogen werden. In der Tat ist eine Katastrophe durch so ein Vorgehen schon vorprogrammiert. Sträucher und Bäume anzupflanzen und Nutztiere großflächig einzusetzen, kann das Bewirtschaftungssystem robuster machen. Denn sie können Niederschlagsschwankungen besser aushalten, weil sie mit ihren langen Wurzeln auf die Bodenfeuchtigkeit tief im Bodenprofil zurückgreifen. Im Idealfall sollte die Biodiversität bis auf ein praktisches Maß maximiert werden. Verschiedene Baum- und Buscharten mildern nicht nur extreme Klimabedingungen ab, sie liefern auch essbare Blätter, Früchte und Nüsse, Viehfutter, Holz zum Feuermachen und Bauen. Dadurch haben Bauern gewisse Erträge, auf die sie zurückgreifen können, selbst wenn die Ernte des Hauptgetreides ausfällt.

Eine der Mütter, die in unserem Hof mit ihrem Kind wartete. Es war entmutigend, dass wir nicht allen helfen konnten.

Angesichts des fast vollständigen Verlusts der Waldvegetation und des wechselhaften Klimas, musste es in Niger zwangsläufig zu einer Krise kommen. In der Regenzeit rutschte mir stets das Herz in die Hose, wenn ich zum wolkenlosen Himmel hochsah und mich fragte, wann es regnen würde, ob das Getreide überleben und die Menschen ausreichend Nahrung haben würden.

1984 bewahrheiteten sich meine schlimmsten Befürchtungen: Der Regen fiel komplett aus. Gegen Ende der Regenzeit waren Hirsepflanzen, die inzwischen zwei Meter hoch hätten sein müssen und speerförmige Ähren hätten tragen sollen, nicht mehr als eine Masse verschrumpelter, brauner Blätter. Die Getreideproduktion war dürftig. Die Menschen lebten bereits von der Hand im Mund, da die Ernte in den Jahren zuvor ebenfalls gering ausgefallen war. Die wenigsten hatten noch Getreidevorräte übrig. Sie konnten auf nichts zurückgreifen.

Wenn Hunger den Alltag bestimmt

Die Hungermonate schritten voran. Und Horrormeldungen häuften sich. Um zu überleben, aßen die Menschen alles, was sie finden konnten – Weizenkleie, Fleisch von verendeten Tieren, bittere und sogar giftige Blätter und Früchte, wie das Kaperngewächs *Boscia senegalensis*, auch bekannt als Hansa. Dieses Kraut muss eigentlich mehrmals aufgekocht werden und das Kochwasser muss zum Entfernen giftiger Alkaloide zwischen den Kochvorgängen ausgetauscht werden. Sonst ist es ungenießbar. Tragischerweise hörte man hin und wieder von Leuten, die starben, weil sie nicht wussten, wie man die Frucht zubereitet.

Immer mehr Menschen, überwiegend Männer, verließen ihre Dörfer auf der Suche nach Essen und Arbeit, um ihre Familien ernähren zu können. Viele zogen weiter bis nach Nigeria, eine übliche Strategie, um die Trockenzeit zu überleben. Die Frauen und Kinder blieben in der Regel zurück, versuchten, so gut sie konnten, zurechtzukommen, und hofften darauf, dass die Männer Lebensmittel oder Geld schickten. Als alle Möglichkeiten erschöpft waren, begaben auch sie sich auf die lange Wanderung in die umliegenden großen Zentren. Es bildeten sich erbarmungswürdige Kolonnen von Frauen, die ihre Schlafmatten und dürftigen Habseligkeiten mit sich schleppten. Um zu überleben, liefen sie 20, 50, oft sogar über 100 Kilometer. Manche waren schwanger, viele trugen Babys und zogen Kleinkinder hinter sich her.

Ich fragte mich, was ihnen durch den Kopf ging.

Leid und Tod waren in Niger selbst ohne vollständigen Ernteausfall regelmäßige Begleiter. Sie hatten die Hoffnung, Arbeit und Nahrung zu finden, um am Leben zu bleiben und genug für ihre Rückkehr zusammenkratzen zu können, wenn der Regen wieder einsetzte. Dann würden sie ihre Felder bestellen und Samen aussäen, in der Hoffnung auf eine bessere Saison im nächsten Jahr. Das musste unter allen Umständen geschehen, denn sonst würde sich ihre Verzweiflung noch länger hinziehen.

Da ihre Getreidevorräte erschöpft waren, sammelten diese Frauen stundenlang die giftigen Früchte des *Boscia-senegelensis*-Baumes und bearbeiteten sie danach durch abwechselndes Einweichen und Kochen zwei Tage lang, bis sie genießbar waren.

Bei einem solchen Überschuss an Arbeitskräften in den Städten sanken die bereits niedrigen Löhne noch weiter. Ausgehungerte Frauen, die für Cent-Beträge Erdnüsse schälten, bestrafte man, wenn sie dabei erwischt wurden, eine davon zu essen. Eine Frau, hier stellvertretend für viele, bekam als Lohn nach einem ganzen Tag Erdnussschälen eine Schale Hirsekleie. Manchmal waren Frauen vor die faustische Wahl gestellt, entweder ihren Körper zu verkaufen oder ihre Kinder verhungern zu lassen.

Es gab tragische Schicksale wie das von Safiya, einer jungen Mutter. In einem entlegenen Dorf im Nordosten von Maradi gingen zuerst die Männer in der Hoffnung, Lebensmittel zu finden und nach Hause schicken zu können. Nach und nach gingen auch die meisten Frauen und Kinder. Safiya hatte fünf Kinder. Sie tat ihr Mögliches, kochte Unkraut auf, Kleie, sogar die Blätter des Niembaums, die man unter mehrmaligem Wasseraustausch kochen musste, damit sie ihre Bitterkeit verloren. Entgegen aller Wahrscheinlichkeit hoffte sie, dass ihr Mann Essen schicken oder nach Hause kommen und sie retten würde. Aber er kam nicht zurück.

Schließlich war Safiya als Einzige im Dorf zurückgeblieben und hatte überhaupt keine Lebensmittel mehr. Sich zu Fuß mit fünf kleinen Kindern auf den langen Marsch zu begeben, war unmöglich, also sperrte sie drei ihrer Kinder in der Hütte ein und ging mit den anderen zwei in das nächste Ballungszentrum. Als ihr endlich zur Rückkehr verholfen werden konnte, war es zu spät; die in der Hütte zurückgelassenen Kinder waren gestorben.

IN DER SONNE, DIE DURCH DIE STAUBIGE ATMOSPHÄRE SCHIEN, GLÜHTE ALLES ROT – ERDE, HÜTTEN, PFLANZEN UND MENSCHEN.

Ich hörte von Suiziden, was sonst in Niger selten vorkam. Als beispielsweise ein stolzer Viehhirte aus dem Volk der Fulani – ursprünglich ein Nomadenvolk, das heute meist sesshaft in größeren Gruppen in Westafrika lebt – seinen ganzen Viehbestand verlor, stürzte er sich in einen 60 Meter tiefen Brunnen. Eines Tages begegnete ich einem blinden Mann, der von einem am Stock gehenden Jungen geführt wurde. Er erzählte mir, dass er von seinem Dorf aus 70 Kilometer gelaufen war, um in der Hauptstadt Maradi Hilfe zu bekommen. Er brauchte Lebensmittel. Dies war die vierte schlechte Saison in Folge, und die Lage wurde immer verzweifelter – die Leute verließen das Land, sein Nachbar hatte Selbstmord begangen. Seine Notlage bewegte mich. Ich lud Getreide für ihn und die Familie seines Nachbarn auf den Pick-up und fuhr ihn nach Hause. Die Stimmung in seinem Dorf hatte etwas

Surreales. In der Sonne, die durch die staubige Atmosphäre schien, glühte alles – Erde, Hütten, Pflanzen und Menschen – rot, wie in einer Marslandschaft.

Das gewohnte Geräusch des Getreidestampfens, das sonst in jedem Dorf ein Zeichen des Lebens war und das regelmäßig wie ein Uhrwerk jeden Morgen einsetzte, fehlte. Es gab auch keine Hühner, die normalerweise immer da waren und eine essbare und einträgliche Ressource darstellten. Besonders ergreifend war es, mit anzusehen, wie die Männer ihre staubtrockenen Felder wieder und wieder umgruben. Hofften sie, dass der Himmel ihre Notlage sehen würde, sodass Gott Mitleid bekäme und sich die Regenschleusen öffneten? Vielleicht beschäftigten sie sich aber auch mit dieser vergeblichen Arbeit, weil sie es nicht ertragen konnten, zu Hause zu sitzen und das Hungergeschrei ihrer Kinder zu hören.

An einem dieser Tage in der Trockenheit besuchte ich Dan Bakwai,[25] einen guten Freund, der in einer entlegenen Gegend lebte. Ich fuhr mit ihm zu seinem Hirsefeld, das in einem guten Jahr ganz und gar grün gewesen wäre. Das Feld war völlig kahl; nichts als vom Wind aufgewehter Sand, der die Hitze und grelles Licht auf uns reflektierte. Dan Bakwai ging voraus. Mit hängenden Schultern begann er, vor sich hin zu murmeln. Ich machte mir Sorgen um seine geistige Gesundheit. Das war das dritte Jahr in Folge, in dem er Getreide gepflanzt und nichts geerntet hatte. Er fragte sich, wie er seine vier Frauen und 15 Kinder ernähren sollte.

»Möge Ihr Gott Ihnen helfen.«

Regelmäßig das Leid und die Verzweiflung zu sehen, hinterließ einen bleibenden Eindruck bei mir. Es formte mich und bestärkte meinen Entschluss, nicht nur unmittelbare Probleme anzugehen, sondern die langfristig wirkenden Hauptursachen in Angriff zu nehmen. Zugleich durchlebte ich eine Glaubenskrise, weil ich keine Lösung sah, was ich gegen diese Armut tun konnte.

Ich fühlte mich allein gelassen. Kümmerte es Gott eigentlich? Erhörte er Gebete wirklich? Konnte er tatsächlich ganz gewöhnliche Menschen einsetzen, um in unmöglichen Situationen wie dieser etwas zu bewirken?

Ich fragte mich, was es bedeutete, Christ zu sein, wenn man an einem Ort lebte, an dem die Menschen ein solch großes Leid zu ertragen hatten. Wenn ich ihnen nicht helfen konnte, konnte ich auch gleich nach Hause gehen. Denn meine Reden von einem liebenden Gott wären nichts als hohle Worte gewesen. Und trotz dieser Vertrauenskrise fragte ich mich, wie ich praktische Lösungen für die Vielzahl an Problemen finden konnte. Aussagen wie: »Gott liebt dich!« oder »Gott erhört dein Gebet« … lassen sich in stiller Meditation und in Gegenwart anderer Christen leicht dahersagen. Doch erst im Brennofen des Lebens werden sie, und wir, auf die Probe gestellt. Sie müssen beweisen, ob sie halten, was sie versprechen.

Dan Bakwai inspiziert sein leeres Feld. Ich fürchtete um seine mentale Gesundheit, als er murmelnd von mir wegging, denn dies war das dritte Jahr mit Ernteausfällen in Folge.

Als Junge war ich emotional ergriffen, wenn ich über Hunger las oder etwas darüber im Fernsehen sah. Aber da ich keine persönliche Verbindung zu den Menschen hatte, schien das alles weit weg. 1984 lebte ich schon fast drei Jahre in Niger und hatte enge Freundschaften geknüpft. Ich hatte die Gastfreundschaft der Menschen genossen, in ihren Hütten übernachtet, mit ihnen bis spätnachts um eine Kerosinlaterne gesessen und geredet. Ich hatte ihr Essen gegessen, ich kannte ihre Kinder, ihre Freuden und Sorgen. Wenn sie nach Maradi kamen, übernachteten sie bei uns, und ich erwiderte ihre Gastfreundschaft.

Mittlerweile liebte und achtete ich diese Menschen, und jetzt hungerten sie. Das war der entscheidende Moment in meinem Leben: Was hatte ich zu tun? Mit Hungerhilfe kannte ich mich nicht aus. Ich hätte zusammenbrechen und sagen können, ich könne nichts dagegen tun. Oder ich konnte zumindest versuchen, Lebensmittel zu sammeln und zu verteilen, Hilfe zu holen und für Abhilfe zu sorgen – so schwierig das auch war. Letzten Endes war es keine Lösung, nur dabeizustehen und nichts tun. Meine Freunde litten, und mit ihnen viele weitere Tausend.

Von einigen Seiten erhielt ich nicht viel Ermutigung. Der Leiter einer Hilfsorganisation wollte nicht mitmachen, weil ihn das Zeit kostete und die übliche Planung seiner Organisation durcheinandergebracht hätte. Wie unsinnig! Welchen Nutzen hatte ein Entwicklungsprogramm, das sich nicht um die ernsten und akuten Bedürfnisse der Menschen kümmerte, denen man helfen wollte? Ein Regierungsbeamter des Ministeriums für Ernährungssicherung antwortete: »Möge Ihr Gott Ihnen helfen« – womit er ausdrückte, dass er es nicht tun würde! Sogar einige meiner Arbeitskollegen stellten sich ganz offen gegen mich und meinten, die Verteilung von Lebensmitteln wäre weder meine Aufgabe noch die der Mission. Doch die lokale, regionale und internationale SIM-Missionsleitung unterstütze mich sehr. John Ockers, der in seiner Zeit viele Innovationen eingeführt hatte und dafür heftig kritisiert worden war, sagte: »Es sind die, die nichts tun, die keine Kritik bekommen. Nur die Macher und Weltveränderer werden angefeindet.«

Während der Hungersnot arbeitete ich sehr eng mit meinem nigrischen Amtskollegen von der Evangelischen Kirche von Niger (EERN) zusammen, Pastor Cherif Yacouba. Wir wandten uns an den Regionalgouverneur. Doch er verweigerte uns den Zugang zu den Kornspeichern, die eigens für Notfälle wie diesen eingerichtet worden waren. Wir bekamen die Erlaubnis, Getreide zu verteilen, nicht. Das war eines der Haupthindernisse, denn ohne diese Erlaubnis konnten wir nichts tun. Seltsamerweise schienen selbst Anbieter auf dem Markt kein Getreide zu haben – und ich hatte ohnehin keine Geldmittel.

Jeden Tag scharten sich mehr Menschen um das Haus der Mission und baten um Hilfe. Schließlich begannen sie, nachts auf dem Boden vor dem Haus zu schlafen, um mich am frühen Morgen zu erwischen, bevor ich das Haus verließ. Ich schrieb in mein Stille-Zeit-Buch:

> »Lieber Herr, hier bin ich ein Gefangener in meinem eigenen Haus, umgeben von einem Meer von hungrigen Menschen. Wie soll ich mich verhalten? Wie kann ich Barmherzigkeit zeigen? Es sind so viele! Sie warten Tag und Nacht auf mich, sie können nirgendwo anders hin.«

Während der Nahrungsmittelkrise in den 1970er-Jahren hatte die Mission Getreide verteilt, und die Leute hofften, dass sie das nun wieder tun würde. Es war eine emotionale Belastung, Tag und Nacht von notleidenden Menschen mit verhungernden Kindern umgeben zu sein und nichts zu haben, womit man ihnen helfen konnte. Morgens musste ich mir einen Weg durch die Menge bahnen, um zu meinem Wagen zu gelangen.

Eines Morgens folgte mir ohne mein Wissen der dreijährige Ben nach draußen. Als ich langsam durch die Menge schritt, hörte ich hinter mir jemanden selbstbewusst und deutlich rufen: »Ba ku ji ba? Ya ce ba ya da abinci. Bar shi, shi wuce!« – »Habt ihr ihn nicht gehört? Er hat gesagt, er hat kein Essen. Lasst ihn durch!« Es war Ben, und er schien meine Not zu begreifen. Die Menschen waren ziemlich überrascht über die selbstbewussten Worte des Dreijährigen – ebenso wie ich – und ließen mich durch. Ich konnte den Menschen nicht helfen, indem ich nur redete. Zumindest versuchte ich etwas zu tun, und das machte die Situation irgendwie erträglicher für mich. Für meine Kollegen, die die ganze Zeit von bedürftigen Menschen umgeben waren, war es wohl noch belastender. Wir waren dankbar, dass Geduld zu den höchsten Tugenden des Volks der Hausa zählt und sie trotz der extremen Situation respektvoll blieben. Es gab nur wenige Fälle von Aggression gegen mein Team oder mich.

ICH WUSSTE NICHT, WAS GESCHEHEN WÜRDE. ABER ICH SPÜRTE DIE GEWISSHEIT: GOTT WÜRDE EINSCHREITEN.

Und wieder schickte Gott eine Antwort auf meine verzweifelten Gebete um Hilfe. Eines Morgens versuchte ich gerade zu frühstücken. Als mir die Tränen in die Augen traten und sich ein Kloß in meinem Hals formte, fiel mein Blick auf folgenden Vers in der geöffneten Bibel: »So spricht der Herr zu euch: Habt keine Angst und verliert nicht den Mut angesichts dieses riesigen Heeres, denn nicht ihr kämpft diesen Kampf, sondern Gott« (2. Chronik 20,15). Ich ließ die Tränen laufen. Aber es mischten sich auch Erleichterungstränen dazu. Durch Gottes Wort war eine große Last von mir genommen. Ich wusste nicht, was geschehen würde, wie und wann. Aber ich spürte die Gewissheit, dass Gott entschlossen einschreiten würde.

Es vergingen keine zwei Wochen, und der Gouverneur der Region Maradi starb. Der Bürgermeister von Maradi, ein alter Freund der Mission, wurde Interimsgouverneur. Sofort erteilte er dem Team von EERN und unserem Missionswerk die Erlaubnis, Nahrungsmittel zu verteilen und von den staatlichen Reserven Getreide zu kaufen. Ein Freund, der davon erfuhr, witzelte: »Vielleicht hatte der Bürgermeister Angst, dass du für ihn auch beten würdest!«

Unerklärlicherweise wurde Getreide auf einmal wieder auf dem freien Markt angeboten. *Serving in Mission* konnte über ihre Büros in Unterstützungsländern wie USA, Kanada, Großbritannien, der Schweiz oder Australien und in ihren Netzwerken erfolgreich Geld sammeln. Innerhalb eines Jahres erhielten wir fast eine halbe Million US-Dollar, das meiste davon von Einzelpersonen und Kirchen. Wir konnten 1800 Tonnen Getreide an über 70 000 Menschen verteilen.

Und ja, Gott kümmert sich. Ja, er beantwortet wirklich Gebete, und ja, er kann sogar ganz gewöhnliche Menschen dazu gebrauchen, in einer unmöglichen Situation einen großen Unterschied zu machen.

Pastor Cherif brachte mir viel über die Kultur und Sprache der Hausa bei. Er war ein furchtloser Anwalt der Armen, egal, ob er nun Häuptlingen oder Regierungsbeamten gegenüberstand. Seine königliche Abstammung, seine Würde und Präsenz lösten Respekt aus. Während der ganzen Hungerkrise arbeiteten Pastor Cherif und ich zusammen. Oft standen wir frühmorgens auf und arbeiteten bis spät in den Abend hinein.

An einem Abends aßen Liz und ich mit den leitenden Missionaren Gordon und Lena Bishop in ihrem Haus in Soura, nur drei Kilometer von der Farmschule entfernt. Da gab es draußen einen Tumult. Gordon und ich gingen hinaus, um der Sache nachzugehen. Eine Wodabe-Fulani-Familie war auf dem Rücken eines Esels mit all ihren Habseligkeiten angekommen. Als Gordon sie begrüßte und fragte: »Wohin wollt ihr?«, war ihre Antwort. »Wir sind angekommen!« Im Laufe der nächsten Monate wurde aus einem Rinnsal eine Flut und bald kampierten dort 2 500 bedürftige Fulani, die nicht mehr weiterziehen wollten.

Pastor Cherif und ich waren in der Lage, Lebensmittel vom Welternährungsprogramm und vom freien Markt zu besorgen, mit finanziellen Mitteln, die uns die SIM zur Verfügung stellte. Wir organisierten das Graben von Flachbrunnen, kauften Saatgut und stellten Mitarbeiter ein, die den nomadischen Hirten des Fulani-Stammes, die noch nie in ihrem Leben eine Hacke in der Hand gehabt hatten, Gartenarbeit beibrachten. Als ein Fulani-Ältester zum ersten Mal gekochte Kartoffeln probierte, sagte er: »Mmmm – das ist gut, das ist fast so gut wie Milch.« Wobei Milch natürlich der Goldstandard in der Fulani-Küche ist.

Es war chaotisch. Nomaden erwiesen sich als außerordentlich schwer zu organisieren. Irgendwann stellten wir fest, dass es Unstimmigkeiten in den Namenslisten gab, sodass Cherif darauf bestand zu überprüfen, ob jeder, der registriert war, sich tatsächlich auch im Lager befand. Wir arbeiteten bis nach Mitternacht, bis jede Familiengruppe durch unseren Schuppen gezogen war und wir die Namen auf der Liste im Schein von Kerosinlampen abhaken konnten – schwitzend und umschwirrt von Insekten, die vom Licht angezogen wurden. Diese Übung deckte in der Tat eine Reihe falscher Einträge auf. Der lustigste davon war der eines Paares.

Cherif zum Ehemann: »Wo ist deine Frau?«

Ehemann: »Sie ist verstorben.«

Cherif: »Oh, das tut mir leid. Wann ist das passiert?«

Ehemann: »Vor zwei Jahren.«

Cherif: »Und, was machen Sie, werfen Sie ihr ihre Getreideration in den Himmel?«

Leider brach im Lager eine Masernepidemie aus. Es dauerte Wochen, bis die Menschen in der örtlichen Klinik geimpft werden konnten. Bis es so weit war, starben über 60 Kinder. In der Zwischenzeit nutzte jemand, der ein Hühnchen mit Cherif zu rupfen hatte, dies als Vorwand, um die Arbeit zu untergraben, und berichtete dem Präfekten, dass wir Fulanis in Soura versammelt hätten und sie verhungern lassen würden. Am nächsten Tag kamen die Gendarmen, der Generalsekretär des Präfekten und der Sekretär des Bürgermeisters, bereit, uns zu verhaften, wenn die Anschuldigungen wahr wären. Als sie sahen, was wir mit den spärlichen Mitteln, die uns zur Verfügung standen, erreichten, entschuldigten sie sich und lobten unsere Arbeit und stellten Milch, Vitamine, ein Zelt und Decken zur Verfügung. Was böse gedacht war, wandte sich zum Guten. Dennoch ging derselbe Ankläger später mit einem Messer, das er in seinem Stiefel versteckt hatte, zu Cherifs Haus und bedrohte ihn.

Es schien eine übliche Strategie zu sein, dass Leute, die das System nicht zu ihrem persönlichen Vorteil nutzen konnten, wild entschlossen waren, es auch für alle anderen zu zerstören. Eines unserer Verteilungszentren für die Dörfer war in dem Dorf Batafadua untergebracht. Der Untergouverneur für den Distrikt erhielt einen falschen Bericht, dass die Christen zwei Verteilungen abhielten – eine allgemeine für alle und später eine spezielle für diejenigen, die zum Christentum konvertiert waren. Er erschien persönlich an einem der Tage, an denen wir die Lebensmittel verteilten, um das Gerücht zu überprüfen. Doch auch er zog dankbar und voll des Lobes über unsere Arbeit wieder ab, und stellte uns einen offiziellen Zeugen zur Seite, der uns von diesem Zeitpunkt an bei jeder Verteilaktion begleitete – damit endgültig Ruhe herrschte.

Am 18. Januar 1985 schrieb ich ins Stille-Zeit-Tagebuch:

> »Die Zeit vergeht wie im Fluge – wir haben nicht innegehalten. Kaum haben wir eine Lebensmittelverteilung beendet, kommt schon die nächste. Danke, dass die Lebensmittel ankommen, Herr. Und mit der Hilfsarbeit? Es ist, als ob man versucht, auf einer großen Welle oben zu bleiben. Kurzzeitig schafft man es, aber meistens werde ich entweder von ihr überrollt, schnappe nach Luft oder paddele mit Volldampf, um sie einzuholen.«

Und mein Eintrag am 22. Januar 1985:

> »Lieber Gott, bitte hilf mir. Ich habe dieses Gefühl, dass ich am liebsten irgendwo versinken würde. Die ganze Sache ist zu viel – ich bin dieser Aufgabe nicht gewachsen. Bitte hilf mir, gut organisiert zu sein. Hilf mir, die Haushaltbücher auszugleichen und die Ein- und Ausgänge des Getreides zu zählen. Hilf mir zu GLAUBEN und keine Angst zu haben. Der Glaube überwindet die Angst. Als ich zurückkam (nach Hause), standen noch mehr Leute vor der Tür. Wir hatten fünf Tage lang kein Essen für die Fulanis. Immer wieder fragten mich Leute nach Essen und Arbeit. Es gibt hier für mich mehr Arbeit als Zeit, um sie zu erledigen. Große Probleme in Soura. Zu viele hungrige Menschen. Hilf uns, Herr. Möge ich dir für heute vertrauen, dass alles, was getan werden muss, getan

> wird. Möge ich treu sein. Möge ich meine Familie nicht so sehr vernachlässigen.«

Trotz der Dringlichkeit war die Zeit bis zur Lebensmittelverteilung ironischerweise mit viel Warterei verbunden: Warten auf Genehmigungen der Regierungsbüros, auf Geldmittel und das Eintreffen des Getreides. Es gab auch viele Aufgaben zu erledigen. Wir mussten in alle Dörfer fahren, deren Anzahl gegen Ende meiner Zeit dort auf über 100 angewachsen war. Ich musste Verteilungslisten erstellen und natürlich stand das Suchen, Kaufen, Transportieren, Lagern, Bewachen und Ausgeben der Getreidelieferungen an. Da Computer damals noch nicht überall verfügbar waren, erstellte ich per Hand riesige Tabellen auf Papier, die unseren ganzen Esstisch bedeckten. Sie enthielten die Namen von Dörfern und Haushaltsvorständen, die Anzahl der Familienmitglieder, der Getreiderationen pro Monat und Einzelheiten zur Arbeit.

Jede Woche reiste ich Hunderte von Kilometern. Oft auf Wellblechpisten, in stechender Hitze und Staub. Es war anstrengend. Pastor Cherif kommentierte in seinem poetischen Hausa: »Hanyoyin nan suna zazagen cikoken tsofofin!« – »Diese Straßen rütteln an den Mägen von uns alten Menschen!«

Am 23. Februar 1985 schrieb ich ins Tagebuch: »Habe den ganzen gestrigen Tag im Regierungsbüro in Dakoro verbracht, um auf die Unterschrift des Gouverneurs zu warten.«

Unsere Hauptaufgabe bestand darin, die richtige Menge Getreide für jede registrierte Familie abzumessen, und das so schnell wie möglich. Ich stand in der Hitze, umgeben von Menschen, die sich immer enger um mich herum an mich und unseren Tisch heranschoben. Sie alle warteten darauf, ihren Anteil zu bekommen – etliche hoffen auf mehr. Da mein Team und ich regelmäßig Getreidestaub ausgesetzt waren, bekamen wir juckende Ausschläge und Niesanfälle. Überall, wo wir die Ausgabe öffneten, tauchten Bedürftige auf, die nicht auf den Listen registriert waren, und manche Nichtbedürftige, die hofften, trotzdem registriert zu werden. Das machte die Dinge noch komplizierter. Obwohl es schon nicht einfach gewesen war, genug Getreide für diejenigen auf der Liste zu besorgen und die Arbeit in angemessener Zeit zu erledigen, konnte man die Leute nicht einfach ignorieren. Auch sie mussten würdevoll behandelt werden.

Das Suchen, Kaufen, Transportieren, Lagern, Bewachen und das Ausgeben von Getreide war aufwendig, die Verteillisten mussten exakt geführt werden.

Nach einer besonders anstrengenden Ausgabe-Aktion kam ich dehydriert und mit rasenden Kopfschmerzen nach Hause. Ich legte mich auf den Wohnzimmerboden und bat Liz um etwas zu trinken. Meine Kopfschmerzen ließen erst nach, nachdem ich zwei Liter Wasser, eine Cola, eine Sprite und zwei Tassen Tee getrunken hatte. Aber wie zufrieden fühlte ich mich zugleich, dass das Essen bei denen ankam, die es so dringend brauchten.

Man konnte nie sicher sein, dass man jenen half, die es am nötigsten hatten. Manchmal ärgerte es mich zu erfahren, dass Leute, die mehr hatten, als sie zugaben, Getreide erhielten. Und manchmal war ich am Boden zerstört, wenn ich erfuhr, dass ich Menschen Hilfe verweigert hatte, die unter extremen Bedingungen lebten. Ich wandelte auf dem schmalen Grat zwischen der Arroganz, die solche Macht mit sich bringen kann, und der Demut zu wissen, dass das Wohlergehen von Menschen in meinen Händen lag und dass ich dabei Fehler begehen würde. Eines Tages begegnete mir jemand besonders zornig, und ich wurde böse auf ihn. Sofort fühlte ich mich überführt: Für wen hielt ich mich eigentlich? Würde mich diese Person belästigen, wenn sie nicht hungrig wäre? Wenn ich jemals um Demut, Mut und Weisheit flehen musste, dann in dieser Zeit.

Das Getreide lagerte ich in gemieteten Lagerräumen in Maradi und auf unserem Missionsgelände, und auch in den Dörfern, wo es verteilt wurde. Dort stellte ich Wachen an und zählte die ein- und ausgehenden Säcke. Stets musste man höchste Wachsamkeit walten lassen, dass keine Nahrungsmittel wegkamen. Diebstahl passierte oft. Ich erwischte Gelegenheitsarbeiter, wie sie ihre Hemden beim Entladen der Lastwagen als Sack verwendeten und mit Getreide füllten, das aus zerrissenen Säcken gefallen war, und den Sack heimlich Freunden zuwarfen. Ich ertappte Bibelschüler und sogar einen Priester, wie sie während der Ausgabe Getreide aus dem Lagerraum stahlen.

Die größte Enttäuschung bereitete mir einer meiner eigenen Mitarbeiter. Es war seine Aufgabe, die Verteilungslisten zu erstellen. Als Leute auf ihn zukamen, die aus Dörfern stammten, die nicht in unserem Einsatzgebiet lagen, sah er eine Gelegenheit, Geld zu machen. Obwohl die Registrierung kostenlos war, verlangte er von ihnen eine Bezahlung dafür. Nicht genug, dass er illegal Geld einstrich – am Ausgabetag hielt er auch Getreide zurück, das er später selbst verkaufte! Bei drei aufeinanderfolgenden Ausgabetagen gelang ihm seine Strategie, ohne dass er auffiel. Die vierte Verteilung fiel jedoch auf den Tag vor einem religiösen Festtag, und das betreffende Opfer hatte geschworen, nicht mit leeren Händen zu gehen. Als meine Mitarbeiter und ich aus der Mittagspause kamen, stand er entrüstet da und weigerte sich, sich zu bewegen, bis er sein Getreide erhalten hatte. Das Handgemenge zwischen ihm und dem Wachmann deckte den Betrug auf. Die Gier war dem Mitarbeiter zum Verhängnis geworden. Doch wir mussten uns neue Möglichkeiten überlegen, Diebstahl vorzubeugen und die Schlupflöcher zu schließen.

Weihnachten im Jahr der Hungersnot

Die Dinge liefen nie ganz nach Plan. Eines Morgens, als wir gerade eine Ausgabestelle auf dem Land aufbauten und Hunderte Menschen sich versammelten, brachte mir ein verzweifelter Bauer seine Tochter, um sie ins Krankenhaus zu fahren. Sie war in einen großen Topf kochendes Wasser gefallen. Ich nahm sie mit, aber zu meiner Schande erst nachdem ich sichergestellt hatte, dass alles aufgebaut worden war. Stunden später kam der Vater zurück und erzählte mir, dass seine Tochter gestorben war.

Für uns als Familie war diese Zeit außergewöhnlich schwer. Während ich weg war, stand Liz unter dem Druck, dass sich den ganzen Tag über hungrige Menschen vor unserem Tor versammelten. Liz musste sich von Freunden ein Auto leihen, um einkaufen zu gehen, denn wenn die Leute unseren Pick-up erkannten, sprangen sie auf die Rückbank und bettelten darum, zu *Malam* (Lehrer) Tony gebracht zu werden. Ben und Melissa waren oft verzweifelt, und ich kam selten nach Hause, bevor sie ins Bett gingen. Liz und ich waren gegen Ende des Jahres 1984 ausgelaugt von all den Strapazen und wir freuten uns sehr auf die Weihnachtsferien. Wir hatten geplant, in den Osten Nigers zu fahren, um Weihnachten mit anderen Australiern, Phil und Carol Short und ihren Kindern, zu verbringen. Doch die Getreidelieferung für die Ausgabe vor Weihnachten verspätete sich und traf erst an Heiligabend ein.

Ich hätte nie erwartet, dass der Oberhäuptling uns anlügen würde, und hatte dummerweise für das Getreide bezahlt, in dem Glauben, es sei bereits in Maradi gelagert. Vor unseren Augen schickte er schließlich seine Männer über die geschlossene nigerianische Grenze, um das Getreide zu holen.

Yar Buhari, Tochter von Buhari. So nannten die Menschen in Niger diese Hungersnot von 1984/85. Denn der nigerianische Präsident Buhari hatte alle Getreideexporte verboten, um die Vorräte für sein eigenes Volk zu erhalten. Das trug dazu bei, dass die Getreidepreise in Niger in die Höhe schossen. Tatsächlich kam fast das gesamte Getreide, das die Märkte in Süd-Zentral-Niger erreichte, illegal über die nigerianische Grenze, meistens nachts, wenn bestochene Zollbeamte ein Auge zudrückten.

Zu allem Übel behauptete der Häuptling Wochen nachdem wir bei ihm Getreide bestellt und bezahlt hatten, leider noch vor der Lieferung, die Getreidesäcke seien nicht im Preis inbegriffen – etwas, das in Niger nicht üblich ist. Er bestand darauf, wir müssten für die Säcke zusätzlich bezahlen. Normalerweise wird das Getreide in 100-Kilo-Säcken verkauft. Die Säcke sind nicht immer neu, aber zumindest in einem Zustand, in dem sie nicht reißen. Als das Getreide schließlich ankam, befand es sich in zerrissenen und teils geflickten Säcken. Da wir wussten, dass wir sonst überhaupt kein Getreide bekommen würden, zahlten wir auch noch die Säcke. Ich hatte meine Lektion bei dieser Gelegenheit auf die harte Tour gelernt. Der Häuptling versuchte noch mehrere Male, uns Getreide zu verkaufen – wir machten jedoch nie wieder Geschäfte mit ihm.

Eins war klar: Jetzt, wo wir das Getreide hatten und Menschen Hunger litten, konnten wir nicht verreisen! Also feierten Liz, Ben und Melissa, so gut sie konnten, ohne mich in unserem Haus auf der Station. Und ich war von frühmorgens bis spätnachts unterwegs war. Phil und Carol konnten wir nicht Bescheid geben, weil es keine Telefone gab.

An dem Tag war es in Maradi sehr windig und der Himmel durch den Staub von einer unheimlichen roten Farbe bedeckt. Auf dem Weg zu den Dörfern fielen einige 100-Kilo-Säcke von dem Pick-up und zerbarsten auf der Lateritstraße. Da wir keine Schaufeln hatten, kehrten meine Arbeiter und ich das Getreide mit bloßen Händen von der Straße und bekamen von dem Schotter Hautausschlag.

Die Hungerhilfe war völliges Neuland für mich, und ich hatte keine Gebrauchsanweisung. Wie viel musste ich lernen über Logistik, Organisation, Bestandsführung, die Kontrolle von Massen und die Natur des Menschen. Mein erster Getreideankauf – vierzig 100-Kilo-Säcke, insgesamt vier Tonnen Getreide – schien mir eine enorme Leistung. Wir brauchten eine ganze Woche für die Verteilung, da wir es zu jedem der Dutzend Dörfer auf unserer Liste einzeln transportieren mussten. Ich war überzeugt, dass wir großartige Arbeit geleistet hätten, als mich die Realität auf erschreckende Weise einholte. Denn gleich nach der Verteilung des Getreides fragte mich einer der Empfänger, wann die nächste Lieferung eintreffen würde! Mir wurde schnell klar, dass vier Tonnen Getreide nur ein Tropfen auf dem heißen Stein waren und dass die Arbeit erst angefangen hatte. Wie naiv ich doch gewesen war.

In jedes Dorf Nahrungsmittel zu liefern, würde ganz eindeutig nicht funktionieren, also entschieden wir uns für vier Ausgabezentren und lagerten genügend Getreide für eine monatliche Verteilung ein. Am Tag vor der Ausgabe wurden Boten in die Dörfer geschickt, die die Menschen wissen ließen, dass sie kommen und sich ihre Ration abholen konnten. Das erwies sich als viel effizienter und klappte gut.

Ein Jahr der Zäsur

Bis 1984/85 hatte nichts in meinem Leben meinen Fokus derart geschärft und meine Energie so gebündelt, wie es diese Krise tat. Sie wurde zu einem Wendepunkt, der zugleich eine tief greifende Veränderung in meinem Leben bedeuten sollte. Der Tony vor und nach dem Jahr 1984 ist nicht mehr dieselbe Person. Obwohl ich schon vor 1984 viel gearbeitet hatte, hatte ich nun eine neue Vision und ein neues Ziel vor Augen. Ich sah die unnötig leidenden Menschen, abhängig von einer ruinierten Umgebung, mit der sich ihre Bedürfnisse nicht mehr decken ließen. Gleichzeitig sah ich aber auch das enorme Potenzial von FMNR zur Wiederherstellung von Landschaften und damit die Möglichkeit, totes Land wieder ertragreich zu machen. So konnten Hungersnöte von vornherein vermieden werden.

> NICHTS IN MEINEM LEBEN HATTE MEINEN FOKUS DERART GESCHÄRFT, WIE ES DIESE KRISE TAT.

Genau wie das hungrige Huhn aus dem Sprichwort saß man in Niger, allem Anschein zum Trotz, eigentlich auf einem regelrechten Kornspeicher. Das Land war in der Lage, seine derzeitige

Bevölkerung und sogar noch mehr Menschen zu ernähren. Aber dazu mussten die Bauern mit der Natur zusammenarbeiten und aufhören, sie und ihre reichlichen Produktionskapazitäten zu vernichten.

Obgleich es oberste Priorität hatte, hungrigen Menschen Nahrung zukommen zu lassen, wäre es langfristig unverantwortlich gewesen, nicht gleichzeitig die eigentlichen Ursachen des Hungers anzugehen: Abholzung und Bodenverschlechterung. Churchill hatte es mit den krassen Worten ausgedrückt: »Verschwende nie eine gute Krise.« Ich war entschlossen, langfristig Gutes aus einer schlimmen Situation entstehen zu lassen und nicht nur das Symptom, den Hunger, zu behandeln.

Die harte Realität der Hungersnot schärfte auch die Wahrnehmung der Menschen für die wichtige Bedeutung von Bäumen. Vielleicht begannen sie zum ersten Mal, die immer schlimmer werdenden Dürren mit dem Verlust von Bäumen in Zusammenhang zu bringen.

1984 verfügte die Regierung von Niger klugerweise, dass keine Lebensmittelspenden an gesunde und kräftige Menschen verteilt werden sollten, die nicht arbeiteten. Als Reaktion darauf startete unser Team ein Programm, das Nahrung für Arbeit bot. Eine der Arbeitsbedingungen war, dass jeder Haushalt, der Nahrungsmittelspenden erhielt, mindestens 40 Bäume pro Hektar auf seinem Land aufziehen und pflegen musste. Die meisten Bauern zeigten sich dieser Bedingung gegenüber zunächst sehr widerwillig, erklärten sich dann aber dazu bereit. Mit dem Programm hatten wir die Möglichkeit, eine gute Anzahl von Menschen über einen längeren Zeitraum hinweg mit unserer neuen Strategie vertraut zu machen. Das Beste daran war: Sie konnten die Vorzüge selbst erleben.

Wie auch bei früheren Versuchen funktionierte FMNR ausgesprochen gut. Wiederbegrünung fand zum ersten Mal flächendeckend statt. Viele überraschte es, dass bereits sechs bis zwölf Monate nach dem Wiederanbau der Bäume die Feldfrüchte auf dem gleichen Boden besser gediehen. Meine Theorie ist, dass während der Trockenzeit das Wachsen grüner Bäume auf dem Feld Vieh und Vögel anzieht, die ihren Mist auf den Feldern lassen, und die Pflanzen reagieren auf diese zusätzliche Dosis Dünger direkt. Außerdem bewässern die Bäume die Pflanzen mit ihrer Wurzel-Bewässerung aus größeren Tiefen im Boden von unten.

Unter dem Schutzmantel des Nahrung-für-Arbeit-Programms und mit dem Rückenwind der vollen Unterstützung von Dorf- und Bezirksvorstehern sowie der Forstverwaltung verblasste das Stigma der FMNR-Methode. Baumdiebstähle gab es nur noch äußerst selten. Dank dieses Programms regenerierten sich 500 000 Bäume auf einer Fläche von über 12 000 Hektar. Rund 70 000 Menschen in 100 Dörfern waren dafür verantwortlich. Diese breite Auseinandersetzung mit der Anwendung von FMNR erwies sich als wahrer Wendepunkt. Denn von da an begannen immer mehr Bauern die Bäume zu schützen; ein Bauer übernahm es vom anderen, bis es allgemeine Praxis wurde.

Zumindest schien es so, als hätten wir ein brauchbares Mittel gefunden, um Nigers ruinierte Landschaft wieder zu regenerieren. Aber – wie bereits erwähnt – laufen die Dinge nicht immer nach Plan. Die Regenzeit in jenem Jahr verlief ausgezeichnet. Sobald die Bauern im September wieder begannen, ihr eigenes Getreide zu ernten, stellten wir die Nahrungsmittelspenden ein, betonten aber, wie wichtig Bäume waren, und ermunterten die Leute, FMNR weiterhin zu praktizieren. Von alten Gewohnheiten trennt man sich allerdings nicht schnell. Für arme Menschen war es nicht leicht zu warten, bis ein Baum gewachsen war, wenn sie sofort schnelles Geld mit dem Verkauf von Feuerholz machen konnten. Viele fällten ihre Bäume, damit sie nicht gestohlen wurden. Und manche dachten noch immer, dass Bäume und Getreideanbau nicht kompatibel waren. Als die Lebensmittelspenden endeten, wurden über 75 Prozent der circa 500 000 geschützten Bäume gefällt! Ich glaube, die meisten Leute meinten, man könne jetzt ohne Tonys Einmischung wieder zum Altbewährten zurückkehren und alles wieder so machen wie früher.

Trotz dieses Rückschritts war die »Saat« für eine neue Bewegung bereits aufgegangen. Ein Viertel der Bauern fällte ihre Bäume nicht. Diese Zahl war immer noch groß genug, um die öffentliche Meinung nachhaltig zu prägen. Anstatt Ernteerträge zu reduzieren, hatten die Bäume 1984 zu einer sehr großen Ernte geführt. Im Durchschnitt erzielten die Bauern doppelt so viele Erträge wie sonst. Für den Fall einer Katastrophe waren die Menschen damit besser gerüstet. Sie verfügten nun über eine ständige Ressource, die sie entweder sofort konsumieren oder in Notzeiten verkaufen konnten. Das Fazit: Das Einkommen der Bauern stieg, die Frauen verbrachten nicht mehr so viel Zeit mit der Suche nach Feuerholz, und mehr Kinder konnten zur Schule gehen.

Ein kluger alter nigerianischer Bauer sagte einmal zu mir:

> »Tony, wenn du uns was sagst, nehmen wir das nicht wirklich ernst, denn wenn du dich täuschst, hat dein Rat für dich keine Konsequenzen, für uns aber schon. Selbst wenn deine Mitarbeiter uns was sagen, nehmen wir das nicht ernst. Die werden dafür bezahlt, diesen Rat zu geben, egal, ob er gut oder schlecht ist. Aber wenn uns ein Bauer etwas sagt, und wir sehen, wie er selbst es

> macht, dann hören wir zu. Denn wir wissen, dass seine Existenz davon abhängt, ob es ein guter Rat war.«

Der weise Mann lehrte mich eine wichtige Lektion, die ich bis heute umsetze: Bauern lernen in erster Linie von anderen Bauern. Überall auf der Welt schauen sich Landwirte von ihren Nachbarn etwas ab. Durch kaum etwas anderes lassen sich Glaubenssätze und Einstellungen so wirkungsvoll verändern wie durch das Gespräch zwischen Mitgliedern derselben Gruppe. Folglich legen wir in unseren Programmen zur Verbreitung von FMNR viel Wert darauf, gegenseitige Besuche zu erleichtern, Modellfarmen und -dörfer zu errichten und die Bauern dafür auszurüsten und zu befähigen, selbst die Hauptakteure des Wandels zu sein.

Von 1985 bis 1999 verfolgten wir mit dem Projekt eine Strategie zur Förderung von FMNR auf lokaler, nationaler und, als sich die Gelegenheit bot, sogar internationaler Ebene. Wir organisierten gegenseitige Besuche und Schulungstage. Verschiedene NGOs, Angestellte von Forstbehörden, Freiwillige aus Friedenskorps sowie Vereinigungen von Landwirten und Mitgliedern der Zivilgesellschaft aus allen Ecken Nigers nahmen daran teil. Wir luden sie ein, uns zu besuchen und Zeit in unseren Dörfern zu verbringen, damit sie von den Bauern lernen konnten, die FMNR bereits anwandten. Zusätzlich schickten wir unsere Projektmitarbeiter und Bauern an zahlreiche Orte in ganz Niger, um dort die Menschen zu unterweisen.

Die Bedeutung dieses Austauschs war nicht zu unterschätzen. Ich glaube, dass Folgendes geschah: Die Bauern, die nicht aus Maradi stammten, wurden innerlich freier und mutiger, um zu

Hause Veränderungen einzuführen, gerade weil sie ihre unmittelbare dörfliche Umgebung verlassen hatten und die erfolgreiche Anwendung von FMNR quasi in der Ferne kennenlernten.

Dieses Foto wurde 2017 in der Region Maradi aufgenommen – im gleichen Gebiet, wo ich im Frühling 1983 den unterirdischen Wald entdeckte (siehe Foto S. 136).

Der Druck einer Gruppe kann dazu führen, dass Menschen Dinge unterlassen, obwohl sie wissen, dass sie für sie persönlich vorteilhaft wären. Man denkt sich: »Lieber lasse ich es bleiben, als ausgegrenzt zu werden.« Die Einheit der Gemeinschaft wird sicher auch deshalb so hoch geschätzt, weil sie in einer unwirtlichen Umgebung stets ein kraftvolles Mittel des Zusammenhalts und Überlebens darstellt. Jedenfalls verlieh die Tatsache, dass eine kritische Menge von Bauern FMNR praktizierte, dem Gruppenzwang gegen das Abholzen von Bäumen doch Gewicht.

Ich war bei SIM für ein Team von zehn bezahlten Mitarbeitern vor Ort verantwortlich und einer schwankenden Anzahl Teilzeitangestellter – FMNR-Befürwortern aus den Dörfern –, die das, was sie anderen beibrachten, erst auf ihrem eigenen Land anwenden und demonstrieren sollten. Das Projekt wurde von mehreren SIM-Missionaren in den Bereichen Verwaltung, gemeinschaftliche gesundheitliche Grundversorgung und Landwirtschaft unterstützt. Sie kämpften vor Ort an vorderster Front und nahmen dabei häufig ungeahnte Strapazen auf sich. Da sie von demselben Brunnenwasser tranken und dasselbe Essen wie die Dorfbewohner aßen, litten sie auch unter denselben Krankheiten wie die Menschen, für die sie sich einsetzten. Sie lebten in Grashütten und Lehmziegelhäusern ohne Elektrizität und ertrugen ohne jede Klage hohe wie niedrige Temperaturen und Sandstürme. Oft machten sich die Dorfbewohner über sie lustig, weil die Mitarbeiter Außenseiter waren, nicht aus dem Dorf stammten oder weil einige von ihnen Christen waren. Andere fühlten sich von den Veränderungen bedroht. Die Mitarbeiter wurden regelmäßig ignoriert und manchmal physisch oder verbal attackiert, ihr Eigentum mutwillig beschädigt oder zerstört. Aber das Wichtigste war, dass sie trotz allem durchhielten. Mit der Zeit konnten sie das Vertrauen der Dorfbewohner gewinnen und eine ganze Generation von Bauern beeinflussen.

FMNR wurde in den benachbarten Regionen von Maradi ab 1985 fast wie nebenbei übernommen. Während wir die Methode aktiv bekannt machten, zogen die Bauern mancherorts unabhängig von uns ihre eigenen Schlüsse über die Bedeutung von Bäumen und entwickelten spontan ihre eigenen Verfahren zur Baumregeneration. Im Departement Zinder, dem östlichen Nachbar-Departement von Maradi, hatte eine Form von FMNR bereits eine lange Tradition. Dort haben die Bauern fast ausschließlich das Nachwachsen einer einzelnen Baumart gefördert – dem Gao (*Faidherbia albida*), einem Baum, der sich für Düngemittel und Viehfutter eignet. Er passt auch sehr gut zu den naturweidewirtschaftlichen Systemen in Niger.

Der Legende nach erließ der Sultan von Zinder eine Verfügung, nach der jeder, der einen Gao-Baum fällte, seine rechte Hand verlieren würde. Das war natürlich auch für die Anwendung der FMNR-Methode ein starker Anreiz. Zwischen 1985 und 2005 sind ungefähr eine Million Hektar Parklandschaften entstanden, die überwiegend aus diesen Bäumen bestehen.[26] Obwohl der Gao-Baum zu den Arten gehört, die auch in Maradi mit FMNR gepflegt werden, sieht man dort vor allem andere Arten wie den Kalago (*Piliostigma reticulatum*) und den Sabarra (*Guiera senegalensis*), die beide auch in Zinder vorkommen. Diese dornenlosen Arten wachsen anfangs schneller und haben härteres Holz. Dadurch eignen sie sich besser als Feuerholz und Baumaterial als der Gao-Baum.

In Aguie, einem Bezirk von Maradi, kehrten einige Bauern 1985 erst nach Einsetzen der Regenfälle von ihrer Arbeit in Nigeria zurück. Daher blieb keine Zeit, ihr Land durch das traditionelle Abholzen der neuen Baumtriebe, die aus den alten Baumstümpfen nachgewachsen waren, zu roden. Ihnen fiel auf, dass ihre Feldfrüchte durch die Büsche, die in ihren Feldern wuchsen, vor heftigen Stürmen geschützt wurden, während die Ernte auf den gerodeten Feldern ihrer Nachbarn Schaden nahm. Sie konnten ihre Hirse auch viel früher als die Nachbarn ernten, obwohl sie sie einige Wochen später gesät hatten. Wieder waren einige Bauern für die Baum-Methode gewonnen.

2005. 20 Jahre sind vergangen. Inzwischen wandten 170 Dörfer die FMNR-Methode an. Sie wurden von dem internationalen Fonds für landwirtschaftliche Entwicklung gefördert. Es existierten 53 dörfliche Arbeitsgemeinschaften, von denen jede drei oder vier Dörfer umfasste. Auf ungefähr 130 000 Hektar wurde die Methode auf diese Weise angewandt. So standen auf Feldern, die 1985 praktisch keine Bäume aufgewiesen hatten, jetzt 103 bis 122 Bäume je Hektar.[27] Ein Dorf aus der Gemeinschaft um Augie, Dan Saga, verkaufte inzwischen sogar Feuerholz an das benachbarte Nigeria. Und das, obwohl Dan Saga näher an der Sahara liegt und einem raueren Klima ausgesetzt ist als das tropischere Nigeria. Zudem steigt auch die Anzahl der Niederschläge, je weiter südlich man geht.

Halidou Gangara zeigt stolz seine FMNR-Bäume, die in einem Hirsefeld wachsen. Im Hintergrund kann man Feuerholz sehen, das er verkauft.

Es stimmt: Diese Beispiele zeigen, dass unser Team einen großen Anteil daran hatte, FMNR in Niger zu verbreiten. Doch es ist nicht angebracht, den ganzen Ruhm für die Wiederbegrünung der Region zu beanspruchen. FMNR ist ein natürlicher Weg, der Ackerbau in Trockengebieten ermöglicht. Sicherlich wird er in der einen oder anderen Form in Niger und anderswo schon seit Jahrtausenden angewandt. Auch greift jeder, der aktiv sein Land verbessern möchte, instinktiv zu einer wirksamen Methode. Es gibt Beispiele für ähnliche Praktiken in Honduras, wo das Agrarforstsystem *Quesungual*[28] angewendet wird.

Auf meinen vielen Reisen bin ich auf unzählige Landwirte gestoßen, die es ganz einfach selbst herausgefunden haben. In den Bergen von Aileu in Osttimor begegnete ich Manuel da Silva, einem Bauern, der weder lesen noch schreiben konnte und seine Gegend nie verlassen hatte. Manuel da Silva wandte seine eigene Form von FMNR an. Sein Vater hatte ihn gelehrt, Bäume bewusst wertzuschätzen. Während des Ringens um die Unabhängigkeit von Indonesien (1975–1999) hatten Bäume seiner Rebellenbande Schutz geboten. Als der Friedensvertrag unterzeichnet worden war, begann er, die erodierenden Hügel auf seiner Farm zu schützen, indem er die zahlreichen Büsche beschnitt, die dort wuchsen. Es spielt also keine Rolle, wer FMNR entwickelt und verbreitet hat. Entscheidend ist, dass es für die ressourcenärmsten Bauern verfügbar und anwendbar ist, und zwar unabhängig von Regierungsbehörden oder externen Hilfen.

Die Wiederbelebung der Hoffnung

Während meiner 17 Jahre in Niger empfingen wir viele Besucher, die die Erfolge des Projekts vor Ort begutachten wollten – Mitglieder der SIM-Verwaltung, Vertreter unseres Hauptspenders, der *Canadian International Development Agency*, Delegationen anderer NGOs und viele mehr. Ein Besuch gegen Ende unserer Zeit in Niger blieb mir besonders in Erinnerung: es waren die Eltern einiger kanadischer Missionare.

Sie baten darum, unsere Arbeit zu sehen, wie so viele andere auch. Ich nahm sie mit in das Dorf Dan Indo. Bevor wir auf das Feld gingen, ließen wir uns für eine kurze Rast im Schatten des großen Baums in der Mitte des Dorfes nieder – der Ort, wo auch alle Dorfversammlungen abgehalten werden. Nach und nach kamen Menschen herbei und setzten sich um uns herum. Gespannt fragte ich sie, was das Wichtigste war, das wir mit unserem Projekt erreicht hätten.

Ich erwartete, dass sie von der Linderung der Hungersnot sprechen würden, denn schließlich waren durch diese Methode Leben gerettet worden. Oder auch von der Befriedigung, dass sie durch die Unterstützung zu Hause bleiben, ihr Land bewirtschaften und in der Folgesaison eine anständige Ernte einfahren konnten. Oder sie würden vielleicht den Brunnen nennen, den wir gegraben hatten. Die Frauen hatten früher Stunden damit verbracht, täglich Wasser aus unbefestigten Brunnen zu schöpfen, die jeden Moment einstürzen konnten. Oder die brennstoffeffizienten Herde? Die *Zai*, die lokalen Komposthaufen, die zu doppelt so hohen Erträgen führen konnten? Die schnell wachsenden, dürreresistenten Akazienbäume mit ihren nahrhaften, essbaren Samen? Oder natürlich: einfach die FMNR-Methode an sich?

DIESE MENSCHEN HATTEN DIE WIEDERBELEBUNG EINER AUSGEDÖRRTEN LANDSCHAFT MITERLEBT.

Innerhalb weniger Jahre hatten diese Menschen die Wiederbelebung einer windgepeitschten, ausgedörrten Landschaft miterlebt. Das Risiko von Ernteausfällen war stark zurückgegangen, es gab alternative Einkommensquellen und die Frauen konnten bei sich in der Nähe auf Feuerholz zugreifen.

Doch zu meiner Überraschung erwähnten sie nichts von alledem. Noch nicht einmal FMNR.

Zunächst war ich enttäuscht. Doch was sie dann sagten, bewegte mich tief.

> »Mr Tony, vor diesem Projekt waren wir nichts und niemand. Alles, was wir von unserem eigenen Bezirksvorsteher sahen, war der Staub seines Land Rovers, wenn er durch das Dorf raste. Das einzige Mal, dass wir staatliche Forstbeamte sahen, war, als sie kamen, um uns eine Geldstrafe für Baumrodung aufzuerlegen. Und alles, was wir von der Welt da draußen wussten, war das, was wir auf BBC hörten. Aber niemand kannte oder kümmerte sich um uns. Heute kennt man uns wegen dieses Projekts. Wir sind jemand. Jetzt ruft uns unser Bezirksvorsteher an, wenn er Rat braucht. Die Forstbeamten nennen uns als Beispiel, dem ganz Niger folgen sollte. Und die Welt – Leute aus Kanada, den USA, Australien und Europa – kommt uns besuchen, um zu erfahren, wie wir das geschafft haben.«

Sie hatten ihre Stimme in der Welt gefunden. Sie hatten sich Respekt erkämpft. Sie waren stolz geworden auf das, was sie waren.

Ja, die Auswirkungen von FMNR auf die Umwelt, die Existenzen und die Lebensmittelsicherheit waren offenkundig. Doch auch mein Team und ich bemerkten das, was die Menschen auch Dan Indo betont hatten: Ich sah Menschen, die vorher niedergeschlagen gewesen waren und in Unsicherheit und Angst vor der Zukunft gelebt hatten. Menschen, die sich als hoffnungslose Opfer von Klimawandel und Armut verstanden hatten. Jetzt lebten sie weitestgehend als Herren über ihre eigene Zukunft – und zwar in einer Weise, durch die die ständige Abhängigkeit von ausländischer Hilfe mit ihrem Fachwissen und ihrem Wohlwollen überwunden werden konnte. Die neue, gestärkte Identität, das Selbstbewusstsein, das darin lag, war genauso wichtig, wenn nicht gar noch wichtiger.

Die Anwender von FMNR hatten jetzt die Kraft, ihre Probleme selbst zu lösen. Und damit entwickelte sich etwas sehr Mächtiges. FMNR hatte die Hoffnung der Menschen wiederbelebt. Während sie die Methode zu ihrem machten, entstand all das, was nötig war, um Gemeinschaften zu mobilisieren: die Kommunikation, das Erstellen von Arbeitsplänen, das Überwinden von Hürden, die Zusammenarbeit für ein gemeinsames Ziel, der Genuss der Vorteile und zu erleben, wie sich die eigenen schwierigen Umstände veränderten. Vor unseren Augen erlangten die Menschen ihre Würde zurück.

Das ist eines der größten Geschenke, die ich für meine Arbeit erhalte: die unschätzbare Verwandlung zu beobachten, die vor sich geht. Denn man bedenke, wie schwer es Eltern auf der Seele lastet, ihre Kinder nicht anständig ernähren, kleiden und ausbilden lassen zu können. Jahr für Jahr fordert die Armut ihren Tribut. Viel zu viele Bauern, die kein Selbstwertgefühl mehr haben, sehen keinen Ausweg aus ihrem Dilemma und werden immer hoffnungsloser. Doch sobald Menschen aufhören, Opfer zu sein und wieder Hoffnung schöpfen, verändern sie sich. FMNR gibt ihnen eine solche Hoffnung. Sie schafft Unabhängigkeit und sie findet an der Basis statt.

FMNR HATTE DIE HOFFNUNG DER MENSCHEN WIEDERBELEBT.

Ich habe das oft erlebt. Wenn die Menschen ihr Misstrauen überwinden und zum ersten Mal die Bedeutung von FMNR verstehen, kommt es oft zu einem spontanen Freudenausbuch. Sie fangen an zu tanzen, zu klatschen, zu singen und zu lachen. Sie beginnen, an sich zu glauben, Selbstvertrauen zu gewinnen und Pläne für die Zukunft zu schmieden. Wer Hoffnung auf eine bessere

Zukunft hat, der schickt seine Kinder zur Schule. Der investiert in Qualität des eigenen Bodens und in Anbaumethoden, die ihm sogar noch mehr Nutzen einbringen.

Für den Erziehungs- und Landwirtschaftsexperten José Elías Sánchez (1927–2000) aus Honduras lag das Hauptproblem der Entwicklungsarbeit nicht in der Armut, der Bodenverschlechterung oder im Klima begründet, sondern in den falschen Überzeugungen. Sánchez führte gemeinsam mit Milton Flores in den honduranischen Bergen einen Lehrbauernhof. Dort half er den *Campesinos* (Bauern), ihr Verständnis von sich selbst, der Welt und von Gott zu verändern. Er überzeugte sie, dass sie begabte Menschen waren, dass sie ihr Schicksal zum Besseren wenden konnten, und er stellte fest:

> »Es ist wie ein Kampf um die Herzen und Köpfe der Menschen, ihre falschen Vorstellungen von sich selbst, ihrer Gemeinschaft, ihren Farmen und Gott abzulegen. Und ein Kampf darum, die richtigen Vorstellungen anzunehmen – dass sie Kinder Gottes sind, dass man durch die Zusammenarbeit mit anderen viel mehr erreichen kann als allein oder gegeneinander, dass ihre Farmen viel, viel mehr produzieren können, als sie es jetzt tun, und dass Gott sich um sie sorgt, sie liebt und in der Nähe ist.«[29]

Wie geschickt ausgearbeitet unser Projektplan auch sein mag, zum Erfolg der Methode braucht es vor allem eines: die Fähigkeit, den Menschen die Verbindung zwischen FMNR und ihren Bestrebungen nach Selbstwertgefühl und Würde aufzuzeigen. Das ist ein sehr entscheidender Faktor, ob eine Bewegung entsteht oder nicht. Die Verbreitung von FMNR wird nicht durch Regierungen, durch Gelder oder NGOs bestimmt – sie wird von den Menschen selbst betrieben.

Um die FMNR-Methode zu erklären und ihre Vorteile aufzuzeigen, halte ich immer wieder Vorträge oder Workshops, wie hier in der somalischen Stadt Hargeisa.

Was in Niger geschah, war keine revolutionäre technologische oder politische Leistung, und es bedurfte nicht astronomischer Finanzmittel. Es war eine bahnbrechende Leistung der Menschen selbst. Und es war eine Option für die Zukunft. Wir werden es schaffen, die riesigen zerstörten Wald- und Ackerlandflächen auf der Welt zu renaturieren, wenn wir lernen, die Menschen auf dem Weg zu begleiten, deren Existenz von diesen Gebieten abhängt. Und wenn wir gemeinsam mit ihnen lernen, wie man diese Flächen erhält. Dabei helfen wir gleichzeitig mit, dass das Selbstwertgefühl und die Würde dieser Menschen wiederherstellt wird.

Ein älterer Missionarskollege erzählte in einer Predigt davon, wie seine Familie aus dem bolschewistischen Russland geflohen war. Als sie bei Nacht flohen, ermutigte die Großmutter die Familie mit den Worten: »Wenn die Nacht am dunkelsten ist, strahlen die Sterne am hellsten.« Hungersnöte, mit all dem Leid, das sie mit sich bringen, zählen zu den dunkelsten Nächten der Menschheit. Wenn man sie nicht verschwendet, kann eine Hungersnot aber auch das

Beste in Menschen hervorbringen. So, dass sie hell strahlen, während sie heldenhafte Veränderungen bewirken, die unter normalen Umständen völlig undenkbar gewesen wären.

2015 – Zusammen mit Kebede Regasse, Projektmanager für Klimawandel und Umwelt bei *World Vision* Äthiopien, während eines Besuchs in Äthiopien

6

BÄUME DRÄNGEN DIE WÜSTE ZURÜCK

»Man kann mit einer Nadel einen Brunnen graben, aber es wird lange dauern.«
Sprichwort der Hausa

Als wir unsere Heimat zum ersten Mal in Richtung Afrika verließen, dachten wir, dass wir wahrscheinlich nach Australien zurückkehren würden, wenn Ben, unser Ältester, die 9. Klasse beendet hätte, damit er seine letzten Schuljahre in Australien absolvieren könnte. 1995 waren wir auf Heimaturlaub, und es war geplant, nur noch für zwei weitere Jahre nach Niger zurückzukehren. Eines Tages unterhielten Liz und ich uns darüber, wie schade es sei, dass wir nicht lange genug in Niger sein würden, um sicherzustellen, dass die Arbeit auch ohne unsere Hilfe weitergehen könne. Kurz nach diesem Gespräch rückten dann unsere Kinder für uns sehr unerwartet am Abendessenstisch damit heraus: Sie würden gerne länger als ursprünglich geplant nach Niger zurückkehren. Ben sagte, er habe vor, Geisteswissenschaften zu studieren, damit der Übergang zum australischen Bildungssystem nicht so herausfordernd sei. Melissa wollte ebenfalls so lange wie möglich in Niger bleiben, obwohl sie wusste, dass wir nach Bens Schulabschluss nach Australien zurückkehren mussten, und die beiden Jüngeren stimmten ihr zu. Also trafen wir die Familien-Entscheidung, für weitere vier Jahre nach Niger zurückzukehren.

Dann stand auch das Ende dieser vier Jahre kurz bevor und es war klar, dass nun der richtige Zeitpunkt für unsere Abreise gekommen war. Liz zum Beispiel verspürte das starke Gefühl, ihre Nähmaschine als Symbol des Loslassens an ihre nigrische Haushaltshilfe zu übergeben. Für mich war unser so wunderbarer Erfolg mit der Hungerhilfe zu einer Belastung geworden: Überall, wo ich hinkam, wurde ich mit Bitten um Hilfe bombardiert. Es wurde zur Dauerbelastung, sodass ich jemanden einstellte, der die Bittsteller an meiner Bürotür abwimmelte.

Da ich mit so vielen Besuchern zu tun hatte, blieb wenig Zeit für die strategische Arbeit. Selbst etwas so Einfaches wie der Gang zum Markt wurde geradezu unerträglich. Obwohl ich den Dorfbewohnern beigebracht hatte, selbstständiger zu sein, war man mittlerweile zu sehr von mir abhängig. Viele Menschen erwarteten von mir, dass ich ihnen helfen würde, wenn sie ein Problem hatten, anstatt selbst die Verantwortung dafür zu übernehmen. Mein Anliegen war es aber, dass sie die verschiedenen Maßnahmen selbst anwandten, ausprobierten und aus Schwierigkeiten eigene Handlungsschlüsse ziehen lernten. Wie zum Beispiel die FMNR-Methode, den Anbau von widerstandsfähigen, nahrungsproduzierenden Sträuchern und Bäumen, von brennstoffeffizienten Kochherden, Kompostierung, Mulchen usw. Ziel war, dass sie Leute aus ihrer Mitte auswählten, die den direkten Nutzen für die Dorfgemeinschaften erkannten und sich den Themen und Problemen selbst stellten. Ich war überzeugt, dass sie inzwischen das Wissen besaßen, um sich auch in Dürrejahren sicher ernähren zu können, sofern sie dieses Wissen und die gewonnenen Erfahrungen auch anwendeten. Es durfte nicht sein, dass sie nur etwas taten, um mir zu gefallen.

Zudem war ich ziemlich zuversichtlich, dass zumindest die FMNR-Methode nun auch ohne mich fortgesetzt würde. Weniger überzeugt war ich dagegen davon, dass unsere anderen Ideen und Konzepte eine Überlebenschance hätten. Es war an der Zeit zu schauen, ob meine Arbeit auch ohne meine Anwesenheit von Dauer war.

1999 zogen wir zurück nach Australien.

Die Vorbereitungen für die Projektübergaben waren in vollem Gange: Packen, Loswerden von übrigem Material und Gerätschaften, Abschied nehmen und einige Abschiedsfeiern. Ich fuhr ein letztes Mal in die Dörfer und besuchte die Büros der Bezirksverwaltungen, um mich zu verabschieden. Zuerst besuchte in den Bezirk Madarounfa. Der Name des neu eingesetzten Untergouverneurs dort kam mir bekannt vor. Während wir uns unterhielten, wurde mir klar, dass er niemand anderes als der frühere nigrische Konsul in Kano war, derjenige, der 19 Jahre zuvor dafür gesorgt hatte, dass unsere Visa im Eilverfahren ausgestellt wurden! Es stellte sich heraus, dass der Konsul aus der örtlichen königlichen Familie aus genau jenem Bezirk stammte, in dem ich eingesetzt gewesen war. Ich nutzte die Gelegenheit, um ihm zu berichten, was seine Tat bewirkt hatte – dass wir mit den Gemeinschaften den Kampf gegen Versteppung und Armut aufgenommen und Brunnen gebaut hatten, dass wir Lebensmittelhilfen ausgeliefert und Verfahren hinsichtlich der Landwirtschaft und Gesundheitsversorgung verbessert hatten. Seine Antwort lautete: »Wenn man in der Welt Gutes tut, kehrt es zu einem zurück.« Das schien ein passender Schlusssatz für das Kapitel über meine Zeit in Niger zu sein.

Trotzdem fiel es mir nicht leicht, dieses Land zu verlassen. Sicher, ich liebte Australien, und es war an der Zeit, zurückzukehren. Aber für die Idee, in Zukunft einen einfachen Bürojob anzunehmen, konnte ich mich nicht begeistern. Während ich den Ruf vernommen hatte, nach Afrika zu gehen, und die Wegweiser in meinem Leben damals alle dorthin gezeigt hatten, spürte ich jetzt nicht dieses Gefühl oder gar eine innere Stimme, die mich nach Australien zurückgerufen hätte. Aber Liz und ich wussten, es war die richtige Zeit zur Rückkehr. Die Suche nach unserer zukünftigen Arbeit ging mit vielen Gebeten und Gewissensprüfungen einher.

An diesem Punkt schickte mir ein Freund ein Stelleninserat, in dem ein internationaler Programmkoordinator bei *World Vision Australia* gesucht wurde.[30] Ich spürte sofort, dass ich meine Energie gerne ganz und gar dieser Rolle widmen wollte. Es wäre eine nie da gewesene Gelegenheit, die schwierigen Lektionen, die ich in Niger gelernt hatte, in einem größeren Rahmen in die Praxis umzusetzen, und ich hätte die Möglichkeit, meiner Leidenschaft zu folgen und FMNR in der Welt bekannt zu machen. Und doch kann niemand in die Zukunft blicken: Denn wenn wir wüssten, wie lange es braucht, um etwas zu erreichen, und welche Rückschläge es geben wird, würden wir manche Dinge vielleicht nie angehen.

WENN WIR WÜSSTEN, WIE LANGE ES BRAUCHT, WÜRDEN WIR MANCHES VIELLEICHT NIE ANGEHEN.

Noch einige Jahre nach unserer Heimkehr verging kaum ein Tag ohne kleinere oder größere Situationen, die mich an Niger erinnerten. Einfach den Wasserhahn aufzudrehen und zu sehen, wie das Wasser so frei und mühelos floss, erinnerte mich daran, dass es ein umgekehrtes Bild davon war, wie man Wasser in Niger holen muss. Dort war Wasser so rar, verschmutzt und schwer zugänglich wie in vielen Teilen der Dritten Welt. Ich erinnerte mich an die Blöcke aus Hartholz, die die Dorfbewohner über die offenen Brunnenschächte legten. Die tiefen Einkerbungen in den Blöcken waren ein stilles Zeugnis des täglichen Ziehens von Hunderten handgeflochtenen Seilen aus Palmblättern (*Hyphaene thebaica*). Die Einkerbungen stehen sinnbildlich für den Schweiß, die Mühsal, die Knappheit und die Gefahr, die mit dem Gewinnen von Wasser in Niger verbunden sind.

Beim Heben des Wassers aus dem Brunnen entstehen durch das Hochziehen der Seile tiefe Kerben im Hartholzstamm, der auf dem Brunnenrand liegt.

Traditionelle Brunnen wurden von Hand gegraben und waren nicht mit Beton ausgekleidet. Nach einer gewissen Zeit brach der Erdwall auf Wasserhöhe zusammen, wodurch sich der verfügbare Wasservorrat verringerte. Dann war es notwendig, unter hohem Risiko in den Brunnen zu steigen, um ihn vom Schlick zu reinigen. Wenn man den Brunnen nicht kontrollierte, konnte sich ein großer und gefährlicher Hohlraum bilden. Die verstummenden Schreie der Frauen und Tiere, die beim Zusammenbruch eines Brunnens in die Tiefe gerissen worden waren, gaben einem unglücklichen

Dorf gar seinen Namen: *Sha ka fada* (»Trinken und reinfallen«). Es hatte keine Ausrüstung und kein Rettungsteam vor Ort gegeben, um sie daraus zu befreien.

Obwohl ich wieder zu Hause war, konnte ich die wertvolle Ressource Wasser nicht vergeuden. Wir sammeln bis heute Dusch- und Waschwasser aus dem Haus und versprühen es im Garten. Ohnehin ist Wasserüberfluss in Australien – dem trockensten Kontinent der Erde – nur eine Illusion, und als Nation müssen wir lernen, es klüger zu nutzen. In den vergangenen Dürrejahren war unter anderem auch eine übermäßige Wassernutzung der Grund, warum der natürliche Wasserkreislauf gestört wurde. Die Folge waren ein großes Fischsterben und ein erhöhter Salzgehalt im Unterlauf des Murray-Darling-Flusssystems im Südosten Australiens.

Im ersten Jahr lebten wir zur Miete. Dann kauften wir unser eigenes Haus ganz in der Nähe von Schulen, Geschäften, einer Kirche und unserer Arbeit in den östlichen Vororten von Melbourne. Während ich mich umgeben von Gebäuden und Verkehr nie richtig zu Hause gefühlt habe, fiel Liz, die in Melbourne aufgewachsen ist, der Übergang viel leichter.

Liz beschloss, nicht sofort wieder zu arbeiten, und wurde so zum Ankerpunkt zu Hause für alle anderen Familienmitglieder. Wir anderen fanden uns langsam im neuen Leben zurecht. Melissa, Daniel und Sarah besuchten eine örtliche christliche Schule und nahmen bald an sportlichen und kirchlichen Aktivitäten teil. Ben fand einen Nebenjob und bereitete sich darauf vor, *Globale Entwicklung* zu studieren. Jeder von ihnen durchlief den Übergang auf seine Weise – von Resignation bis Begeisterung und von Gleichgültigkeit bis Wut, aus Afrika herausgerissen worden zu sein, war alles dabei.

Unsere Freunde meinten, wie gut wir uns an das Leben in Australien angepasst hätten. Sie sahen jedoch nicht den Zorn, den unsere Kinder empfanden, als die Lehrer immer wieder betonten, wie gut es sich anfühlen müsse, wieder in Australien zu sein – was sie anfangs nicht als ihre Heimat ansahen. Sie waren vor den Kopf gestoßen, als andere darauf bestanden, dass sie als Footballfans ein australisches Football-Team als ihr Lieblingsteam wählen müssten. Sie waren frustriert darüber, dass sich viele Gespräche um Belanglosigkeiten wie Mode, iPhones etc. drehten. Und es war eine Herausforderung für sie, die richtige Art von Kleidung zu tragen, denn das Wetter in Melbourne ist dafür bekannt, an einem Tag von Schnee bis Hochsommer alles einmal zu durchlaufen.

Eine der schwierigsten Anpassungen waren aber die Beziehungen. In Westafrika hatten sie langjährige Freundschaften gehabt und waren Teil einer Gemeinschaft gewesen, die an einer bedeutenden Veränderung arbeitete. Nun gehörten sie zu den Neuankömmlingen unter den Schülern und Studenten.

Wir waren überrascht, wie viel Zeit und Energie nötig war, um sie bei diesem Übergang zu unterstützen. Zum Glück musste Liz nicht noch einer Arbeit außer Haus nachgehen. Doch auch bei ihr staute sich nach und nach Frust an, dass sie kein Teil von etwas Größerem war. Sie machte daraufhin einige Computerkurse in kommunalen Schulungszentren. Das sollten ihr den Weg für zukünftige Möglichkeiten ebnen.

An einem Nachmittag im Jahr 2002 rief ich sie zu Hause an. Ich hatte eine wichtige Besprechung vor mir, und weil ich mit dem Fahrrad zur Arbeit fuhr, dafür keine passenden Schuhe an. Ich fragte sie, ob sie mir welche ins Büro bringen könnte. Sie sagte Ja. Nachdem sie die Schuhe geliefert hatte, stieß sie auf Sheldon Rankin, den Leiter der internationalen Projekte von *World Vision Australia*. Er hatte gerade mit einem gemeinsamen Freund darüber gesprochen, wie oft das Talent und die Erfahrung von Missionarsfrauen nach ihrer Rückkehr ins Heimatland verschwendet wurden. Als er hörte, dass Liz daran interessiert war, wieder in die internationale Entwicklung einzusteigen, lud er sie sofort zu einem Vorstellungsgespräch ein. Liz bekam daraufhin eine gute Stelle bei *World Vision*, bei der sie 6,5 Jahre blieb. Sie konnte ihre Erfahrungen in den Teams für Asien, Pazifikländer und Lateinamerika einbringen.

Grüner Hunger

In der australischen Zentrale in Melbourne durchlief ich eine steile Lernkurve – es gab eine schwindelerregende Anzahl an Abkürzungen, Begriffen aus der Entwicklungsarbeit und einzuhaltenden Vorschriften, die ich lernen musste. Obwohl ich 17 Jahre lang in Niger in der Entwicklungsarbeit tätig gewesen war, waren mir viele Anforderungen, die sich in der Zentrale einer Hilfsorganisation ergaben, völlig fremd. Zudem musste ich mich erst daran gewöhnen, an vielen Meetings in Büros teilzunehmen, Projekte aus der Ferne zu überwachen und hauptsächlich per E-Mail zu kommunizieren. Als Programmbeauftragter trug ich die Verantwortung für alle Programme in den Ländern, die mir zugeteilt waren – anfangs Äthiopien und Kenia. Meine Managementaufgabe umfasste eine breite Palette von Projekten in den Bereichen Gesundheit, Bildung, Wasser- und Sanitärversorgung, Landwirtschaft und so weiter. Mit der Zeit lernte ich, wie und wo ich FMNR in die Programme einbringen konnte. Aber erst 2012, als der FMNR-Hub gegründet wurde, konnte ich in der Organisation einen Plan für FMNR erstellen und proaktiv fördern.

In Australien beschränkte sich meine Arbeitszeit weitgehend auf das Büro, abgesehen von den Besuchen im Feld, damals dreimal pro Jahr. Von meinem Schreibtisch in Melbourne aus schaute ich direkt auf die Springvale Road, die täglich von 60 000 Autos befahren wird. Mir schwirrte oft der Kopf, und manchmal konnte ich mich kaum konzentrieren. Denn ich war weite Landschaften gewohnt, nicht Highways. Ich war aus Niger gewohnt, alle Entscheidungen selbst zu treffen und direkte Arbeitsanweisungen für die Praxis zu geben.

Blickte ich von meinem Büro aus über den Verkehr und die Vorstädte hinweg, sah ich immerhin in der Ferne die bewaldeten *Dandenong Ranges*, eine Reihe flacher Berge. Sie liegen rund 35 Kilometer östlich des Stadtzentrums von Melbourne. Das gab mir irgendwie die Geduld, durchzuhalten.

Drei- bis viermal im Jahr reiste ist zu den Projekten, die ich sonst vom Schreibtisch aus betreute. Diese Besuche vor Ort dauerten in der Regel zwei bis vier Wochen. Mein erster Besuch führte mich nach Humbo in Äthiopien, um das Wasser- und Abwasserprojekt Likimse zu überwachen. Wir erschlossen eine zentrale Quelle, bauten zwei 150 000 Liter fassende Wasserspeichertanks und verlegten 55 Kilometer Rohre durch wilde Natur. Damit wurde der Bedarf von 40 510 Menschen durch 27 neue Wasserstellen gedeckt, die sich jeweils im Dorf oder deren Umgebung befanden.

Für uns im Westen ist es nicht leicht, sich vorzustellen, wie bedeutsam solche Projekte sind. Auf meinen Reisen habe ich Dorfbewohner getroffen, die ins Krankenhaus mussten, um sich Blutegel aus der Kehle entfernen zu lassen – sie hatten verschmutztes Wasser aus stehenden Gewässern getrunken. Ich sah Vieh, das seine Exkremente in einem Fluss ausschied, aus dem weiter unten die Mädchen das Wasser für die Familie schöpften. Einmal besuchte ich ein Dorf, das ehemals für seinen hohen Alkoholkonsum – sogar unter Kindern – berüchtigt war. Der einzige Weg, den sie finden konnten, um Durchfallerkrankungen zu vermeiden, war das Trinken von Bier. Der Alkohol in dem selbst gebrauten Getränk tötete die Bakterien aus dem Wasser ab.

Bei der Zusammenarbeit mit meinen Kollegen von *World Vision* erlebte ich die Hingabe, die sie in ihrem Dienst für die Menschen erbrachten. Das nötigte mir großen Respekt ab. Viele waren für Monate in entlegenen Gegenden eingesetzt, in denen es wenige moderne Annehmlichkeiten gab, und waren lange getrennt von ihren eigenen Familien. Wie mein Team und ich in Niger es selbst erfahren hatten, mussten auch sie oft Argwohn und Widerstand von den Leuten ertragen, für die sie ihre gewohnte Umgebung verlassen hatten, um ihnen zu helfen. Ich erinnere mich, wie ich eine frisch verheiratete junge Mitarbeiterin mit dem Auto zu ihrem Posten fuhr, wo sie ihre Aufgaben als Logistikoffizierin wieder aufnehmen sollte. Ihre stummen Tränen auf der stundenlangen Fahrt zeigten, wie hoch der Preis ihres Engagements für die Armen war. Damals, 1999, war die Möglichkeit, aus dem Busch zu Hause anrufen zu können, noch wahrer Luxus.

Viele Kollegen nahmen das Gebet und regelmäßiges Fasten sehr ernst. Sie standen frühmorgens auf, viele von ihnen fasteten einen Tag pro Woche und beteten damit für die Menschen, in deren Dienst sie sich gestellt hatten. Bei einem neuen Programm, dessen Anlage sich noch im Bau befand, diente ein einräumiges Gebäude den zehn Mitarbeitern – die meisten unter ihnen waren Männer – als Schlafsaal, Büro und Esszimmer. Morgens wurden die Betten an die Wände gestellt und Tische hervorgezogen, die erst als Ess- und danach als Schreibtische dienten. Im Team waren Kolleginnen und Kollegen mit unterschiedlichen Qualifikationen

ARTENVIELFALT IST ELEMENTAR – FÜR DEN ACKERBAU GENAUSO WIE FÜR DIE NATURLANDSCHAFTEN GENERELL.

aus den Bereichen Verwaltung, Ingenieurwesen, Gesundheit, Landwirtschaft, Sozialwissenschaften, Überwachung und Evaluierung engagiert. Die Mitarbeiter arbeiteten bis spät in die Nacht beim flackernden Schein von Kerosinlampen. Selbst wenn sie noch so müde waren, mussten sie warten, bis alle ihre Arbeit beendet hatten, um ins Bett gehen zu können – und oft genug war es nach Mitternacht.

Aus Niger waren für mich Hungerjahre immer mit Dürre und vertrockneten Landschaften in Erinnerung. Doch in Äthiopien war das anders. Ich war bestürzt, dass viele Dorfgemeinschaften trotz üppiger Vegetation und hohem Gras massive Ernteausfälle erlitten hatten und wir deshalb Lebensmittelspenden liefern mussten. Meine äthiopischen Kollegen erklärten mir, dass es sich um grünen Hunger handelte: In der Anbausaison war zwar genug Regen gefallen, aber weil er sich nicht gleichmäßig verteilte und eine Trockenperiode während der entscheidenden Phase der Kornbildung auftrat, gab es praktisch keine Ernte. Außerdem waren die Hügel und Ackerflächen fast vollständig von Baumbestand befreit worden. Wenn es regnete, führten die intensiven, aber kurzen Regenschauer, die für die Subtropen typisch sind, zu Überschwemmungen. Dadurch ging die Ernte und manchmal sogar Vieh verloren. Genau wie in Niger machten also zwei vorwiegende Gründe die Menschen höchst verwundbar: Abholzung und eine übermäßige Abhängigkeit von nur einer oder zwei einjährigen Kulturpflanzen.

Das Beispiel von Humbo zeigt, warum Artenvielfalt so elementar ist – für den Ackerbau genauso wie für die Naturlandschaften generell. Wenn die Artenvielfalt in einer Parzelle zunimmt, profitiert die gesamte Landschaft. Und das nicht nur in dem engen Zeitfenster, das eine unzuverlässige Regenzeit bietet, sondern das ganze Jahr hindurch. Außerdem können die Bauern durchgehend produktiv sein, auch wenn Katastrophen wie Dürren, Überschwemmungen, schwere Stürme oder Schädlingsbefall eintreffen sollten. Bei einer ausreichenden Vielfalt wird unter den Pflanzen und Tieren immer ein Exemplar sein, dem die Katastrophe entweder nichts oder zumindest weniger anhaben kann.

Eine Idee, deren Zeit gekommen war

Mir war schnell bewusst, wie FMNR in solchen Situationen helfen konnte. Aber von Zeit zu Zeit erfasste mich auch Mutlosigkeit, da die Methode nur langsam angenommen wurde. Doch wie der Schriftsteller Victor Hugo einst schrieb: »Nichts ist so mächtig wie eine Idee, deren Zeit gekommen ist.« Ich wusste, dass die Zeit für FMNR zwangsläufig irgendwann kommen würde.

2004 bot sich mir die erste Gelegenheit seit wir Niger verlassen hatten, wieder dorthin zu reisen. Auf dieser Reise lernte ich Chris Reij kennen, Humangeograf an der *Vrije Universiteit* in Amsterdam. Chris reiste seit bereits 30 Jahren regelmäßig nach Westafrika und dokumentierte dort Veränderungen und landwirtschaftliche Ideen, die ausprobiert wurden. Anfang 2004 war er quer durch Niger gefahren und überrascht von dem Ausmaß der Wiederbegrünung gewesen. Im September verifizierte er seine Ergebnisse, indem er sich mit Gray Tappan vom amerikanischen geologischen Dienst (*US Geological Survey*) zusammentat. Gray schilderte seinen ersten Eindruck so: »Ich arbeite seit über zwei Jahrzehnten in der Sahelzone, aber so etwas habe ich noch nie gesehen.« Grays hochauflösende Vorher-nachher-Satellitenaufnahmen, die das Ausmaß von FMNR in Niger zeigen, belegten zweifelsfrei die beachtliche Verbreitung der Methode.

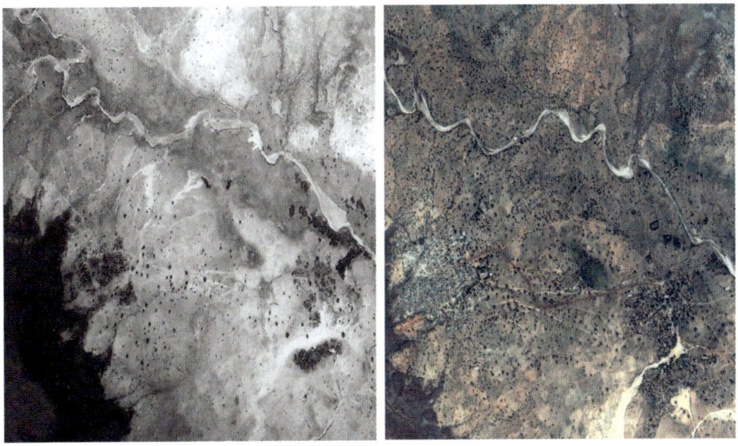

Satellitenbilder, die die Baumdichte in der Ortschaft Galma in Niger zeigen: 1975 und 2016

Die Satellitenbilder von 2003 bewiesen, dass es ungefähr fünf Millionen Hektar Ackerland mit einer durchschnittlichen Baumdichte von 40 Bäumen pro Hektar in Niger gab, was ungefähr 200 Millionen Bäumen entsprach! Eine von Gray 2016 durchgeführte Studie lässt darauf schließen, dass FMNR auf über sechs Millionen Hektar (rund eineinhalbmal so groß wie die Schweiz) praktiziert wird. Das waren so aufregende Neuigkeiten, dass sie Chris dazu veranlassten, Lydia Polgreen, Leiterin des westafrikanischen Büros der *New York Times*, zu einem Besuch und einem Artikel über die Geschichte zu bewegen. Am 11. Februar 2007 stand ihr Artikel auf der Frontseite der Sonntagsausgabe: *In Niger, Trees and Crops Turn Back the Desert* (»In Niger drängen Bäume und Felder die Wüste zurück«). Dieser Beitrag war in Umwelt- und Entwicklungsfachkreisen eine Sensation. Zum ersten Mal wurde international auf den Wandel in der Sahelzone hingewiesen.

Als Chris mir davon in einem Café mit Blick über den Niger-Fluss erzählte, war ich erstaunt und begeistert. Weltweit hatten

Behörden die Sahelzone als hoffnungslosen Fall abgeschrieben. Aber dass einzelne Landwirte seit 1984 die FMNR-Methode anwendeten und sie sich über einen Zeitraum von 20 Jahren weiter ausgedehnt hatte, hatte bewirkt, dass schließlich über 50 Prozent der Anbaufläche von Bäumen bedeckt waren. Laut Chris war das, was in Niger und seinen Nachbarländern geschah, vielleicht die größte positive ökologische Entwicklung in der Sahelzone, wenn nicht in ganz Afrika.

Mit seinem Stift unablässig auf den Metalltisch tippend, folgerte Chris: »Genug Forschung! Diese Geschichte muss an die Öffentlichkeit.« Er hielt sein Wort und setzte sich weiter hartnäckig dafür ein, Journalisten und Filmemacher für das Thema zu begeistern und FMNR eine internationale Bühne zu bereiten. Er arbeitete mit Dennis Garrity zusammen, UN-Botschafter für Trockengebiete, um neue Fördermittel für die Umsetzung von FMNR zu ermöglichen, und er aktivierte Schlüsselfiguren aus Forschung, Politik und Interessensverbänden, wie Bob Winterbottom vom *World Resources Institute*. Chris hat sich enorm stark dafür gemacht, dass weltweit ein Bewusstsein für FMNR geschaffen wird. Einmal fragte ihn ein Kollege, woher er die Kühnheit nahm, mit Staatsoberhäuptern, Botschaftern und Ministern zu sprechen. Chris umschrieb es mit den Worten des berühmten holländischen Fußballspielers Dennis Bergkamp: »Wenn man den Ball hat und das Tor vor einem ist – dann schießt man einfach. Man hört auf, nachzudenken, die Windrichtung zu testen oder andere zu fragen. Man schießt einfach!«

Dass eine solche ökologische Verwandlung in einem der ärmsten Länder der Welt stattfand, in einer physisch und sozial feindlichen Umgebung mit geringen Investitionen in die Forstwirtschaft seitens der Regierungsseite oder durch NGOs, machte sie für Länder, die sich mit ähnlichen Problemen konfrontiert sahen, doppelt bedeutsam. Das Beispiel Niger warf die Frage auf: Wenn eine so rasche und kostengünstige Wiederaufforstung unter solch schwierigen Umständen möglich ist, was ist dann vielleicht erst anderswo möglich? In der Tat ist Niger diesbezüglich noch heute ein Leuchtturm und ein Zeichen der Hoffnung für eine Welt, die unter der doppelten Geißel von sinkender Bodenqualität und Klimawandels leidet.

FMNR-Maßnahmen rund um ein Dorf in Niger

Das Wiederaufforstungsprojekt von Humbo

Für *World Vision* gab es in dieser Zeit zwei bedeutende Wendepunkte, die dazu führten, dass FMNR als feste Methode übernommen wurde: dass 2006 das Wiederaufforstungsprojekt in Humbo eingerichtet wurde und dass 2012 ein FMNR-Hub[31] gegründet wurde.

Humbo liegt 420 Kilometer südwestlich der äthiopischen Hauptstadt Addis Abeba. *World Vision* war in der Region seit der Hungerkrise 1984 aktiv. Sie stellten dringend benötigte Lebensmittel und medizinische Hilfe zur Verfügung. Einige Mitarbeiter blieben vor Ort und richteten Arbeitsgemeinschaften ein, die sich für Gesundheit, Bildung, Landwirtschaft und die wirtschaftliche Entwicklung der Menschen engagieren. Man erzielte zwar große Fortschritte, aber trotz all der fachmännischen und höchst engagierten Arbeit blieb die Bevölkerung durch drohende Hungersnöte weiterhin hoch gefährdet.

Februar 2002

November 2007

Nur fünf Jahre liegen zwischen den beiden Aufnahmen: Dorfgemeinschaften in Humbo, Äthiopien, begrünten diese einst verödete Bergkette durch FMNR. Eine Leistung, auf die sie sehr stolz sind.

Wie der Zustand der Landwirtschaft damals in der Region war und wie gesichert die Lebensmittelversorgung ablief, zeigen folgende Tatsachen: In den 30 Jahren, bevor das Humbo-Projekt seinen Anfang nahm, waren die Gemeinschaften mehr oder weniger stark auf Lebensmittelhilfen angewiesen. Das lag größtenteils gar nicht unbedingt an den Dürren, sondern vielmehr an der weitverbreiteten Umweltzerstörung und der übermäßigen Abhängigkeit von einem einzigen, einjährigen Getreide – Mais.

Von den 48 893 Menschen, die 2006 im Rahmen unseres Entwicklungsprogramms im Humbo-Gebiet lebten, waren schätzungsweise 85 Prozent von Armut betroffen. Das Ziel des Projekts war, 2728 Hektar zerstörten Wald wiederaufzuforsten und gleichzeitig die Lebensgrundlage der Menschen vor Ort zu verbessern. Wie genau? Durch verbesserte Umweltbedingungen, direkten Nutzen aus dem wiederhergestellten Wald und finanzielle Einkünfte aus Emissionszertifikatshandel. Das Projekt ermöglichte es ihnen, Kooperativen zu bilden, die die Einkünfte klug investierten. Durch die Errichtung von Getreidespeichern waren die Mitglieder in der Lage, zur Erntezeit und wenn die Marktpreise niedrig waren, einen fairen Preis für ihr Getreide zu erhalten. Gingen ihre eigenen Vorräte zur Neige, konnten sie unter dem Marktpreis das Getreide von der Kooperative kaufen. In den Dörfern wurden Kornmühlen eingerichtet. Das hat das Leben für die Frauen, die vorher lange Entfernungen zurücklegen mussten, um ihr Getreide mahlen zu lassen, sehr viel leichter gemacht.

Es ist erstaunlich: Nur sechs Jahre nach Beginn des Projekts verkauften die sieben Dorfgemeinschaften, die zuvor von internationaler Hilfe abhängig gewesen waren, 106,7 Tonnen Getreide an das Welternährungsprogramm (*World Food Programme* – WFP). Und 2016, als ein Großteil Äthiopiens unter Dürre und gravierender Nahrungsmittelknappheit litt, war die Verpflegung in den Gemeinschaften in Humbo gesichert. Landwirte sagten zu mir: »Wir hatten in diesem Jahr zwar weniger Regen, aber immer, wenn Wolken an unserem Berg hingen, regneten sie mit größerer Wahrscheinlichkeit über unserem Land als über dem unseres Nachbarn.«

Die Kooperative in Humbo, Äthiopien, nutzte die Einnahmen aus dem Verkauf von Emissionsgutschriften, um diesen Schuppen zu bauen und die Getreidemühle zu kaufen.

Ich kam zu dem Schluss, dass die jeweilige Regenmenge wohl einfach mehr Wirkung entfalten konnte, weil die Temperaturen und Windgeschwindigkeiten in den wiederaufgeforsteten Landstücken niedriger ausfielen. Durch mehr organische Substanz im Boden wurde mehr Feuchtigkeit zurückgehalten, weil weniger Wasser abfloss oder verdunstete. Auf einen Schlag führte dieses Landsanierungsprojekt dazu, dass ein Wendepunkt einsetzte: Seither ist die Umwelt wieder in ihrem ursprünglichen Zustand. Zusätzlich stiegen die Einkommen, und die Bevölkerung entwickelte mehr Widerstandskraft gegen den Klimawandel.

Dass dieses Projekt so erfolgreich war, hat mit dem Geschick und der harten Arbeit der Kollegen von *World Vision Ethiopia* zu tun, die enge Freunde von uns wurden: Assefa Tofu, Hailu Tefera und viele andere leisteten unzählige Stunden Arbeit und wurden häufig bis an die persönlichen Grenzen belastet, während sie sich für das Projekt engagierten. Manchmal durch ängstliche Dorfbewohner, die dachten, sie würden ihren Zugang zu den Waldressourcen verlieren, und nicht selten auch von Beamten, die das gesamte Unterfangen infrage stellten.

Bemisst man Humbos Erfolg jedoch nur in wirtschaftlicher, ökologischer oder klimatischer Hinsicht, lässt sich nur ein Teil der Gesamtauswirkung feststellen. 2003 erzählte mir Anna Szava, eine australische Doktorandin, wie die Mitglieder der Gemeinde sich bezüglich der Veränderungen fühlten. Jemand hatte ihr Folgendes erzählt:

> »Wir sind so überglücklich. Ich fühle nur Freude, wenn ich den Hügel ansehe. Als wir früher zum Markt in Hobicha gingen, konnte man sich nirgendwo im Schatten ausruhen, aber jetzt gehen wir den ganzen Weg dorthin im Schatten von Bäumen. Als dort nur Felsen waren, hatten wir keinen Regen. Heute bin ich sehr stolz. Ich bin nicht nur auf mich selbst stolz, sondern auf mein Dorf und den Bezirk. Dieses Projekt ist überall auf der Welt bekannt.«

Bilder des Humbo-Aufforstungsgebiets, 2005 und 2017

Diesen Ausdruck von Freude und Stolz kann man nicht einfach als Sentimentalität abtun – das sind die Gefühle, die eine Bewegung antreiben! Diese Art Enthusiasmus ist ansteckend.

Fachleute sind vielleicht am schwierigsten zu überzeugen. Die klügsten Köpfe, Millionen Dollar und viel Rhetorik kamen beim Versuch, Wüstenbildung aufzuhalten, zum Einsatz. Aber in allzu vielen Fällen führten sie nicht zum Erfolg. So bildeten genau die Dinge, die letztlich zum Erfolg von FMNR beigetragen haben, für manche auch die Hindernisse:

- FMNR ist kostengünstig. Was für die Bauern ein Segen war, wurde häufig als billig erachtet und nicht als die erste Wahl in puncto Methodenfindung.
- FMNR wird von den Bauern selbst gesteuert. Die Bauern wurden zum Handeln befähigt, was jedoch als unwissenschaftlich, rückständig und planlos interpretiert wurde.
- Des Weiteren führte FMNR zur Wiederbelebung einheimischer Arten. Diese Arten wurden jedoch zu oft als wild, nicht richtig ausgewählt und minderwertig angesehen.

Aber diese oberflächliche Wahrnehmung hielt sich nicht lange, nicht nur aufgrund der bedeutenden Auswirkungen. Auch die mitreißende Energie derjenigen, die direkt betroffen waren, war ansteckend. Menschen, die von lähmender Armut und Hunger befreit worden waren, hatten nun die Möglichkeit, eine bessere Zukunft für ihre Familien zu schaffen, und wurden mächtige Fürsprecher der Methode. Tausende äthiopische und internationale Besucher, darunter auch Regierungs- und Gemeindevorsitzende, Mitglieder von Hilfsorganisationen, Geldgeber, Journalisten, Forscher und gewöhnliche Bauern wurden von dem inspiriert, was sie gesehen und gehört hatten. Im Laufe der Zeit wurde das Wiederaufforstungsprojekt Humbo, das ein Goldstandard-Kohlenstoff-Sequestrierungsprojekt[32] im Rahmen des *Clean Development Mechanism*[33] ist, zu einem Katalysator für die Verbreitung von FMNR.

FMNR-Hub beschleunigt die Verbreitung

Obwohl es immer mehr Erfolgsgeschichten aus der Praxis gab, erfolgte die Verbreitung von FMNR in vielen Ländern nur langsam. 2012 übernahm Rob Francis die FMNR-Projektleitung bei *World Vision Australia*. Er erkannte schnell, wie einfach und welche hohe Wirkungskraft FMNR hatte, aber gleichzeitig sah er auch, wie schwer es mir fiel, meine Botschaft unter die Leute zu bringen. In erster Linie lag das an den fehlenden Mitteln: Sofern ich keine direkte Projektverantwortung für ein Land trug, konnte ich dort auch nicht aktiv werden. Und da nur wenige Kollegen in den verschiedenen *World-Vision*-Länderbüros über FMNR Bescheid wussten, standen die Chancen sehr schlecht, dass sie einen Besuch von mir finanzierten.

2015 – Gemeindemitglieder beschneiden regenerierte Bäume in der Humbo-Aufforstungsanlage

Rob Francis wurde klar, dass FMNR niemals schnell wachsen würde, wenn ich keine finanziellen Mittel und kein Mandat dafür erhielt. Er entwickelte deshalb die Idee eines FMNR-Hub und einer dazugehörigen Webseite[34] und plante ein virtuelles Kompetenzzentrum. Das Ziel dieser Webseite war die Förderung der Entwicklung von FMNR weltweit – durch Koordination, Kommunikation, intensive Zusammenarbeit, technische Unterstützung, den Aufbau wissenschaftlicher Glaubwürdigkeit, eine Interessenvertretung und durch die Mittelbeschaffung für Projekte. Und Rob half Gelder zu organisieren, damit ich FMNR proaktiver in die Welt tragen konnte, denn zuvor konnte ich nur reisen, wenn das in einem existierenden Projektbudget bereits vorkalkuliert war. Nun hatte ich die finanziellen Mittel, persönlich Trainings in Ländern anzubieten, die ich sonst nie erreicht hätte.

Der Hub gibt Fürsprechern und Geldgebern eine Plattform, dient zur Unterstützung von Projekten, die gerade erst in der Anfangsphase stecken, und bietet den Befürwortern von FMNR vor Ort wertvolle Anleitungen, die sich mit der Umsetzung noch schwertun. Ohne diese einsichtsvolle Hilfe, die zur rechten Zeit kam, hätte sich FMNR nicht so schnell verbreitet. Viele weitere Kollegen, zu viele, um sie alle zu nennen, trugen entscheidend zu der Arbeit bei: Sie veröffentlichten Empfehlungen, schrieben Projektbegutachtungen, entwickelten FMNR-Projektmodelle als Orientierungshilfe für die Ausarbeitung von Vorschlägen, es wurden ein Online-Trainingskurs[35] und ein FMNR-Manual entwickelt,[36] Spendengelder beigebracht und große Medienkampagnen organisiert. Nach und nach trat dann auch der Effekt ein, den wir uns erhofft hatten: Es gab eine wachsende Anerkennung der Arbeit in Form von Preisen und Auszeichnungen und eine vermehrte Berichterstattung in den Medien.

In Niger hatten wir FMNR zunächst erfolgreich in den Dörfern eingeführt. Mit etwas Anstrengung gelang uns dann, FMNR auf Bezirks- und Landesebene einzuführen. Was war also nötig, um FMNR regional und international voranzutreiben?

ES WAR AN DER ZEIT, FMNR EINEM WELTWEITEN PUBLIKUM VORZUSTELLEN.

Im Laufe der Jahre stellte ich fest, dass wir eine exponentiell steigende Verbreitungsrate bekommen könnten, wenn wir unsere Bemühungen Schritt für Schritt steigern würden. Obwohl ich das Rampenlicht eher scheue und lieber direkt in den Dörfern arbeite, wurde mir klar, dass es ein natürlicher und notwendiger nächster Schritt war, sich mit anderen Institutionen und Experten in großen öffentlichen Foren zusammenzutun und FMNR einem weltweiten Publikum vorzustellen.

Wieder tat Rob Francis den ersten Schritt. Er konzipierte die erste internationale *Beating-Famine*-Konferenz, die im April 2012 in Nairobi stattfand.[37] Diese Konferenz wurde von *World Vision* gemeinsam mit dem *World Agroforestry Centre* und der *Evergreen Agriculture Partnership* veranstaltet. Das Ziel war, gemeinsam zu analysieren und zu planen, wie man für die Armen der Welt eine durchgehende Ernährung sichern konnte und wie das durch FMNR und *Evergreen Agriculture*[38] verbessert werden konnten. Die Initiative setzte sich für nachhaltigere und produktivere Landwirtschaftssysteme bei Kleinbauernfamilien ein – und damit automatisch auch für das Zusammenspiel von Bäumen, Feldfrüchten und Vieh auf den Feldern.

An der Konferenz nahmen über 200 Besucher teil, darunter weltweit führende Persönlichkeiten auf dem Gebiet der nachhaltigen Landwirtschaft. Es waren fünf ostafrikanische Minister für Landwirtschaft und Umwelt da, verschiedene Botschafter und andere Regierungsvertreter aus Afrika, Europa und Australien, Leiter von NGOs und internationalen Organisationen, wie der Welternährungsorganisation der Vereinten Nationen (*Food and Agriculture Organization of the United Nations* – FAO). Hier wurde der Grundstein für ein weltweites Netzwerk der wichtigsten Akteure gelegt. Zum ersten Mal überhaupt wurde auf Länder-, regionaler und globaler Ebene eine größere Ausweitung von FMNR geplant. Einige der weltweit führenden TV-Kanäle berichteten von diesem Zeitpunkt an regelmäßig über die Methode,[39] und es waren merklich stärker werdende Impulse für eine weltweite FMNR-Bewegung gesetzt worden.

Die *Beating-Famine*-Konferenzen in Lilongwe (Hauptstadt von Malawi, 2015) und Bamako (Hauptstadt von Mali, 2019) bauten auf dem Fundament auf, das 2012 gelegt worden war. FMNR wurde als eine Landsanierungsmethode mit Vorbildcharakter anerkannt. Das führte zu einer schnelleren weltweiten Verbreitung, wodurch die

Methode auch von einer zunehmenden Anzahl von internationalen Organisationen unterstützt und aktiv gefördert wurde.[40]

Mit Liz zusammen unterwegs

In den Jahren 2002 bis 2012 war ich häufig allein unterwegs, während Liz zu Hause in Melbourne die Stellung hielt. Sie kümmerte sich um alles, was mit unseren sozialen Kontakten, mit der Gemeinde und mit der Familie zu Hause zu tun hatte. Sie nahm dann auch eine Stelle bei *World Vision Australia* an und arbeitete danach im Büro der Straßen- und Verkehrsbehörde von Victoria. Sie kümmerte sich um die Kinder, chauffierte sie zu sportlichen Aktivitäten, brachte allen vieren das Autofahren bei, ebnete den Übergang von der Schule zur Hochschulbildung, traf die zukünftigen Lebenspartner und organisierte die Hochzeiten. Doch diese »Aufgabenteilung« sollte sich 2012 wieder ändern.

2012 besuchte ich mit Liz die Tigray-Region in Äthiopien. Der Forscher Haile zeigte uns und einer Kollegin aus Irland seine FMNR-Versuchsflächen.

Mit der Einrichtung des FMNR-Hubs wurde Liz und mir klar, dass ich in Zukunft noch viel stärker gefordert sein würde. Es standen noch mehr Reisen an. Wir spürten beide, dass ich mich um unserer Beziehung willen entweder ganz daraus zurückziehen musste – und das in einem Moment, in dem all die Jahre harter Arbeit, die ich in die Förderung von FMNR investiert hatte, endlich Früchte trugen –, oder dass sie mit mir kommen musste! Und so kam es: Liz nahm in ihrem Bürojob unbezahlten Urlaub und begleitete mich für drei Monate nach Ostafrika. Sie half, die *Beating-Famine*-Konferenz in Nairobi zu organisieren und bereitete auch Workshops und Schulungen in Kenia, Äthiopien, Tansania und Uganda mit vor. Auf dem Rückflug nach Melbourne fragte sie mich schmunzelnd: »Was hast du mir bloß angetan? Wie soll ich nach dieser wunderbaren Erfahrung wieder ins Büro zurück?«

Diese gemeinsame Zeit und die Reise zu den Menschen vor Ort hatten Liz' Vision und ihre Leidenschaft, diesen Menschen zu helfen, ganz neu entfacht. Bald darauf kündigte sie ihren Job und reiste fünf Jahre lang jedes Jahr mehrere Monate lang mit mir. Dabei spielte sie eine entscheidende Rolle beim Aufbau unseres Netzwerkes und unterstützte mich und die nationalen Mitarbeiter von *World Vision* bei der Durchführung von Workshops, der Schulung von Ausbildern und bei nationalen Konferenzen.

Es folge eine der glücklichsten und erfülltesten Phasen unseres Lebens. Es war eine Zeit voller Planen und Reisen, wir lebten aus dem Koffer, unser gegenseitiges Vertrauen wurde tiefer. Gemeinsam unternahmen wir ehrgeizige Dinge, um andere dazu zu inspirieren, ihre Bodenflächen zu restaurieren. Oft hatten wir das Privileg, zwei, drei Jahre später wieder zu Orten zurückzukehren und die überbordende Freude der Menschen über ihre Errungenschaften zu erleben. Auf diesen Reisen geschahen jedes Mal Wunder, wenn wir Zeugen solcher Aha-Momente wurden. Wir erlebten mit, wie

Bauern aus ihrem Scheitern und ihren Niederlagen ein tieferes Verständnis der eigenen Probleme erlangten und sie dann einen klaren und Erfolg versprechenden Weg in die Zukunft sahen.

Immer wieder staune ich, wie die Bäume in Maradi wachsen. Hier beim Besuch 2017. Was mich besonders freute: Die Dorfbewohner hatten trotz eines teilweisen Ernteausfalls im Vorjahr nicht alle Bäume gefällt und sie zogen aus den Stümpfen neue Bäume hoch. Die Praxis ist also fest verankert.

Liz und ich sind vielen inspirierenden Menschen begegnet, für die diese Einsicht oft sehr prägend war, wie ein persönlicher Wendepunkt. Das mitzuerleben, ist jedes Mal ein Wunder im Kleinen. Und es entwickelt immer eine enorme Sprengkraft für eine ganz Region. Manche dieser Bauern riefen sogar ihre eigenen FMNR-Bewegungen ins Leben. Stellvertretend für viele von ihnen will ich Bischof Simon Chiwanga aus Tansania, eine Bäuerin aus dem Erdnussbecken in Senegal und Norbert Akolbila aus Ghana kurz vorstellen.

Einige prägende Menschen der FMNR-Bewegung

Simon Chiwanga aus Mpwapwa, Tansania, wusste um die verheerenden Auswirkungen, die die Abholzung und die ständigen Brände im Kiboriani-Gebirge auf seine Gemeindemitglieder hatten. Der Bischof im Ruhestand hatte deswegen versucht, einen Teil des Gebirges zu sperren, was ihm nicht gelang. 2005 pflanzte er zusammen mit Leuten von der *Jitume Foundation*[41] zwei Millionen Bäume. Doch die meisten gingen wieder ein, und die Gruppen begannen sich aufzulösen. Im März 2012 nahm er an einem FMNR-Workshop in Moshi, Tansania, teil. Und er besuchte auch die Konferenz zur Bekämpfung der Hungersnot in Nairobi im April des gleichen Jahres. Danach kehrte er mit neuem Eifer nach Mpwapwa zurück, bereit, noch mal einen Versuch zu unternehmen, um die heruntergekommenen Farmen und die Begrünung des Kiboriani-Gebirges wiederherzustellen.

Seine Strategie war klug: Bischof Chiwanga begann mit der FMNR-Methode auf seiner eigenen Farm. Dann lud er kleine Gruppen von Bauern aus der Umgebung zu sich ein, um selbst zu sehen, was sich tat, und um von ihm zu lernen. Darüber schrieb er uns:

> »Seit ich um ihre Bedeutung weiß, versetzt mich jeder Baumstumpf in Aufregung. Und ich war erfreut, dasselbe bei anderen zu beobachten, nachdem es in ihren Köpfen dämmerte, was es mit den Stümpfen auf sich hatte … Als ich einmal mit einer Gruppe über ein Grundstück einer Frau lief, kamen wir zu einem typischen Baumstumpf mit ein paar Trieben, den man fast nicht sah. Ich war schon wieder ganz aufgeregt. Anscheinend bemerkte die Gruppe mein strahlendes Gesicht und fragte nach dem Grund. Ich erklärte das Geheimnis des FMNR – den unterirdischen Wald freizulassen, dass er an die Oberfläche kommen kann –, und dass die lebenden Baumstümpfe der sichtbare Teil eines unterirdischen Waldes waren. Da sagte die Inhaberin des Grundstücks: ›Aha! Das ist es, wonach wir suchen! Ich tat also etwas Schreckliches, als ich Baumstümpfe auf meiner Farm verbrannte, damit ich sie später als Brennholz ausgraben konnte!‹ Von da an waren alle der Gruppe wie Baumjäger, die lebende Baumstümpfe jagten.«[42]

2017 begann Bischof Chiwangas eigene Organisation, die *LEAD Foundation*, eine Partnerschaft mit *JustDiggit*, einer in den Niederlanden ansässigen internationalen NGO, die sich für die Bekämpfung der Landdegradierung und des Klimawandels einsetzt. Ihr ehrgeiziges Programm zielt darauf ab, die Techniken des FMNR und der Regenwassernutzung in der gesamten Region Dodoma in Tansania auszubauen: Mindestens 180 000 Haushalte – das ist die Hälfte der Haushalte der Region Dodoma – sollten bis 2021 mithilfe der FMNR-Methode 180 000 Hektar Ackerland mit mindestens 14 000 000 Bäumen wiederaufforsten. Dadurch wären in 300 Gemeinden je 600 Hektar Gemeindeland zusätzlich nutzbar.

Im Erdnussbecken des Senegal breitete sich FMNR nach einem langsamen Beginn bis 2015 auf 64 000 Hektar aus: v. a. in den Regionen Kaffrine und Fatick. In einem Gespräch über die Projektevaluierung sagte eine leitende Bäuerin zu mir, an deren Name ich mich nicht mehr erinnern kann: »Tausende von Projekten sind hier ausprobiert worden. Keines hält dem Vergleich mit FMNR stand. Von Beginn an haben wir die Vorteile der Methode gesehen. Denn hier haben wir nur unsere Umwelt, und mit ihr müssen wir auskommen. Die erstaunlichen Ergebnisse bringen mich manchmal dazu, mein Haus zu verlassen und durch mein Feld zu laufen, nur um die Bäume und die Umwelt zu genießen! Wenn die Dinge dort ankommen, wo sie sein müssen, werden wir mehr Erträge sehen, und der Weg wird für die Zukunft gebahnt sein.«

Die Aussage dieser Bäuerin ist absolut bemerkenswert! Man muss bedenken, dass nur wenige Bauern die Zeit oder Motivation aufbringen, ihre Felder zu besuchen, um »die Bäume und die Umwelt zu genießen«. Die meisten afrikanischen Bauern wohnen in Dörfern, wo sie vor wilden Tieren und Eindringlingen geschützt sind. Dort gibt es eine zentrale Wasserquelle und sie sind von Menschen umgeben. Afrikaner lieben es, unter Menschen zu sein. Die Bauern müssen also zu Fuß zu ihrer Farm gehen, die sich oft in einiger Entfernung vom Dorf befindet und deren Parzellen in verschiedene Richtungen verstreut sein können. Der Besuch der eigenen Farm wird deshalb normalerweise eher als eine Pflicht und nicht als Freude empfunden.

Juni 2017 – Beim Besuch der Maradi-Region in Niger traf ich viele Bauern, mit denen ich über 20 Jahre zuvor gearbeitet hatte.

Ich kenne nicht viele afrikanische Bauern, die sagen würden, dass sie die Landwirtschaft lieben. Auch weil ihre Tätigkeit mehrheitlich harte Handarbeit bedeutet. Bis heute bestellen viele, vielleicht sogar die meisten afrikanischen Bauern einen Acker mit rund ein bis drei Hektar Größe von Hand mit einer Hacke, deren Stiel etwa 40 bis 50 cm lang ist. Lebensmittel, Wasser und Ausrüstung, die sie für den Tag benötigen, müssen sie jeweils von zu Hause dorthin schleppen. Wenn sie Tiere zur Bewirtschaftung haben, müssen sie auch für diese für das nötige Futter und Wasser sorgen – vieles davon muss von Hand geschnitten, getragen und gelagert werden. All dies bedeute eine enorme körperliche Anstrengung und ist mit starker Hitzeeinwirkung sowie Entbehrung verbunden. Schließlich kommen noch die Enttäuschungen durch allzu häufige Dürren und Insektenbefall dazu.

In Ghana hatte ich das Vergnügen, mit Norbert Akolbila zusammenzuarbeiten. Norbert war in Ghana Entwicklungshelfer und Programmmanager bei *World Vision* und trug wesentlich dazu bei, dass das *Talensi Area Development Program* erfolgreich eingeführt werden konnte. Nach 16 Jahren kündigte er im Dezember 2014 aus gesundheitlichen Gründen und um seiner neuen Leidenschaft intensiver nachzugehen – FMNR. In seiner Abschiedsrede sagte Norbert: »Ganz oben auf der Liste der erlebten Ereignisse bei *World Vision* steht die FMNR-Taufe, die ich im Juli 2009 von Tony erhielt. Es wird euch nicht überraschen, dass ich mich von nun an bis zum Ende meines Arbeitslebens voll und ganz in der FMNR-Bewegung engagieren werde, ganz gleich, wo ich mich befinde.«

Im August 2014 gründete und leitete er die Bewegung für natürliche Regeneration (MONAR). Es war die einzige NGO der Welt, die sich ausschließlich der Verbreitung von FMNR widmete. MONAR hatte keine Geldgeber, sodass Norbert die Aktivitäten in der Regel selbst finanzierte. In der kurzen Zeit ihrer Tätigkeit berührte MONAR das Leben von Tausenden von Menschen. Leider verstarb Norbert am 12. Februar 2017. Ich verlor einen guten Freund und einen der effektivsten Change-Agenten, die ich je getroffen habe.

Vom Projekt zur Bewegung

Bei klassischen Hilfsprojekten gibt es ein klar definiertes Anfangs- und Abschlussdatum, festgelegte geografische Schwerpunkte, geplante Ergebnisse und feste Budgets. Sobald der letzte Cent des Budgets ausgegeben ist, stellt man die Arbeit häufig ein. Bei einer echten Bewegung in der Gesellschaft ist das anders.

Bewegungen zeichnen sich durch Spontaneität und das Element der Überraschung aus. Sie sind nicht durch geografische Grenzen eingeschränkt, ihre Ergebnisse können weit über den Erwartungen liegen, und sie orientieren sich nicht unbedingt an der Größe eines Budgets. Es liegt in der Natur solcher Bewegungen, dass man sie nicht vollständig kontrollieren oder koordinieren kann. Wir können Anreize schaffen, von denen wir annehmen, dass sie für die Entstehung einer Bewegung förderlich sind. Aber da alles von den Handlungen Einzelner und den Umständen abhängt, können wir nicht vorhersagen, wann oder wie tatsächlich eine Bewegung daraus entsteht.

In seinem Bestseller *Der Tipping Point. Wie kleine Dinge Großes bewirken können*[43] vergleicht der Autor Malcolm Gladwell erfolgreiche Bewegungen mit Viren. Folgt man seiner These, so verbreiten sich Ideen, Produkte, Botschaften und Verhaltensweisen ähnlich wie Viren. Kleine Handlungen leiten oft große Veränderungen ein. Laut Gladwell kann es ab einem bestimmten Punkt sehr schnell zu solchen Veränderungen kommen. Und häufig ist für die weite Verbreitung einer Epidemie nur eine Handvoll außergewöhnlicher Individuen verantwortlich. Genauso ist es bei einer Bewegung.

Niger war der richtige Ort und 1984 die richtige Zeit für die Entstehung der FMNR-Bewegung. Die schwere Hungersnot von 1983/84 war der Tiefpunkt in einer Reihe von Jahren, in denen landwirtschaftliche Methoden regelmäßig dabei versagten, die Grundbedürfnisse der Menschen zu decken. Jedes Jahr lebten die Menschen in der großen Unsicherheit, nicht ausreichend Nahrung anbauen können und sich damit bis zur nächsten Ernte selbst zu versorgen. Es war eher schon damit zu rechnen, dass man nicht genug ernten würde, als andersherum.

Bei der Einführung von FMNR geschah dasselbe wie bei einem Virus, der auf eine anfällige Bevölkerung trifft – man hatte der

Methode nichts entgegenzusetzen. Durch ihre dringenden Bedürfnisse wurden die Menschen zum Wandel geschoben, und durch die überzeugenden Vorteile von FMNR zur Veränderung gezogen. Dazu kommt noch, dass FMNR eine Minimalrisiko-Methode ist. Die Bauern hatten im Prinzip nichts zu verlieren, wenn sie sie anwendeten. Aber sie hatten potenziell sehr viel zu gewinnen. Für Menschen, die wenig Wahlmöglichkeit im Leben hatten, war das ein Wandel, den sie vergleichsweise leicht annehmen konnten.

Wie gründet man eine erfolgreiche FMNR-Bewegung in einer neuen Umgebung mit anderen Umständen? Bei *World Vision* greifen wir auf eine Reihe von Maßnahmen zurück Wir versuchen die Maßnahme zu finden, die am besten auf die Situation eines bestimmten Landes passt. Ein Bewusstsein für die Wirkung der Methode entwickeln wir durch Begegnungen und Gespräche, Workshops, Konferenzen und die Medien. Um ihre Wirkung zu verdeutlichen, errichten wir Pilotbereiche. Unsere Mitstreiter werden ausgebildet und mit allem Nötigen versorgt. Persönliche Austauschbesuche mit anderen Bauern helfen dann sehr, denn wir sehen die Bauern selbst als die vorrangigen Akteure von Wandel und Einflussnahme. Unsere Organisation stattet die Leute mit dem Wissen und der

Zwei größere, veredelte Früchte der Indischen Jujube (*Apfel des Sahel*, links) im Vergleich zu kleinen, wilden Früchten von dem Baum *Ziziphus mauritiana*.

Fähigkeit aus, damit sie die Hürden bei der Durchsetzung von FMNR überwinden können.

Yaouza zeigt stolz einige seiner Produkte. Ich war überrascht, die Süßkartoffeln zu sehen. Sie wachsen normalerweise nicht in dem schweren Lehmboden im Tal, sondern in den Sandböden von Dünenerhebungen. Die verbesserten Bodenbedingungen (Fruchtbarkeit und Feuchtigkeitsgehalt) ermöglichten es.

Wir beziehen alle, die aus dem Projekt Nutzen ziehen können, mit ein: insbesondere diejenigen in einer leitenden Position in den Regierungen, traditionelle und geistliche Autoritäten, Jugendliche, Frauen und auch Randgruppen. Zunächst versuchen wir, ihnen den Zusammenhang zwischen Abholzung und Verarmung bewusst zu machen. Erst dann beginnt die praktische Schulung. Eine Zeit lang begleiten wir die Bauern – wir besuchen sie in gewissen Abständen, wir lernen gemeinsam, coachen, korrigieren, bestärken und unterstützen sie besonders dort, wo es Konflikte gibt, und dort, wo die Gefahr von Rückschlägen groß ist. Das nimmt viel Zeit in Anspruch, benötigt Geduld und vor allem Einfühlungsvermögen. Im Grunde ist es doch so: Niemand kümmert sich darum, wie viel man weiß, bis er oder sie weiß, wie sehr man sich kümmert. Bei einer erfolgreichen Einführung geht es folglich um weit mehr als um das bloße Vermitteln von Fachwissen und Fähigkeiten.

Um die Solidarität und die gegenseitige Unterstützung zu fördern, regen wir zur Bildung von FMNR-Gruppen an. Meistens ist es auch nötig, dass Gesetze geändert werden, damit die Landwirte die nötige Sicherheit bekommen, von FMNR auch selbst zu profitieren. Wir suchen nach Marktverbindungen, um wirtschaftliche Nachhaltigkeit zu erzeugen, und wir erleichtern die Wertschöpfung. Zum Beispiel damit, dass wir Bienen und Obstverkauf einführen.

In Niger zum Beispiel ist eine der Baumarten, die von den Bauern regeneriert werden, der *Ziziphus mauritiana*, ein dorniger, schnell wachsender Baum, der essbare Früchte von geringem Handelswert hervorbringt. Durch die Veredelung der Wildbäume mit verbesserten Ziziphus-Fruchtsorten, die als *Apfel der Sahel* (Indische Jujube) bezeichnet werden, haben die Bauern ihr Einkommen stark erhöht.

Die Imkerei der Kooperative in Sodo: Die Bienenzüchtung bringt den Bauern relativ schnell ein gutes Einkommen. Umso mehr sind die Bauern motiviert, auch die Bäume zu schützen, deren Blüten die Bienen ernähren.

2017 interviewte ich Yaouza Harouna, einen 39-jährigen nigrischen Bauern, der vor Energie nur so sprüht. Er ist verheiratet und hat sechs Kinder. Er hat die Veredelungstechnik für die Indische Jujube in seinen drei Hektar großen Regenfeldbetrieb integriert. So konnte er die Produktivität seiner Farm steigern und hat mehr Einkommensquellen generiert. Yaouza hat in diesem Interview Folgendes erzählt:

> »Dieses Jahr (2017) war die Regenzeit nicht gut genug, um unsere Getreideernte zu produzieren, aber ich verdiente nicht weniger als 400 US-Dollar allein durch den Verkauf der Indischen Jujube. Mit der Hälfte dieses Geldes kaufte ich drei Schafe, die ich kürzlich zu 790 US-Dollar weiterverkaufte, was mir einen Gewinn von 590 US-Dollar einbrachte. Damit war ich in der Lage, die Bedürfnisse des Haushalts zu decken – Lebensmittelversorgung, Ausbildung der Kinder, Gesundheitskosten, Unterstützung von Verwandten –, und ich konnte damit sogar ein Motorrad kaufen. Um meinen Obstgarten vor Diebstahl zu schützen, stelle ich jedes Jahr für 80 US-Dollar pro Saison einen Wächter ein, der auf dem Hof bleibt. Seit ich FMNR adoptiert und mit der Veredelung der Indischen Jujube begonnen habe, bin ich beruhigt.«

Wenn wir all die bekannten Grundzutaten des Rezepts vermengt haben, müssen alle Beteiligten dranbleiben und warten. In Niger brauchte es rund zehn Jahre, bis die Anzeichen für die Entstehung einer Bewegung klar erkennbar wurden. Aber deren Bedeutung erkannten wir erst 20 Jahre später. Inzwischen bauen wir auf einem bereits gelegten Fundament auf. Das heißt, dass wir erste Anzeichen einer sich entwickelnden Bewegung mittlerweile schon nach ein bis fünf Jahren sehen können. Und wie das Hausa-Sprichwort besagt, braucht das Gute eben Zeit und Geduld.

2015 – Mit einem Farmer auf dem Inselstaat Osttimor in Südostasien, wo *World Vision* etliche Projekte realisiert, die den Lebensunterhalt der Menschen sichern sollen, darunter auch die Wiederaufforstung

7

VOM TEUFELSKREIS ZUM GOTTESWERK

> »Bezweifle nie, dass eine kleine Gruppe aufmerksamer, engagierter Bürger die Welt verändern kann.«
> *Margaret Mead, Anthropologin*

Es gibt ein weises senegalesisches Sprichwort, das besagt: »Wenn du dich auf einer Reise verläufst, gehe zurück zum Anfang. Dort wirst du den richtigen Pfad erkennen können.« Die Bauern und Landnutzer, die zusehen, wie ihr Land verkommt, wissen, dass sie sich verlaufen haben und dass sie mit ihren derzeitigen Anbaumethoden den Bedarf ihrer Familie weder jetzt noch in Zukunft decken können.

Obwohl nicht alle althergebrachten Methoden in der Landwirtschaft immer im Einklang mit der Natur standen, hielt man früher üblicherweise konsequent Rotationen und Erholungsphasen, Zeiten des Brachliegens ein, in denen sich die Natur selbst heilen konnte. Zudem wurde die Artenvielfalt stärker genutzt. Auch weil die Bevölkerungszahlen immer weiter ansteigen, werden diese Abfolgen heute weniger bis gar nicht mehr praktiziert. Die Idee der Monokultur zur Ertragssteigerung hat dazu geführt, dass man sich auch in Regionen, wo es klimatisch andere Voraussetzungen gibt, vor allem auf meist einjährige Hauptgetreidearten verlässt und die Felder sonst kahl schlägt. FMNR bietet Landwirten einen Weg, wieder näher an den Anfangspunkt zu gelangen, sowohl in den Wäldern als auch auf baumbestandenen Ebenen.[44]

Im März 2019 reiste ich während der Trockenzeit mit dem Filmemacher Volker Schlöndorff nach Niger. Er drehte den Dokumentarfilm *Der Waldmacher* über die Geschichte des FMNR.[45] Was ich nach meiner Rückkehr nach vielen Jahren sah, bewegte mich tief. Der Teufelskreis von Vernichtung und Armut, den ich 1980 miterlebt hatte, war durchbrochen worden. Dank FMNR hatte er zu einem positiven Kreislauf von Wiederherstellung, erhöhter Bodenfruchtbarkeit, Diversität und größerem Wohlstand geführt.

2019 – Bei Aufnahmen zum Dokumentarfilm von Volker Schlöndorff (2. v. r.) in Ghana

Langjährige Freunde, mit denen ich in den 1980er- und 1990er-Jahren zusammengearbeitet hatte, nahmen mich mit auf ihre Felder, um mir ihre Arbeit zu zeigen. Sie hatten nicht nur erfolgreich die

Wiederaufforstung der Bäume fortgesetzt, auch zusätzliche neue Praktiken gehörten inzwischen zum Standard. Vor allem hatten sie aufgehört, Ernterückstände und Hirse-Spelzen zu verbrennen. Diese natürlichen Überreste zersetzten sich nun auf natürliche Weise und wurden als organischer Dünger genutzt. Die jüngere Generation hatte mich nie kennengelernt, aber die Geschichten vom Kampf gegen Wüsten und Hunger waren offensichtlich von ihren Eltern weitergegeben worden. In jedem Dorf, das wir besuchten, saßen Kinder und Jugendliche geduldig zusammen, um *Malam* (Lehrer) Tony selbst zu sehen.

Es gab inzwischen mehr Bäumen in der Landschaft, immer weniger Brandrodungen und als Folge auch mehr Viehfutter. Das beeinflusste wiederum die Größe des Viehbestandes. Federvieh lief nun nicht nur im Dorf, sondern auch frei auf den Feldern herum – in der Vergangenheit nur ein seltener Anblick. Auch größere Viehherden wirken sich positiv auf die Bodenfruchtbarkeit (durch natürlichen Dünger) aus und helfen so mit, dass der Boden mehr Wasser speichern kann. So konnten die Menschen vor Ort größere Getreideernten einbringen. Sie waren in Jahren mit weniger Regen und in Zeiten langer Trockenperioden zwischen den Regenfällen besser gegen Ernteausfälle gewappnet.

Der höhere Baumbestand führte zu reduzierten Sturmschäden und Bodenerosionen; die Bauern waren dadurch grundsätzlich widerstandsfähiger gegen Klimakatastrophen. Auch waren die Grundeinkommen gestiegen. Die Landwirte hatten jetzt vielfältigere Einkommensquellen durch den Verkauf von Viehfutter, Tieren und Feuerholz. Und natürlich auch durch den wiederbelebten Anbau von Feldfrüchten, der in vielen Dörfern schon seit Jahrzehnten nicht mehr praktiziert worden war. Es hab wieder Sesam, Maniok und Süßkartoffeln. FMNR hatte die Grundlage geschaffen, das Landwirte wieder vielfältig dachten und die natürlichen

Kreisläufe ganzheitlich nutzbar machen konnten. Einige Bauern besserten ihr Einkommen durch Honig, veredelte Obstbäume,[46] Geflügel und Vieh bedeutend auf.

Es gab sehr viel Grund zur Freude! Aber es gab auch einige traurige Nachrichten: Viele meiner engen Freunde, meine Mitkämpfer und Pioniere aus den 1980er- und 1990er-Jahren, waren inzwischen gestorben. Die Sicherheit war zu einem Problem geworden. Bewaffnete Diebe, die in Waldrestbeständen nahe der Grenze zu Nigeria ihre Lager hatten, stahlen Güter und entführten immer wieder Passanten, um Lösegeld zu fordern. Zu meinem Entsetzen war der islamistische Extremismus in Niger eingedrungen und bedroht bis heute einfache Dorfbewohner. Ich besuchte den südlichen Zentralniger, wo es relativ ruhig war. Die islamistische Gruppierung Boko Haram war hauptsächlich im Osten aktiv und Al Kaida eher im Westen des Landes. Dennoch befindet sich kein Teil Nigers weit genug außerhalb ihrer Reichweite. Ständig kursierten Gerüchte und es wurde deshalb notwendig, dass mich eine bewaffnete Eskorte in die Dörfer begleitete, die ich bisher immer direkt und problemlos besuchen konnte. Überall, wohin wir kamen, trafen wir eine riesige Menge Kinder und Jugendliche. Wo würden diese Kinder einmal eine sinnvolle Arbeit oder überhaupt Arbeit finden?

Als wir das erste Mal in Niger waren, befand sich das Land unter der Diktatur Seini Kountchis (1931–1987). Die Infrastruktur funktionierte gut und effizient, und er regierte mit eiserner Hand. Das verhinderte, dass sich Extremismus ausbreiten konnte. Heute ist Niger eine semipräsidentielle Republik, in der der Präsident Staatsoberhaupt und der Premierminister Regierungschef ist, auch gibt es ein Mehrparteiensystem. Die Regierung hat sich zwar verpflichtet, Armut und Ernährungsunsicherheit anzugehen. Aber meiner Ansicht nach hat der notwendige Krieg gegen den Terror ihre Fähigkeit, sich auf diese Herausforderungen zu konzentrieren, sehr eingeschränkt.

FMNR auf einer ganz neuen Stufe

2012 wurde Silvia Holten – Abteilungsleiterin für Medien und Pressesprecherin von *World Vision Deutschland* – von einer Journalistin der deutschen Tageszeitung *Die Welt* zu Afrikas Grüner Mauer[47] im Sahel befragt, und was *World Vision* gegen den Klimawandel unternehme. Zuerst hatte sie keine direkte Antwort darauf, doch dann teilte ihr die Journalistin mit, *World Vision* trage doch auch in Form von Wiederaufforstung zu dem Projekt bei. Das war ihr zunächst neu, obwohl sie seit Beginn ihrer Arbeit bei *World Vision* immer darauf bestanden hatte, dass sich die Organisation mit dem Thema Klimawandel befassen müsse. Auf diese Weise erfuhr sie von FMNR und damit auch von meiner Geschichte.

Silvia erzählte mir später bei einem Treffen, als wir darüber sprachen: »Ich war elektrisiert davon, denn mir war sofort klar, dass die Methode einen Wendepunkt in der Klimadebatte markierte. Als ich dich 2012 auf der *Beating-Famine*-Konferenz in Nairobi getroffen habe, erwähnte ich bei *World Vision* dauernd FMNR. So lange, bis ich allen auf die Nerven ging und eines der Projekte von dir besuchen durfte.«

Silvia Holten kommt seither nie allein nach Afrika. 2012 lud sie den Journalisten Horand Knaup vom Magazin *Der Spiegel*[48] ein. Mit ihm kamen noch Maria Rüther von der deutschen NGO-Dachorganisation *Aktion Deutschland Hilft* und ein Filmemacher. Gemeinsam besuchten wir das Wiederbegrünungsprojekt in Humbo, Äthiopien. In den Jahren danach folgten noch eine Reihe weiterer solcher Besuche mit Einflussträgern und hochrangigen Medien-

2012 – Silvia Holten interviewt mich für ein Video über das *World-Vision*-Projekt in Humbo, ihre erste von mehreren Reisen zu einem FMNR-Projekt.

vertretern. Die Neuigkeiten über den Wandel regten die Fantasie des Publikums an, das so sehr an schlechte Nachrichten gewöhnt war, wenn es um die Umwelt und das Klima ging.

Zurück in Deutschland wurde Silvia von Dr. med. Martin Falkenberg, Chefarzt der Neurologie in Bielefeld (ZAR), kontaktiert. Er interessierte sich für den Kampf gegen den Klimawandel und die zunehmende Armut in der Welt. Und er wollte gern ein Projekt unterstützen, das einen wirkungsvollen Einfluss auf unsere Zukunft haben könnte. Als er im Internet von meiner Arbeit erfuhr, war er begeistert. Mit Silvias Hilfe gründete er 2014 eine FMNR-Regionalgruppe in Bielefeld. Inzwischen hat er diverse Vorträge über die Methode und meine Arbeit gehalten und ist ein geschätzter Mitstreiter und Kommunikator. Als die beiden weiter darüber nachdachten, was sie gemeinsam für FMNR tun könnten, kamen sie auf die Idee, mich für den prestigeträchtigen *Right Livelihood Award*, auch bekannt als der Alternative Nobelpreis, zu nominieren.

Das alles waren großartige Entwicklungen. Ich freute mich darüber, dass FMNR breiter bekannt wurde, und über den Zuwachs an Interesse. Trotzdem fühlte ich gleichzeitig wieder größeren Frust.

Einerseits gab es ein immer regeres Interesse an FMNR aus Europa und den USA, und die Außenstellen von *World Vision* erkannten gerade die große Wirkung der Maßnahmen. Andererseits erschwerte es mir die weltweit nachlassende Spendenbereitschaft – unter anderem wegen der Weltwirtschaftskrise nach 2008 und weil die australische Regierung Zuschüsse kürzte –, FMNR proaktiver in neue Regionen zu bringen. Ich blickte nach Südamerika und startete erste, vorsichtige Bemühungen in Indien oder Myanmar zu unterstützen, in denen die Methode gerade erst neu vorgestellt worden war. In den Ländern, in denen FMNR bereits eingeführt worden war, begann zwar eine Phase des Kräftesammelns und eine neue Dynamik. Doch die weltweite Verbreitung stand förmlich still. Das war für mich eine bittere Pille. Es war eine so gute Grundlage für Wachstum geschaffen und so viel in Schwung gebracht worden, und doch schien eine erfolgreiche globale Bewegung außerhalb des Möglichen.

2018 war meine Nominierung für den Alternativen Nobelpreis bereits zum dritten Mal eingereicht worden. Die Tatsache, dass das Komitee Dr. Falkenberg immer wieder dazu aufforderte, einen Bericht über meine Arbeit des vergangenen Jahres einzureichen, ließ mich vermuten, dass man mich ernsthaft für diese Auszeichnung in Erwägung zog. Während ich an einem Septembertag eine Maschine nach Osttimor bestieg, zeigte mein Handy einen Anruf in Abwesenheit. Ländervorwahl +46. Ich googelte die Nummer. Ein Anruf aus Schweden konnte nur eines bedeuten! Es passierte ja nicht völlig unerwartet, ich war aber doch sehr erfreut und aufgeregt.

Dieser Preis hat mein Leben verändert!

Plötzlich kannten mich viel mehr Menschen als je zuvor. Oder, sie hatten von mir gehört, gelesen, mich in einem Bericht gesehen. Es fühlt sich immer noch seltsam an, wenn fremde Menschen ein Selfie mit mir machen wollen. Vor allem aber: Der Preis hat FMNR auf die Weltbühne katapultiert und international in großem Maße für Anerkennung gesorgt. Mehr als vorher sahen Geldgeber, politische Entscheidungsträger und Entwicklungshelfer FMNR nun als effektives Mittel gegen den Klimawandel. Regelmäßig werde ich seitdem für Interviews und Artikel angefragt oder um Stellungnahmen gebeten, zu großen internationalen Konferenzen eingeladen oder dazu, in Vereinen, Schulen und Kirchen Vorträge zu halten. Der Preis hat mir Treffen mit Entwicklungsministern, Großindustriellen, religiösen Führern und Staatssekretären verschafft. Und er hat mir die Möglichkeit gegeben, mich für die Armen und die Umwelt und ihre Unterstützung einzusetzen.

2018 – Die Übergabe der Urkunde für den *Right Livelihood Award* war für mich ein großer Moment. Im Hintergrund: Paul Ekins, Vorsitzender von RLA

Preise zu gewinnen oder Anerkennung zu erhalten, war nie mein Ziel. Diese Geschenke wurden mir auf meinem Weg einfach übergeben. Meine größte Auszeichnung erhalte ich jedoch jedes Mal, wenn ich in eine Gegend zurückkehre, in der ich zuvor gearbeitet hatte, und sehe, wie sich die Landschaft und das Leben der Menschen positiv verändert haben. Ihre Freude und den Stolz zu sehen, das Wachsen der Kinder, einen Überschuss an Nahrungsmitteln und Hoffnung in den Gesichtern ist Belohnung genug. In meinem Leben erlebe ich das als großen Segen, dass ich zu diesen Veränderungen etwas beitragen durfte.

Keine Zeit zu verlieren

Heute gibt es mehr zu tun als je zuvor. Im Jahr 2050[49] wird die Weltbevölkerung 9,8 Milliarden Menschen betragen, 20,5 Prozent mehr als 2017. Dieser Bevölkerungsanstieg wird fast ausschließlich in Entwicklungsländern lokalisiert sein. Die Produktion von Nahrungsmitteln muss bis dahin also um mindestens 70 Prozent gesteigert werden. Denn bei einem höheren Einkommen steigt auch der Lebensmittelkonsum und damit verbunden nimmt auch der Fleischkonsum zu – Tiere, die mit Getreide gefüttert werden. Genauso wird auch der Anteil der Lebensmittel ansteigen, die im Abfall landen. Parallel zu diesen erwartbaren Entwicklungen können wir damit rechnen, dass gutes Ackerland verloren geht, weil sich die Bodenqualität verschlechtert.

Jedes Jahr verliert die Welt 24 Milliarden Tonnen fruchtbaren Boden.[50] Durch den Klimawandel werden produktive Gebiete knapper und die landwirtschaftliche Produktion wird schwieriger. Zusätzlich gehen immer noch jedes Jahr 26 Millionen Hektar Wald verloren,[51] und die Artenvielfalt nimmt bedrohlich schnell immer weiter ab.[52] Die Geschwindigkeit, mit der die Vernichtung voranschreitet, lässt uns nach Luft schnappen. Wenn wir die Welt ernähren und dabei noch ein Mindestmaß an Lebensqualität erhalten wollen, und wenn wir nicht in einer komplett künstlichen Umgebung leben möchten, werden wir viel mehr im Einklang mit natürlichen Prozessen vorgehen.

2019 gab der Weltklimarat (IPCC) der Welt noch zwölf kurze Jahre, um die CO_2-Belastung bis 2030 um 45 Prozent zu reduzieren und bis 2050 auf null zu senken. Das ist seinen Angaben nach nötig, um den globalen Durchschnittswert des Temperaturanstiegs auf ein Maximum von 1,5 Grad Celsius zu begrenzen und extreme Hitze, Dürren, Überschwemmungen und Armut zu vermeiden. Gemessen an der Reaktion mancher Regierungen hätte man den Bericht auch auf Heißluftballons schreiben können. Doch für diejenigen von uns, die diese Warnungen ernst nehmen, gibt es keine Zeit zu verlieren.

TROTZDEM HABE ICH HOFFNUNG.

Und trotz allem habe ich Hoffnung. FMNR hat mir gezeigt, dass es für komplexe, scheinbar unlösbare Probleme manchmal einfache, kostengünstige und schnelle Lösungen gibt. Meine Hoffnung ist, dass dieser Ansatz und ähnliche Methoden in den kommenden Jahren schnell und in großem Umfang angenommen werden. Auf dieses Ziel arbeite ich weiter hin. Wenn es etwas Gutes an den globalen Problemen unserer Zeit gibt, dann ist es die Erkenntnis, dass sie miteinander verwoben sind: Indem man das Problem der Abholzungen löst, löst man automatisch andere drängende Probleme. Die aktuelle Forschung bestätigt, dass Wälder für natürliche Klimalösungen absolut notwendig sind, weil sie die Fähigkeit besitzen, Kohlenstoff zu binden und zu speichern. Wälder schwächen den Klimawandel ab.

Natürliche Klimalösungen können dazu beitragen, 37 Prozent[53] der notwendigen Abschwächung des Klimawandels zu erzielen, die ab sofort bis 2030 vonnöten ist, um die Erderwärmung stabil auf unter 2 Grad Celsius zu halten. Und das kosteneffizient! Natürlich müssen die Emissionen fossiler Brennstoffe nach wie vor drastisch reduziert werden. Aber natürliche Klimalösungen[54] bieten den Ländern eine Reihe von wirkmächtigen Optionen, um das Pariser Klimaabkommen einzuhalten. Der Vorteil liegt auf der Hand: Gleichzeitig kann durch natürliche Methoden die Bodenproduktivität verbessert werden, Luft und Wasser gereinigt werden und die Artenvielfalt wird erhalten. Stand heute fließen leider nur 2,5 Prozent der öffentlichen Gelder für den Klimaschutz in solche Lösungen.

Bäume stehen den Bauern beim Pflügen der Felder im Weg. Einige sehen deshalb nicht ein, welchen vielfältigen Nutzen sie für sie haben könnten.

2019 zeigten Forschungen der ETH Zürich,[55] dass es weltweit ein enormes Potenzial zur Regenerierung von Bäumen gibt – tatsächlich fast eine Milliarde Hektar. Und was das Wichtigste ist: Die geeigneten Flächen sollen sich außerhalb von bestehenden Wäldern, Acker- oder Stadtböden befinden. Natürlich müsste geklärt werden, ob und unter welchen Bedingungen dieses Land dann tatsächlich zur Verfügung stehen würde und wer finanziell für die Wiederaufforstung aufkommt. Die Wissenschaftler haben auch recht, wenn sie einwerfen, dass es keine Wunderwaffe gegen das

Problem der Abholzung und des Klimawandels gibt – dennoch sind das sehr gute Neuigkeiten. Und es wird noch besser! Von den 0,9 Milliarden Hektar Land abgesehen, auf denen wieder Bäume nachwachsen könnten, eignen sich mindestens zwei Milliarden Hektar Acker- und Weideland für Agroforstwirtschaft (Bäume auf Ackerland) und als Hutewald (vormaliger Wald, der als Weide zur Viehhaltung genutzt wird). Bäume in diese bereits genutzten Gebiete wieder bewusst zu integrieren, sorgt nicht nur für schöne Landschaften, es erhöht auch die Produktivität und Widerstandskraft dieser Flächen. Und gleichzeitig werden die Folgen des Klimawandels abgeschwächt. Eine Win-win-win-Situation sozusagen.

Viele Regierungsbeteiligte und Mitglieder von Fachkreisen zu den Themen Klima, Entwicklung und Landwirtschaft haben nach wie vor die Vorstellung, dass sich Ackerflächen und Bäume gegenseitig ausschließen und dass – global gesehen – das Betreiben von Agroforstwirtschaft von geringer Bedeutung ist. Das ist meiner Ansicht nach nicht korrekt. Ein Blick in die Natur zeigt uns, dass das Gegenteil der Fall ist, wenn die richtigen Arten genutzt werden. Bäume und Ackerland sind nicht nur kompatibel und ergänzen sich sehr gut. Ich bin darüber hinaus der festen Überzeugung, dass wir für eine nachhaltige Zukunft unbedingt beide Formen miteinander verbinden *müssen*.

Eine weitere Studie[56] über die globale Verbreitung und die geografischen Muster der Agroforstwirtschaft (*Global Extent and Geographical Patterns of Agroforestry*) zeigt, dass diese Verbindung bereits weite Verbreitung findet: 46 Prozent der gesamten Ackerflächen weltweit – und damit über eine Milliarde Hektar landwirtschaftliche Flächen – sind zu über 10 Prozent von Bäumen bedeckt. Dieser Bestand mit für die Landwirtschaft nützlichen Bäumen hat positive Auswirkungen auf die Lebensgrundlage von 30 Prozent der Menschen, die in ländlichen Gebieten leben. Das sind 558 Millionen Menschen! Außerdem steigt der Baumbestand auf landwirtschaftlichen Flächen Jahr um Jahr. Es ist mir aber auch bewusst, dass viel Gutes durch die kurzfristige Politik eines einzelnen Regierungschefs schnell wieder zunichtegemacht werden kann, wie es in Brasilien leider aktuell der Fall ist.

Wie man die Welt wieder begrünt

Dass ich mich vom einfachen Helfer vor Ort zu einem internationalen Aktivisten entwickelt habe, hat auch damit zu tun, weil ich von der Wirksamkeit und dem positiven Einfluss von FMNR absolut überzeugt bin. In den 35 Jahren, in denen ich Erfahrungen mit FMNR gemacht habe, hat noch niemand zu mir gesagt, dass ich sein Land oder seine Lebensgrundlage zerstört hätte. Es gab ausschließlich positive Rückmeldungen. Jemand schrieb einmal: »Wenn du nichts zu verlieren und alles zu gewinnen hast, dann tu es auf jeden Fall.« Und genau so ist es bei FMNR – die Methode hat nur Vorteile, und das bei minimalem Risiko. Und deshalb setze ich voller Zuversicht auch weiterhin all meine Kraft dafür ein.

DIE AUFGABE DER BEGRÜNUNG KANN AUF GLOBALER EBENE NUR GEMEINSAM GELÖST WERDEN.

Als ich jung war, wollte ich, dass mich Gott dazu einsetzt, in der Welt etwas zu bewirken. In meinen 20er- und 30er-Jahren war ich nach anfänglichen Schwierigkeiten, eine Lösung für das Problem der Abholzung zu finden, direkt bei der Einführung von FMNR involviert. In meinen 40er-Jahren lag der Fokus darauf, FMNR-Projektvorschläge auszuarbeiten, Gelder zu beschaffen und die Fortschritte zu beobachten. In meinen 50ern konzentrierte ich mich darauf, eine größere Wirkung zu erzielen – durch Partnerschaften, direkt vor Ort gehaltene Workshops und ausgedehnte Reisen, auf denen ich mich für den Einsatz von FMNR und seine Förderung stark machte.

Heute stelle ich mir die Frage: »Wie kann ich, ein Einzelner, die Welt wieder begrünen?« Und natürlich lautet die Antwort, dass einer allein das nicht kann. Genau wie in Niger, wo eine kleine Anzahl von Mutmachern und Fürsprechern und Millionen von Kleinbauern das Unmögliche geschafft haben, kann die Aufgabe auf globaler Ebene nur gemeinsam gelöst werden – einerseits durch Regierungen, NGOs, durch den Rückhalt von Geldgebern, andererseits und in erster Linie durch eine relative kleine Zahl von Vorkämpfern unter den Bauern und Gemeinschaften, die sie inspirieren, und den Millionen von Landnutzern, die ihrem Beispiel folgen.

Ich bin jetzt Mitte 60. Viele andere kümmern sich inzwischen um die Leitung von FMNR-Projekten, um die Beschaffung von Fördermitteln, das Entwerfen, die Umsetzung, die Kontrolle und das Auswerten von Projekten, und viele weitere konzentrieren sich auf das Wachstum dieser Projekte – und das können sie besser als ich. Also fragte ich mich, was in Zukunft meine Hauptaufgabe sein sollte. Ich kam zu folgendem Schluss: Ich möchte die nächste Generation inspirieren. Ich möchte verschiedenste Menschen an einen Tisch bringen, damit sie für ein gemeinsames Ziel zusammenarbeiten.

Ein wunderbares Ergebnis

August 2019. Ich bereite mich für ein Interview vor, das für die *Australian Broadcasting Corporation* (ABC) voraufgezeichnet werden soll. Da fragt mich Phillip Adams, der erfolgreiche und manchmal etwas umstrittene Moderator, Autor und Filmemacher: »Von überzeugtem Atheisten an überzeugten Christen: Ich würde sagen, dass dieses Ergebnis eher einem Wunder gleicht, meinen Sie nicht?« Phillip bezieht sich dabei auf die Verwandlung in Niger. Ich weiß nicht, was ich darauf antworten soll. Aber später, als ich das Interview im Kopf noch einmal durchgehe, antworte ich gelassen: »Von überzeugtem Christen an überzeugten Atheisten würde ich sagen: In diesem Punkt muss ich Ihnen recht geben.«

2019 – Treffen mit Journalisten bei der FMNR-Konferenz in Ghana

Heute denke ich manchmal zurück an jenen verträumten Jungen in Gummistiefeln, der sich vorstellte, Bäume auf einem kargen Hügel zu pflanzen. Und daran, wie er sich in seiner Ohnmacht an einen Gott der Liebe, des Mitgefühls und der Kraft wandte. Ich sehe einen Teenager und jungen Mann, der voller Vertrauen und doch zögernd einen Fuß vor den anderen setzte, und der, trotz Rückschlägen und Enttäuschungen, den Glauben zum Weitermachen fand. Am wichtigsten ist aber: Meine Zweifel lösten sich durch die Erfahrung auf, dass ich Gott als einen handelnden Gott erlebt habe. Er kümmert sich, er hört und erhört Gebete und gelegentlich setzt er ganz gewöhnliche Menschen dafür ein, außergewöhnliche Dinge zu vollbringen. Er ist ein Gott, der an die Stelle von Verzweiflung, Gebrochenheit und Tragödie die Hoffnung setzt. Und diese Hoffnung beruht vor allem auf – Bäumen!

Der bescheidene Baum, von alters her vom Menschen missbraucht, verachtet, als selbstverständlich hingenommen. Von Wissenschaftlern ignoriert, die technologische Lösungen für unsere selbst geschaffenen Probleme suchen. Links liegen gelassen von Regierungen und der Industrie in ihrem blinden Greifen nach Fortschritt und Wohlstand. An den Wurzeln beschnitten von ebenjenen Bauern, deren Existenz und Wohlergehen von ihm abhängen. Was könnte ein passenderes Symbol für die Hoffnung sein als der Baum, der der Menschheit so bereitwillig dient, stumm, geduldig und ohne jegliches Aufheben?

Mit Umweltzerstörung und Ungerechtigkeit konfrontiert, begann meine Reise mit dem Gebet eines Kindes, in dem ich Gott einfach darum bat, mich auf irgendeine Weise an irgendeinem Ort einzusetzen, um etwas zu bewirken. Ein Gebet, das, so glaube ich, von Gott erhört wurde. Mich ergreift Ehrfurcht, wenn ich daran denke, wie er mir seine Antwort kundtat und immer noch kundtut. Ich bin dankbar für die Menschen, die an mich geglaubt haben, die mich unterstützt, ermutigt, gelehrt haben und mir vorausgegangen sind. Diese Leute und die Ereignisse auf meinem Weg lassen kaum Zweifel daran, dass Gott mir (und allen Menschen) tatsächlich »gute Werke zuvor bereitet hat, dass wir darin wandeln«.

Triebe eines Apfelbaums

ANHANG

World Vision

World Vision ist eine unabhängige christliche Kinderhilfsorganisation mit mehr als 70 Jahren Erfahrung in der Entwicklungszusammenarbeit. In rund 100 Ländern setzt sie sich dafür ein, schutzbedürftigen Kindern eine bessere Zukunft zu ermöglichen. Etwa alle 60 Sekunden erhält eine Familie durch *World Vision* Zugang zu Wasser und Werkzeugen, um Armut und Hunger entgegenzuwirken. Wenn eine Katastrophe eintritt, kann das internationale Netzwerk gemeinsam mit Partnern schnell Nothilfe leisten und steht den betroffenen Menschen auch beim Wiederaufbau zur Seite.

Ihre christlich inspirierten Hauptziele sieht die Kinderhilfsorganisation dort erreicht, wo auch das schwächste Kind Aussicht auf ein erfülltes Leben – frei von Armut, Unterdrückung und Gewalt – und mit einer hoffnungsvollen Zukunftsperspektive haben kann. Die 2015 verabschiedeten Ziele der Vereinten Nationen für nachhaltige Entwicklung kommen dieser Vision nahe, und *World Vision* unterstützt deren Umsetzung auf vielen Ebenen, ebenso wie die Kinderrechte.

Kinder werden besser ernährt, gehen regelmäßiger zur Schule und sind besser vor Krisen geschützt, wenn ihr Umfeld fürsorglich handelt und auf stabile Lebensgrundlagen zurückgreifen kann. Deshalb hilft *World Vision* Kindern, Familien und Gemeinschaften dabei, sich nachhaltige Entwicklungsziele zu geben und diese so umzusetzen, dass die Wirkungen auch nach dem Ende der Zusammenarbeit anhalten.

Für ihre Umwelt sensibilisierte Kinder können starke Botschafter des Wandels sein. Sie sagen uns: Ein erfülltes Leben ist nicht denkbar ohne sprudelnde Wasserquellen, eine vielfältige Pflanzen- und Tierwelt und fruchtbare Böden. Tony Rinaudos FMNR-Konzept gibt darauf Antworten, die bereits Hunderttausenden Familien in *World-Vision*-Projekten und größeren Initiativen neue Hoffnung gegeben haben. Denn es befähigt die Landbevölkerung und die mit ihr arbeitenden Organisationen, verödete Landschaften neu erblühen zu lassen.

> World Vision Deutschland: www.worldvision.de
> World Vision Schweiz: www.worldvision.ch

FMNR

FMNR-Hub

Die FMNR-Hub-Webseite widmet sich der Methode der *Farmer Managed Natural Regeneration* (FMNR) und bietet eine Vielzahl von hilfreichen Quellen und Informationen. Betreut wird die Webseite vom Team für *Climate Action and Resilience* (Klimaschutz und -resistenz) von *World Vision Australia*.

| www.fmnrhub.com.au

FMNR-Online-Schulungen

Der FMNR-Hub hat zwei Onlinekurse in FMNR entwickelt: eine kurze, selbst gesteuerte Orientierung und einen längeren, moderierten eWorkshop.

Der FMNR-Orientierungskurs ist für alle kostenlos verfügbar, die mehr über die praktische Umsetzung von FMNR erfahren möchten. Der Kurs dauert 2 bis 3 Stunden.

Schwerpunkte dieses Kurses sind:

- Die Anfänge von FMNR
- Die Grundlagen der FMNR-Praxis
- Die Grundlagen der Einbindung von Gemeinschaften in FMNR
- Die Vorteile von FMNR
- Hinweise dazu, wo der Benutzer weiterführende Informationen über FMNR findet

Der FMNR-eWorkshop ist ein 12-wöchiger Kurs für diejenigen, die vor Ort FMNR einführen oder überwachen. Er wird moderiert von FMNR-Fachleuten aus der ganzen Welt. Der Kurs widmet sich folgenden Fragen:

- Wie plane ich die Einführung von FMNR in einer Gemeinschaft?
- Wie organisiere ich Sensibilisierungstreffen und schaffe Räume, um mit der Gemeinschaft die Auswirkungen der Umwelt auf ihr Wohlergehen zu besprechen?
- Wie kann ich die praktische FMNR-Arbeit am besten vermitteln?
- Wie erkenne ich FMNR-Verfechter und wähle sie aus?
- Wie baue ich Beziehungen auf und stelle sicher, dass FMNR alle betroffenen Parteien miteinschließt?
- Wie kann ich Probleme beheben, wenn es mit FMNR nicht gut läuft?
- Wo kann ich mehr Informationen zu FMNR finden?

> www.fmnrhub.com.au/fmnr-online-training

FMNR-Handbuch

In dem 190 Seiten starken Handbuch sind über dreißig Jahre Erfahrung und Beispiele für vorbildliche FMNR-Lernerfolge zusammengefasst. Die Kapitel decken eine große Bandbreite an Themen ab, darunter die Geschichte und Definition von FMNR, die Einbindung der Gemeinschaft, Tipps für das Überwinden von Hindernissen und die Entwicklung, Kontrolle und Auswertung von FMNR-Projekten. Das FMNR-Handbuch ist kostenlos auf Englisch und Französisch verfügbar.

> www.fmnrhub.com.au/wp-content/uploads/2019/03/FMNR-Field-Manual_DIGITAL_FA.pdf

Bibliografie

Baker, Richard St. Barbe, I Planted Trees, London, Lutterworth Press, 1944.

Bastin, J-F., Finegold, Y., Garcia, C. et al., »The global tree restoration potential«, Science, 365, 2019, S. 76–79. doi: 101126/science/aax0848.

Bunch, Roland, Two Ears of Corn: A Guide to People-Centred Agricultural Improvement, Oklahoma City, World Neighbors, 1982.

Burns, Ken dir, The Dust Bowl, 2012. Filmdokumentation: http://kenburns.com/films/dust-bowl.

Cuyahoga, The, 50 Years Later, Film: www.youtube.com/watch?v=18JpT61rX6A&t=604s (aufgerufen am 9. 4. 2020).

Dearden, Lizzie, »American aid worker Jeffery Woodke kidnapped by suspected Islamists in Niger«, The Independent, 15. 10. 2016 (aufgerufen am 9. 4. 2020).

Douglas, James Sholto, Hart, Robert A., Forest Farming: Towards a Solution to Problems of World Hunger and Conservation, Rodale Books, 1978.

Duncan, Dayton, Burns, Ken, The Dust Bowl: An Illustrated History, San Francisco, Chronicle Books, 2012.

Eckholm, E., Foley, G., Barnard, G. und Timberlake, L., Fuelwood: The Energy Crisis that Won't Go Away, London, Earthscan, International Institute for Environment and Development, 1984, S. 105 ff.

Gladwell, Malcolm, Der Tipping Point. Wie kleine Dinge Großes bewirken können, Berlin, Berlin Verlag, 2000.

Griscom, B. W., et al., »Natural Climate Solutions«, Proceedings of the National Academies of Science of the United States of America, 31. 10. 2017 (www.pnas.org/content/114/44/11645).

Heinrich Böll Foundation, Berlin; Institute for Advanced Sustainability Studies (IASS), Potsdam, Bodenatlas: Daten und Fakten über Acker, Land und Erde, 2. Auflage 2015. www.boell.de/de/bodenatlas (aufgerufen am 11. 5. 2020).

Intergovernmental Science-Policy Platform on Biodiversity and Ecosystem Services (IPBES) Report 2019, Nature's Dangerous Decline ›Unprecedented‹ Species Extinction Rates ›Accelerating‹ 2019 (Zusammenfassung des Berichts: bit.ly/IPBESReport), (aufgerufen am 11. 5. 2020).

Knaup, Horand, »Mister Rinaudo will die Wüste stoppen«, Der Spiegel, 18. 6. 2012 (aufgerufen am 9. 4. 2020).

Montgomery, David R., Dirt: The Erosion of Civilizations, Berkeley, Los Angeles, London, University of California Press, 2007.

Morris, Mary, Muller, Alice und Rinaudo, Tony, Farmer Managed Natural Regeneration (FMNR) Manual (digital). FMNR, World Vision Australia, Melbourne, Januar 2019. https://fmnrhub.com.au/wp-content/uploads/2019/03/FMNR-Field-Manual_DIGITAL_FA.pdf.

New York Declaration on Forests (NYDF) 2019 Progress Report: Protecting and Restoring Forests. A Story of Large Commitments yet Limited Progress, September 2019. Climate Focus and forestdeclaration.org: www.climatefocus.com/publications/nydf-2019-progress-report-protecting-and-restoring-forests; https://forestdeclaration.org.

Nicholson, Sharon E, »The West African Sahel: A Review of Recent Studies on the Rainfall Regime and Its Interannual Variability«, 2013. doi.org/101155/2013/453521.

Place, F., Garrity, D., Mohan, S. und Agostini, P., Tree-Based Production Systems for Africa's Drylands, World Bank Studies, Washington D. C., World Bank, 2016.

Polgreen, Lydia, »In Niger, Trees and Crops Turn Back the Desert«, The New York Times, 11.2.2007 (aufgerufen am 9.4.2020).

Reij, Chris, Senior Fellow, World Resources Institute, Washington D.C., persönliche Mitteilung an Tony Rinaudo, 2008 und 2013.

Reij, C., Garrity, D., »Scaling up farmer-managed natural regeneration in Africa to restore degraded landscapes«, Biotropica, 48(6), 2016, S. 834–843.

Reij, C., Tappan, G. und Smale, M., »Agro-environmental transformation in the Sahel. Another Kind of ›Green Revolution‹«, IFPRI Discussion Paper 00914, 2020 Vision Initiative, Washington, 2009.

Reij, C., Winterbottom, R., Scaling up Regreening: Six Steps to Success. A Practical Approach to Forest and Landscape Restoration, Washington, WRI report, 2015. www.wri.org/publication/scaling-regreening-six-steps-success.

Savory, Allan with Butterfield, Jody, Holistic Management: A New Framework for Decision Making, Washington D.C., Island Press, 1999.

Smith, Katie, The Human Farm. A Tale of Changing Lives and Changing Lands (Vorwort von Roland Bunch), West Hartford, Conn., Kumarian Press, 1994.

Szava, Anna, »Linking Child Nutrition and the Carbon Project. Local Views from Humbo District, Southwest Ethiopia«, Doktorarbeit, Menzies School of Health Research, Adelaide, South Australia, 3.1.2013.

Steffensen, Victor, Fire Country. How indigenous fire management could help save Australia, Sydney, Hardie Grant, 2020.

Tappan, G., US Geological Survey, persönliche Mitteilung an Tony Rinaudo, 2016.

Tougiani, A., Guero, C. und Rinaudo, T., »Community mobilization for improved livelihoods through tree crop management in

Niger«, Geoforum 74, 2009, S. 377–389. doi.org/101007/s10708-008-9228-7.

Watson, Don, The Bush: Travels in the Heart of Australia, Melbourne, Penguin (E-Book), 2014.

Winterbottom, R., Reij, C., Garrity, D., Glover, J., Hellums, D., McGahuey, M., Scherr, S., »Improving land and water management«, Working Paper, World Resources Institute, October 2013, S. 44.

Williams, Michael, Deforesting the Earth: From Prehistory to Global Crisis, Chicago, London, University of Chicago Press, 2003.

Zomer, R. J., Trabucco, A., Coe, R. und Place, F, »Global Extent and Geographical Patterns of Agroforestry«, The Overstory ejournal, 14. 2. 2010. Ursprüngliche Veröffentlichung: »Trees on Farm: Analysis of Global Extent and Geographical Patterns of Agroforestry«, ICRAF Working Paper no. 89, Nairobi, Kenya: World Agroforestry Centre, 2009. www.worldagroforestry.org/downloads/publications/PDFs/WP16263.PDF.

Danke

An alle Untenstehenden und viele mehr: Ihr habt diese Geschichte möglich gemacht. Dies ist eure Geschichte.

Den Tausenden Bauernfamilien und FMNR-Champions auf der ganzen Welt, die meine Ideen angenommen und umgesetzt haben. Ihr habt gezeigt, dass ihr keine passiven Empfänger westlicher Hilfe seid. Ihr habt euch proaktiv und enthusiastisch engagiert und die Verantwortung für eure eigene Zukunft übernommen. Bischof Simon Chiwanga, der die »Baumstumpf-Sache« verstanden und sie vorbehaltlos unter sein Volk gebracht hat. Aba Howi, der es gewagt hat, Träume wahr werden zu lassen.

SIM und *EERN Associates*: Ibrahim Yahaya, Rabiou Housseini, Cherif Yacouba und Team – ihr ward die frühen Pioniere. Jim Longworth, Harry Enns, John Ockers, Emmanuel Isch, Ron Nelson, Nelson Freve, Joel Matthews, Peter Cunningham und viele, viele mehr – ihr habt geholfen, eine Bewegung ins Leben zu rufen.

World Vision in Australien, Deutschland, den USA und international – alle Abteilungen, deren Arbeit es mir ermöglicht hat, das zu tun, was ich tue, insbesondere die vielen Kollegen in den Bereichen Medien, Marketing, Philanthropie, Finanzen und Recht. Besonderen Dank an Tim Costello für die unermüdliche Unterstützung. Peter Weston (früher Visionär), Paul Ronalds, Seak-King Huang, Tim Morris, Parin Thomson, Diarmuid Kelly und Rob Francis (it's a no brainer) – dafür, dass ihr mir Freiraum gegeben habt. Dean Thomson, Paul Dettmann, Brian Hilton, Bronwyn Campbell, Cedric Hoebreck, Charlotte Sterrett, Sarah McKenzie, Sarah Downes, Alice Muller, Rob Kelly, Silvio Dorati, Christopher Shore, Doug Brown, David Owens, Sebastian Matthews, Christoph Waffenschmidt, Patricia Vogel, Dirk Bathe, Christian Cage, Richard

Rumsey – Innovatoren, Beweger und Macher – ihr haltet das Feuer am Brennen.

Silvia Holten – FMNR-Champion und Mitstreiterin der Extraklasse! Du bist eine Kategorie für sich. Du hast mir meine Stimme gegeben.

World Vision National Office und deren Außendienstmitarbeiter – vielen Dank für das überdurchschnittliche Engagement für die Sache und dafür, dass ihr FMNR auf den Radar von *World Vision* und der Welt gebracht habt. Besonderen Dank an Assefa Tofu, Hailu Tafere, Kebede Regassa, Hailesellasie Desta, Caroline Njiru, Cotilda Nakyeyune, Loyce Mugisa, Mkama Nangu, Safari Dieudonne, Irene Ojouk, Festus Kiplagat, Lavenda Ondere, Lawrence Kiguro, James Ang'awa Anditi, Makabaniso Ndhlovu, Chris McMillan, Charles Bakhoum, Neil Dev Devasahayam, Sieti Banu Emmanuel, Salmon Jacob, Moe Moe, A One, Ventia Sabathini, Amsal Ginting, Norbert Akolbila, Samuel Abasiba, Maxwell Amedi, Sumaila Seidu Sa'aka, Jesuinho Gusmao, Goretti Goncalves Oliveira, Beatrice Mwangi, Makhera Kalele, Mafamo Pholo, Tom Roberts und viele mehr – ihr habt an der Front gearbeitet.

Martin Falkenberg und Karsten Berends – besonderen Dank dafür, dass ihr mir eine globale Plattform gegeben habt.

Right Livelihood Foundation – dafür, dass ihr FMNR in der Welt bekannt gemacht habt.

Dr. Dennis Garrity, Robert Winterbottom, Chis Reij, Chris Armitage – Denker, Lenker, Macher. Jeder von euch verdient sein eigenes Buch – ihr habt FMNR globale Flügel verliehen. Constance Neely, Mieke Bourne – unvergleichliche Vermittlerinnen. Cathy Watson, Susan Chomba, Niguse Hagazi, Joy Tukahirwa, Jonathan Muriuki, Prudence Ayebare – sie sind Lichtgestalten der Bewegung.

Volker Schlöndorff – durch deine Linse bringst du FMNR in jedes Haus.

Den Tausenden von kleinen und großen Spendern, die es möglich gemacht haben, FMNR in die Welt zu tragen, einschließlich des kanadischen und australischen Außen- und Handelsministeriums. Besonderen Dank an die anonyme Stiftung, die die bahnbrechende Arbeit des FMNR-Hub finanziert hat. Ulrich Bosch – du hast nicht nur gegeben, du hast dich engagiert und andere mit auf die Reise genommen.

Richard St. Barbe Baker, John Steward, Roland Bunch, Alan Savory, Martin Price, Norman Vincent Peale – ihr habt mir den Weg gewiesen und mich inspiriert.

Menschen aus den Jahren meines Engagements zu würdigen, ist ein heikles Unterfangen. Wenn ich jemanden vergessen habe, nehmen Sie es bitte als Beweis für mein schlechtes Gedächtnis. Denn auch Ihr Beitrag ist einzigartig.

Bildnachweis

Silas Koch, © World Vision: S. 210, 228

© World Vision: S. 12, 52, 208, 235, 248, 250, 254, 263, 266

Tony Rinaudo, © World Vision: S. 199, 202, 226, 232, 244, 245, 246

© Tony Rinaudo: S. 18, 23, 24, 37, 38, 55, 62, 78, 89, 104, 105, 115, 126, 130, 136, 139, 145, 158, 167, 173, 175, 177, 180, 189

© Peter Rinaudo: S. 27

Paul Slaughter, © Bahá'í World Centre: S. 45

© Johannes Dieterich: S. 80, 215, 237, 241, 259

© Saskia Nobir: S. 84

© Paul Bestwick: S. 116

© Laila Defelice [Quelle: T. Rinaudo, A. Muller, M. Morris: FMNR-Manual, 2019]: S. 156

Jan Warren, © World Concern: S. 163, 170

© Gray Tappan / USGS (Ausschnitte): S. 223, 225

© Image Landsat/Copernicus: S. 230 oben

© 2018 Google Image © 2018 CNES / Airbus: S. 230 unten

Wolfgang Schmidt, © Right Livelihood Award Foundation: S. 256

© Silvia Holten: S. 8

ANMERKUNGEN

Hinweis: Alle Links wurden am 24.01.2022 geprüft.

1 Victor Steffensen, Fire Country. How indigenous fire management could help save Australia, Sydney, Hardie Grant, 2020, S. 162.
2 Don Watson, The Bush. Travels in the Heart of Australia, Melbourne, Penguin (E-Book), 2014.
3 Steffensen, S. 64.
4 Siehe den Film: Ohio EPA, The Cuyahoga 50 Years Later. Celebrating the Comback of the Burning River, 1969-2019 (Film), 12:54 min. www.youtube.com/watch?v=18JpT61rX6A&t=604s.
5 Zu seiner Person, siehe: www.csuchico.edu/regenerativeagriculture/international-research/roland-bunch.shtml.
6 Siehe Bruce und Norene Bond, When Spider Webs Unite, They Can Tie Up A Lion, 2005, printed in New Zealand.
7 Die Namen wurden aus Sicherheitsgründen geändert.
8 Der Ruf der Trappe (»Hauka«) ist dem Wort der Hausa für verrückt oder Verrücktheit sehr ähnlich.
9 Siehe https://en.wikipedia.org/wiki/Niger, https://en.wikipedia.org/wiki/1974_Nigerien_coup_dProzent27ProzentC3ProzentA9tat, https://de.wikipedia.org/wiki/Ibrahim_BarProzentC3ProzentA9_MaProzentC3ProzentAFnassara, https://de.wikipedia.org/wiki/Daouda_Malam_WankProzentC3ProzentA9, https://de.wikipedia.org/wiki/Mamadou_Tandja.
10 »Wanderfeldbau (auch Brandrodungswanderfeldbau genannt), in den Tropen weitverbreitetes Bodennutzungssystem, wobei sowohl die landwirtschaftlich genutzten Flächen als auch die Siedlungen nach wenigen Jahren verlegt werden. Beim Wanderfeldbau wird eine kleine Waldfläche abgebrannt (Brandrodungsfeldbau; Brandrodung, Feuerökologie) und auf dem mit der Asche gedüngten, aber nicht weiter bearbeiteten Boden Kulturpflanzen angebaut. Infolge der großen Verluste an Huminstoffen und Stickstoff und der Nährstoff-Auswaschung ist der Boden nach 2 bis 3 Ernten erschöpft, sodass an anderer Stelle neu gerodet (Rodung) wird. Die ursprüngliche Fläche bleibt sich überlassen, wobei sich in der Regel ein Sekundärwald einstellt. Nach einer längeren Brachperiode (Brache) wird diese Fläche erneut bewirtschaftet, wobei die Erträge als Folge der unvoll-

ständigen Bodenregenerierung noch geringer sind.« Spektrum.de: Lexikon der Biologie. www.spektrum.de/lexikon/biologie/wanderfeldbau/70128.

11 https://en.wikipedia.org/wiki/Rangeland.

12 https://en.wikipedia.org/wiki/Rainfed_agriculture.

13 Zitiert nach David R. Montgomery, Dreck: Warum unsere Zivilisation den Boden unter den Füßen verliert, München, 2010, S. 97–98.

14 Siehe https://en.wikipedia.org/wiki/Tuareg_people.

15 Lizzie Dearden, The Independent, 15. Oktober 2016.

16 Chris Reij 2008, persönliche Mitteilung an Tony Rinaudo; Jan Sendzimir, Chris P. Reij und Piotr Magnuszewski, »Rebuilding Resilience in the Sahel: Regreening in the Maradi and Zinder Regions of Niger«. In: Ecology and Society. Vol. 16, No. 3 (September 2011), S. 29, 2011. www.jstor.org/stable/pdf/26268916.pdf?refreqid=excelsiorProzent3A13b3143578e048e40ae1db8be71a9a38.

17 E. Eckholm, G. Foley, G. Barnard und L. Timberlake, Fuelwood: The Energy Crisis that Won't Go Away, London, Earthscan, International Institute for Environment and Development, 1984.

18 Dayton Duncan, Ken Burns, The Dust Bowl: An Illustrated History, San Francisco, Chronicle Books, 2012, S. 46. Siehe auch die Filmdokumentation von Ken Burns, The Dust Bowl: http://kenburns.com/films/dust-bowl.

19 Siehe www.youtube.com/watch?v=ZyJc3vPqOx8&t=26s und www.youtube.com/watch?v=wVAZjX5rwHw.

20 Siehe auch: George F. Taylor II, From Farmer Managed Irrigation Systems (FMIS) in the Himalayas to Farmer Managed Natural Regeneration (FMNR) in the Sahel: links, lessons & implications for agricultural research, climate-smart rural development and development cooperation. www.academia.edu/11427750/George_F_Taylor_II_From_Farmer_Managed_Irrigation_Systems_FMIS_in_the_Himalayas_to_Farmer_Managed_Natural_Regeneration_FMNR_in_the_Sahel_links_lessons_and_implications_for_agricultural_research_climate_smart_rural_development_and_development_cooperation.

21 https://de.wikipedia.org/wiki/Bill_Mollison.

22 Siehe Allan Savory und Jody Butterfield, Holistic Management: A New Framework for Decision Making, Washington D. C., Island Press, 1999.

23 Sharon E. Nicholson, »The West African Sahel: A Review of Recent Studies on the Rainfall Regime and Its Interannual Variability«, 17. 2. 2013. www.hindawi.com/journals/isrn/2013/453521.

24 Nathaniel Bogie, »Native shrubs: a simple fix for drought-stricken crops in Sub-Saharan Africa«. In: The Conversation, 17. 9. 2015. https://theconversation.com/native-shrubs-a-simple-fix-for-drought-stricken-crops-in-sub-saharan-africa-46125.

25 Den Namen habe ich aus Sicherheitsgründen geändert.

26 Chris Reij, Senior Fellow, World Resources Institute, Washington D.C., persönliche Mitteilung an Tony Rinaudo, 2013.

27 Abasse Tougiani, Chaibou Guero und Tony Rinaudo, »Community mobilization for improved livelihoods through tree crop management in Niger«, Geoforum 74, 2009, S. 377–389.

28 Welternährungsorganisation (Food and Agriculture Organization – FAO), »The Quesungual agroforestry farming system«. www.fao.org/FOCUS/E/honduras/agro-e.htm.

29 Katie Smith, The Human Farm. A Tale of Changing Lives and Changing Lands, West Hartford, Connecticut, 1994.

30 Siehe Anhang S. 275.

31 Anm. d. Übers.: FMNR-Hub = z. dt. FMNR-Knotenpunkt.

32 Das Gold-Standard-Label ist einer der strengsten Zertifizierungsstandards, die für Klimaschutzprojekte zur Verfügung stehen – es gewährleistet ihre Wirksamkeit sowohl in ökologischer als auch in sozialer Hinsicht und stellt sicher, dass die Projekte echte Emissionsreduktionen und eine langfristige nachhaltige Entwicklung durch die Verknüpfung mit den UN-Zielen für nachhaltige Entwicklung erreichen.

33 Der *Clean Development Mechanism*, CDM, der in Artikel 12 des Kyoto-Protokolls definiert ist, erlaubt es einem Land mit einer Verpflichtung zur Emissionsreduktion oder Emissionsbegrenzung nach dem Kyoto-Protokoll (Annex-B-Vertragspartei), ein Projekt zur Emissionsreduktion in Entwicklungsländern durchzuführen. Solche Projekte können verkaufbare CER-Gutschriften (*Certified Emission Reduction*) erwerben, die jeweils einer Tonne CO_2 entsprechen und auf die Erfüllung der Kyoto-Ziele angerechnet werden können.

Der Mechanismus wird von vielen als bahnbrechend angesehen. Es handelt sich um das erste globale Umweltinvestitions- und Kreditsystem seiner Art, das ein standardisiertes Emissionsausgleichsinstrument, die CERs, bereitstellt.

Eine CDM-Projektaktivität kann zum Beispiel ein ländliches Elektrifizierungsprojekt mit Sonnenkollektoren oder die Installation von energieeffizienteren Heizkesseln umfassen. Der Mechanismus stimuliert die nachhaltige Entwicklung und die Emissionsreduzierung, während er den Industrieländern eine gewisse Flexibilität bei der Erfüllung ihrer Emissionsreduzierungs- oder Emissionsbegrenzungsziele einräumt.

34 www.fmnrhub.com.au

35 Durch Online-Schulungen konnten viel mehr Anwender zu geringeren Kosten ausgebildet werden als durch direkte Schulungen vor Ort.

36 Siehe Anhang S. 270 ((FMNR Manual Infos)).

37 Beating Famine Conference, Nairobi, 10.–13. April 2012: www.beatingfamine.com.

38 http://evergreenagriculture.net/what-is-evergreen-agriculture

39 FMNR war Thema in solch angesehenen Nachrichtenmedien wie der deutschen Wochenzeitschrift Der Spiegel, in der australischen TV-Nachrichtensendung Lateline (*Australian Broadcasting Corporation*), den Nachrichten im ZDF (Deutschland), The Guardian (einer britischen Tageszeitung) und in der PBS NewsHour (öffentlich-rechtlicher Fernsehkanal der USA), dem Magazin Smithsonian und in The New Yorker.

40 Seit 2012 forscht das *World Agroforestry Centre* (ICRAF) zu FMNR und setzt sich dafür ein. Dabei sucht es aktiv die Partnerschaft mit *World Vision* und anderen NGOs. Die Behörde der Vereinigten Staaten für internationale Entwicklung (*United States Agency for International Development* – USAID) führt FMNR als eine vorbildliche Maßnahme für Naturschätzemanagement (*Natural Resource Management* – NRM) und als ein Projekt zur Stärkung der Krisenresilienz auf. Im Streben nach »klimaintelligenterer Landwirtschaft« haben auch die Weltbank und andere Institutionen die wichtige Rolle der Agroforstwirtschaft anerkannt und den Erfolg von FMNR und *EverGreen Agriculture* in Niger zur Kenntnis genommen (siehe: The World Bank: Climate Smart Agriculture. A Call to Action. www.worldbank.org/content/dam/Worldbank/document/CSA_Brochure_web_WB.pdf). Das *World Resources Institute* veröffentlichte zahlreiche einflussreiche Artikel, die entscheidend zur Gründung der *African Forest Landscape Restoration Initiative* (AFR100) auf dem Pariser Klimagipfel (2015) beitrugen. Ziel dieser Initiative ist die Wiederbegrünung von 100 Millionen Hektar geschädigten Flächen in Afrika bis 2030. 2018 strukturierte sich die *EverGreen Agriculture Partnership* um, nennt sich seitdem *Global EverGreening Alliance* und wurde als internationale NGO eingetragen. Die *Alliance* hat mehrere zehn Millionen US-Dollar für Aktivitäten zur Landsanierung sammeln können. FMNR ist dabei ihre bekannteste Maßnahme.

41 Die Stiftung JITUME wurde von der Diözese Mpwapwa als Körperschaft gemäß der *Trustees Incorporated Ordinance of Tanzania* (d. h. einer NGO) gegründet. Sie hat zum Ziel, Menschen in kleinen Solidaritätsgruppen zu organisieren und in die Lage zu versetzen, dass sie Armut und Umweltzerstörung bekämpfen können. Die Stiftung hat inzwischen 7164 Gruppenmitglieder. JITUME ist ein Akronym für die Suaheli-Wörter, die für »Tansania-Initiativen für nachhaltige Entwicklung« stehen (www.mpwapwaanglican.org/jitume-foundation).

42 Liz Rinaudo, »Releasing the Underground Forest in Mpwapwa«, Tanzania, 22. 9. 2012. In: https://fmnrhub.com.au/releasing-the-underground-forest-in-mpwapwa-tanzania/#.X-EcMtgzY2w.

43 Malcolm Gladwell, The Tipping Point. Wie kleine Dinge Großes bewirken können, Berlin, Berlin Verlag, 2000.

44 Siehe Michael Williams, Deforesting the Earth: From Prehistory to Global Crisis, Chicago, London, University of Chicago Press, 2003.

45 Völker Schlöndorff über die Geschichte von FMNR.

46 Manche Bauern betreiben die Regeneration der wilden Obstbaumsorte *Ziziphus mauritiana* (auch bekannt als Indische Jujube oder Filzblättrige Jujube) und veredeln diese dann durch hochwertige Sorten.

47 www.greatgreenwall.org

48 Horand Knaup, »Mister Rinaudo will die Wüste stoppen«, Der Spiegel, 18.6.2012.

49 United Nations, Department of Economic and Social Affairs, »World population projected to reach 9.8 billion in 2050, and 11.2 billion in 2100«, 21.6.2017: www.un.org/development/desa/en/news/population/world-population-prospects-2017.html.

50 Siehe Bodenatlas: Daten und Fakten über Acker, Land und Erde, 2015 (www.boell.de/de/bodenatlas).

51 Siehe NYDF 2019 Progress Report: Protecting and Restoring Forests (www.climatefocus.com, https://forestdeclaration.org).

52 Siehe IBPES Report 2019, »Nature's Dangerous Decline Unprecedented Species Extinction Rates Accelerating«, 2019 (www.un.org/sustainabledevelopment/blog/2019/05/nature-decline-unprecedented-report).

53 Bronson W. Griscom et al., »Natural Climate Solutions«, Proceedings of the National Academies of Science of the United States of America, 31.10.2017 (www.pnas.org/content/114/44/11645).

54 http://naturalclimatesolutions.org

55 Jean-Francois Bastin et al., »The global tree restoration potential«, Science, 365, 2019, S.76–79. Die Studie stieß auf großes Echo und wurde breit diskutiert. Es gab auch Kritik, dabei ging es vor allem um »die Interpretation und Darstellung« des Abstracts in Science, in dem stand, Bäume seien »bislang unsere effektivste Klimalösung«. Siehe dazu z.B. Marlene Weiß: »Zu schön, um wahr zu sein«, Süddeutsche Zeitung, 10.7.2019. www.sueddeutsche.de/wissen/aufforstung-klimawandel-waelder-geoengineering-14516765.

56 Robert J. Zomer et al., »Global Extent and Geographical Patterns of Agroforestry«, The Overstory, 14.2.2010.

Daniela Mailänder
WENN GOTT
ZUM AUFBRUCH
RUFT
Von Mut und von der
Unsicherheit als Chance
SCM
R.Brockhaus